社会科学研究方法系列丛书

社会科学研究设计

社科专业的研究设计指导手册
- 基础入门
- 清晰实用
- 案例教学

风笑天 ◎ 著

中国人民大学出版社
·北京·

序

在社会科学研究过程中,研究设计是一个十分关键的环节。也可以说,研究设计是一项社会科学研究能够顺利开展、圆满完成的核心和关键所在。在社会科学研究中,研究设计是研究者为达到研究目标而预先进行的"路径选择",也是他为达到研究目标而对如何利用"船"或"桥"所进行的规划与考虑。一项具体的社会科学研究,一旦研究问题确定下来,留给研究者的最重要的工作或许就是研究设计了。本书的目标,正是帮助读者学习和掌握社会科学研究设计的基本知识,以更好地开展社会科学研究。

为了实现本书的撰写目标,笔者在结构上将本书分为三大部分,分别是社会科学研究基础、常用研究方式设计要点、研究设计实例解析。这是因为,首先,研究设计只是整个社会研究过程中的一个部分和环节,我们不能脱离社会科学研究的整体背景来学习研究设计。因此,为了让读者更好地理解研究设计的意义和作用,笔者在第一部分不仅对社会科学研究的特征、过程、类型、指导原则以及研究设计的基本内容进行了介绍,还专门对研究问题的选择和文献回顾的内容进行了介绍。这样做能够凸显研究设计要以研究问题为方向、要在回顾前人研究的基础上来开展的基本原则。

其次，在本书的第二部分，笔者选取了社会科学研究中最为常见的几种研究方式的设计问题进行介绍。这也是社会科学研究设计的核心内容。在这部分，笔者不仅强调了每一种研究方式设计的突出特点和应用范围，也列举了一些实例来说明设计中的要点。

最后，在本书的第三部分，笔者主要集中于对社会科学研究设计实例的解析，即主要以实际的社会科学研究为例，从研究设计的角度进行详细介绍和解析。笔者希望通过这种实例解析来展现研究设计中的各个侧面，特别是研究者在面对现实客观条件时的设计策略和技巧。这样做可以帮助读者身临其境地了解和学习社会科学研究设计的方法。这部分所例举的研究实例中，既有著名学者进行的大规模研究，也有研究生进行的博士学位论文研究，还有针对同一个研究问题、采取不同研究设计的多个研究，以及笔者自己进行的单篇学术论文研究。笔者希望通过对这些围绕不同问题、涉及不同对象、探讨不同内容、采用不同方法的研究实例的介绍，来展现研究设计的各个关键环节，更好地帮助读者了解和掌握研究设计的方法。同时，考虑到研究生需要进行毕业论文的设计并做开题报告、普通研究者经常会面临申报各类基金课题的状况，笔者在附录中又专门对研究计划书（proposal）的撰写进行了介绍。

2014年，笔者曾应中国人民大学出版社的邀请，撰写了《社会研究：设计与写作》一书。该书作为中国人民大学出版社"21世纪社会学研究生系列教材"第一批中的一种，于2014年10月正式出版。书中对社会科学研究基础以及几种常见研究方式的设计两部分内容进行了介绍，可以说为本书的编写奠定了很好的基础。本书一方面对这两部分内容进行了若干修订，并补充了个案研究设计的新内容；另一方面，也是更重要的，就是增加了新的第三部分，即增加了对实际研究中若干研究设计实例的解析。笔者希望通过对这些实例的解析和介绍，达到让读者将社会科学研究基本原理和常见社会科学研究方式设计的理论知识真正融会贯通、运用到实际社会科学研究的实践中去的目的。

希望这本著作能够成为社会学、政治学、经济学、教育学、管理学、传播学等社会科学专业的广大研究生与不熟练的研究者学习和开展研究设计，以及研究生指导教师开展研究方法教学和指导研究生开展学术研究的好工具、好帮手。也希望它能够在帮助研究生和不熟练的研究者更好地设计自己的研究课题、更顺利地开展社会科学研究的过程中发挥出积极的作用。

风笑天
2023 年 7 月 31 日于南京溧水

目 录

第一篇 社会科学研究基础

第1章 导 论 ··· 3
一、科学研究与研究设计 ·································· 4
二、社会科学研究的类型 ·································· 8
三、社会科学研究的指导原则 ····························· 16
四、科学精神与方法素养 ································· 21
五、本书的内容安排 ····································· 26

第2章 研究问题 ·· 28
一、从研究领域到研究问题 ······························· 28
二、从现实问题到研究问题 ······························· 32
三、寻找研究问题的方法 ································· 36
四、如何从文献中发现可能的研究问题 ····················· 40
五、好问题及其标准 ····································· 46

第3章 文献回顾 ·· 52
一、文献回顾及其类型 ··· 53
二、文献回顾的意义 ·· 56
三、文献回顾与研究的关系 ···································· 61
四、如何进行文献回顾 ··· 66

第4章 研究设计概述 ·· 75
一、研究设计及其意义 ··· 75
二、将研究问题与研究方式相连接 ···························· 84
三、研究假设的建构与验证 ···································· 88
四、研究设计中的变量关系 ···································· 93

第二篇 常用研究方式设计要点

第5章 调查研究设计 ·· 99
一、调查研究的关键特征及适合调查的问题 ················· 99
二、抽样设计 ·· 103
三、概念测量与问卷设计 ······································ 114
四、调查资料收集方法的设计 ································· 124
五、调查研究设计的一个例子 ································· 129

第6章 定量文献研究设计 ······································ 135
一、内容分析的设计 ·· 135
二、二次分析方法的设计 ······································ 148
三、现存统计资料分析的设计 ································· 156

第7章 实地研究设计 ·· 166
一、实地研究及其相关的概念 ································· 168
二、实地研究的基本特征及适用范围 ························ 173
三、实地研究的设计要点 ······································ 177
四、实地研究设计的实例解析 ································· 183

第 8 章　个案研究设计 ··· **189**
一、个案研究方式及其特点 ································· 189
二、个案研究的设计要点 ··································· 191
三、个案选择的设计 ······································· 194
四、个案研究方式的应用与研究结果的推广问题 ··········· 197
五、个案研究设计的实例解析 ······························ 200

第三篇　研究设计实例解析

第 9 章　人的现代化问题研究解析 ······························ **207**
一、研究背景与研究问题 ··································· 207
二、研究设计的思路与策略 ································· 209
三、研究结果与启示 ······································· 219

第 10 章　独生子女政策下青少年成长问题研究解析 ··········· **222**
一、研究背景与研究问题 ··································· 222
二、研究设计 ··· 224
三、研究结果与启示 ······································· 232

第 11 章　青年长大成人问题研究解析 ························· **237**
一、研究背景与研究问题 ··································· 237
二、研究设计 ··· 239
三、研究结果 ··· 247
四、简要评价 ··· 249

第 12 章　人们择偶标准问题研究解析 ························· **252**
一、研究设计的一种思路 ··································· 252
二、研究设计的另一种思路 ································· 261

第 13 章　独生子女父母养老问题研究解析 ····················· **276**
一、第一代独生子女父母的居住方式与养老 ················ 276
二、第一代独生子女父母养老困境的来临 ·················· 285

第 14 章 育龄人口二孩生育意愿研究解析 ………………………… **295**
  一、研究背景与研究问题 ……………………………………… 295
  二、研究设计 …………………………………………………… 297
  三、研究结果与启示 …………………………………………… 307

附录 研究计划书 ……………………………………………………… **312**
  一、研究计划书及其作用 ……………………………………… 312
  二、研究问题、背景及意义 …………………………………… 315
  三、文献回顾、核心概念与理论框架 ………………………… 322
  四、研究的主要内容 …………………………………………… 325
  五、研究设计 …………………………………………………… 329
  六、研究的具体计划 …………………………………………… 335

第一篇
社会科学研究基础

第 1 章

导　　论

每年给一年级研究生讲授"社会科学研究方法"课时，我往往会在第一堂课的开场白中向他们提出这样一个问题："你们大学本科四年学到了什么？"学生们的回答自然多种多样。而最后我总会告诉他们我自己对这个问题的回答："其实，你们只学会了一件事，那就是学会了学习。"并且我会举出许多例子证明这一点。接下来，我会问他们第二个问题："那么，你们在即将开始的研究生阶段又将学到什么呢？"我想读者很快就能明白，此时学生们的答案往往出奇地一致："学习做研究。"

是的，学生在研究生阶段的主要任务就是"学习做研究"。这或许不只是我个人的看法。尽管在本科阶段，社会科学各专业的学生也会学习研究方法方面的课程，但那时的重点主要是了解和掌握社会科学研究方法的基本知识。进入研究生阶段后，学习做研究的任务便非常突出地摆在每一名研究生面前，成为他们必须认真对待和很好地完成的重要任务之一。

本书的主要目标就是针对社会科学各专业的研究生的这一学习任务，在他们已经学习和了解了社会科学研究基本方法的基础上，有针对性地向他们提供研究实践方面的指导和训练，特别是有关研究设计方面的指导，帮助他们在进入专业研究领域的同时，熟悉和掌握社会科学研究的实际过

程，并能够实际操作和运用各种社会科学研究方法，为他们顺利完成学位论文研究提供有力的支持。当然，书中的内容对年轻的、不熟练的社会科学研究者来说，也会成为他们在实际社会科学研究中的有用参考。

一、科学研究与研究设计

在学习和探讨社会科学研究方法及其研究设计时，首先应该对社会科学研究的本质有一个明确的认识。特别是要对科学研究的要素是什么、理想的社会科学研究与现实的社会科学研究之间有什么差别、研究设计在社会科学研究中有什么作用等问题有所了解。

1. 科学研究的要素

一般来说，科学研究的最基本要素包括假设、证据和逻辑。换句话说，科学研究依靠假设、证据和逻辑。这里所说的假设，包括理论和猜想在内，指的是研究者对事物和现象所持有的一种抽象的、思想上的和概念上的观点、判断或看法。而这里所说的证据，指的是研究者从现实中获取的各种经验的材料。科学研究的过程可以说就是始终围绕着"提出理论或假设—收集经验证据—验证理论或假设"的模式进行的。在这一模式中，理论或假设除了必须清楚、确切外，还必须是可以操作化为经验世界中具体的和可观察的事实的。这也是科学研究与纯思辨的研究相区别的一个重要特征。同时，经验证据对理论或假设的验证过程必须符合逻辑推理。

科学正是在不断地提出解释现象的各种新的理论或假设，不断地收集和寻找新的经验证据去支持或反驳这些理论或假设，并在逻辑推理的帮助下，不断地排除各种错误的理论或假设，同时也不断地发现错误的证据的过程中，一步步向前发展的。正如有学者所指出的："在科学研究中，测量和实验结果、观察或访谈数据、数学或逻辑分析，所有这些都能够成为支持理论、假设或判断的证据或案例的一部分。"而"科学的进步既靠新的理论和假设的提出，也靠通过新获得的可靠证据来排除现存的理论、设想或过去被接受的事实"[1]。

---

[1] 沙沃森，汤. 教育的科学研究. 曹晓南，程宝燕，刘莉萍，等译. 北京：教育科学出版社，2006：17.

2. 社会科学研究的方法体系

作为科学一部分的社会科学，也具有一套特定的、有着不同层次的、比较完整的研究方法体系。这一体系中，主要包括方法论、研究方式、具体方法和技术三个大的层次。最高的层次是方法论，它主要涉及社会科学研究的哲学基础和研究过程的逻辑，探讨与社会现象的性质及对其的理解、社会科学研究者的价值与研究的关系、社会科学研究的客观性、社会科学研究的不同范式等相关的问题。中间的层次是研究方式，它指的是研究所采取的具体形式或研究的具体类型。从大的方面看，研究方式可划分为定量研究和定性研究两大类。两大类中又分别包含诸如调查研究、实验研究、现存统计资料分析以及实地研究、个案研究、行动研究等多种不同的方式。研究设计的任务之一，就是根据研究目标选择和确定具体的研究方式。最低的层次是具体方法和技术，主要包括各种资料收集的方法和技术，比如观察法、访谈法、抽样法等，以及资料分析的方法和技术，比如各种统计分析技术等。社会科学研究方法体系可用图1-1简要表示。

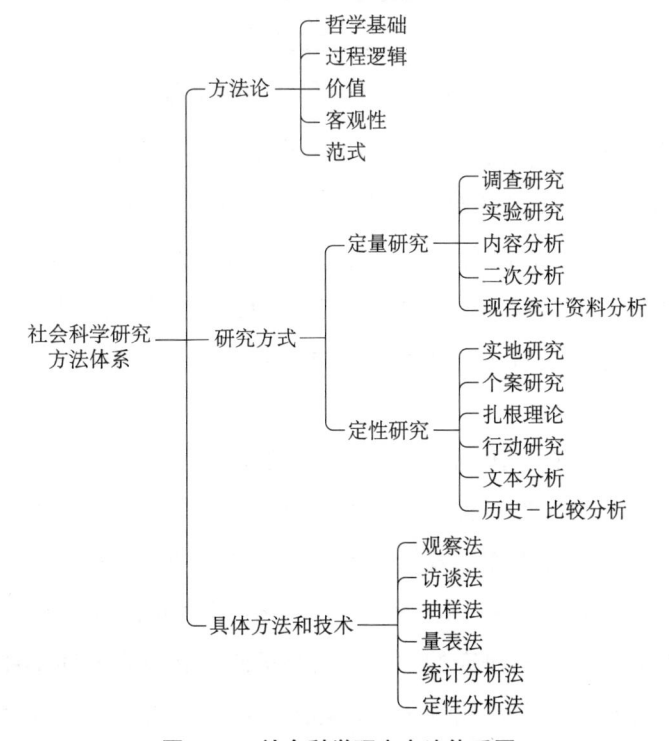

图1-1 社会科学研究方法体系图

3. 社会科学研究过程

作为科学研究的一部分，社会科学研究具有一套系统的、比较固定的研究程序。一般来说，任何一项具体的社会科学研究，都由以下几个大的阶段所组成。这几个阶段是：选择研究问题、进行研究设计、收集研究资料、分析研究资料、得出研究结果。我们可以将社会科学研究过程用图1-2来表示。

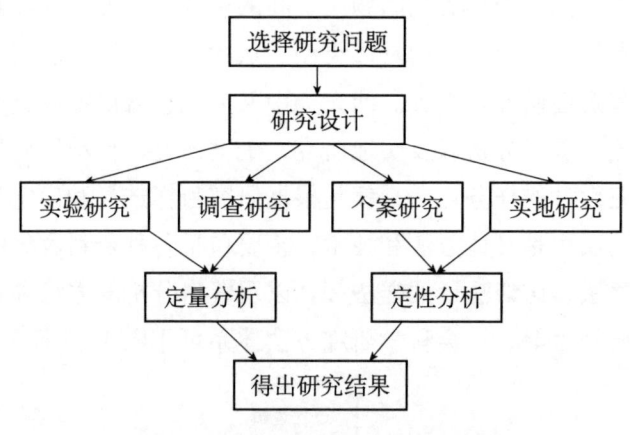

图1-2 社会科学研究过程示意图

如果将上述几个阶段中的收集研究资料和分析研究资料合并为研究实施阶段的话，那么这一过程可以进一步简化为"问题→设计→实施→答案"。这就是最一般的社会科学研究过程，也可以说是研究的基本构成。它不仅说明研究包含这四个主要的环节，也说明研究就是从问题到设计、再从设计到实施、最后从实施到答案的一个过程。当这个过程走完时，一项具体的研究就完成了。

社会科学研究在提出问题到寻找答案的过程中，或者说，在"问题→设计→实施→答案"的过程中，最为关键的环节是什么？尽管学习和掌握各种研究方法的实际操作以及恰当表达研究结果的方法很重要，但更为重要的是前面两个环节，特别是第二个环节，即研究设计。这是做一项研究，特别是做一项好的研究的关键。它要求研究者首先要懂得和熟悉各种方法，即要知道有哪些可用的工具，知道那些工具怎么用。同时，它还要求研究者有正确的思路，知道从问题到答案之间的路该怎么走。此外，它还要求研究者能结合具体的社会现实条件，做出艰难的权衡或妥协，周密地计划好走完这一过程的每一个步骤和环节。这需要的是一种综合能力。因此，研究者应特别重视研究设计。

4. 社会科学研究方法的规范化与本土化

社会科学研究的目标是发现并解释社会世界中存在的客观规律性。而社会科学研究的各种方法作为研究者探索社会世界奥秘的工具和手段，在这一过程中具有十分重要的作用。与各种科学的方法一样，社会科学研究方法也必然会受到科学一般规律及固有特征的制约和影响。其中，对研究方法的规范化要求就是这种制约和影响的一个重要体现。

社会科学研究方法的规范化，指的是在具体的社会科学研究中，研究者要自觉遵循前人通过多次反复实践所总结出的、相对成熟的普遍性原理、原则、方式、方法及技术。这种相对成熟的普遍性原理、原则、方式、方法及技术，正是构成社会科学研究方法知识体系的基本内容。具体来说，无论是探寻现象之间因果关系的逻辑，还是从总体中抽取样本的概率抽样原理；无论是概念操作化的程序和方式，还是问卷设计的原则与方法；直至当面访谈、电话访谈的技巧，参与观察的技术，调查数据的编码、录入、清理程序等，都已形成了一些科学的、固定的、有相当规范性的知识体系。正是依靠这种规范化的原理、原则、方式、方法及技术，每一项具体的社会科学研究才有可能最大限度地接近社会世界的本来面貌，才有可能揭示出隐藏在大量社会现实背后的本质规律。

社会科学研究方法的规范化除了要求社会科学研究者在研究的过程中必须遵循科学的原则和程序，不能随心所欲、我行我素，还具有另一个重要的含义，那就是任何一项具体社会科学研究的程序、方法及其成果，都必须接受整个社会科学研究共同体的检验和评价。而共同体进行这种检验和评价所依据的，也正是源于科学基本原则和程序的规范化研究方法。因此，在一定意义上，社会科学研究方法的规范化是衡量社会科学研究整体水平高低的一项重要指标。

如果可以把社会科学研究方法的规范化看作一种理想的取向的话，或许就可以把社会科学研究方法的本土化看作一种现实的取向。社会科学研究方法不仅是一种理论知识，也是一种实践性很强的知识，它的一个基本特质就是要面对现实，面对具体的、特定社会的现实。换句话说，社会科学研究方法是一种与具体的社会学（或某一社会科学）经验研究紧密相关的知识，其价值实际体现在各种具体的社会学经验研究之中。

应该注意到，社会科学研究方法的规范化在一般原理上、基本程序上以及具体方法技术上对研究者所提出的要求，往往是一种理想的状态；而社会科学研究者在实际研究中对各种方法的具体应用，则往往是一种现实的状态。二者之间存在着差距，存在着矛盾。虽然对理想状态的探讨是基础，但对现实状态的探讨则更为综合。一个研究者不了解、不掌握社会科学研究方法的各种基本程序，不懂得、不学会社会科学研究中各种具体的方法和技术，显然是做不好社会科学研究的。但是，研究者如果不懂得将各种规范的方法技术与现实社会中的各种制约条件联系起来，不懂得在现实条件下灵活运用各种规范的方法和技术，同样是做不好社会科学研究的。因此，有必要认真探讨各种社会科学研究方式及方法在中国社会和文化环境中的适用性与局限性，探讨它们在中国人心理上所可能产生的各种反应，并在此基础上对研究方法进行相应的调整、改进和创造，使之能更好地接近中国社会的现实、接近中国人的社会生活和心理世界。

举例来说，城市入户调查一直是许多社会科学研究课题所面临的任务和所采取的方法。但随着整个中国社会的急剧变迁，社会流动的程度加深，特别是随着社会心理、社会规范以及社会信任状况的变迁，中国社会中人与人之间的关系也随之发生变化。城市入户调查的抽样和实施变得越来越困难。各种教科书中的理想模式越来越难以在具体实践中得到贯彻和落实，其结果就是城市入户调查资料质量的下降。因此，如何改进抽样方法、如何应对城市住房变迁带来的新的困难、如何提高入户调查的成功率，以及如何增加多种有效的城市居民调查的途径等，就成为值得认真探讨的一个重要问题。

二、社会科学研究的类型

为了更好地学习和了解社会科学研究的设计方法，有必要将现实中各种各样的社会科学研究进行分类。然而，就像对其他现象进行分类会有不同分法一样，社会科学研究也往往会因为不同的分类标准而划分出各种不同的类别。换句话说，对于同一个对象，分类标准不同时，所分出的类别就会不一样。比如，我们可以列出一些有关社会科学研究的分类结果（见表1-1）。

表1-1 社会科学研究的类别及分类标准

社会科学研究的具体类别	分类标准或依据
1. 探索性研究、描述性研究、解释性研究	目的、作用
2. 知识导向的研究、问题导向的研究	起源、动机
3. 理论性研究、应用性研究	性质
4. 理论建构的研究、理论检验的研究	与理论关系
5. 定量研究、定性研究	范式
6. 横向研究、纵向研究	时间维度
……………	

上表中这些社会科学研究的类别，有些或许我们已经在大学的社会科学研究方法课程中学习过，有些或许我们还不太熟悉。为了更好地学习和掌握社会科学研究的设计方法，有必要对这些分类稍做解释和区分。当然，由于不同的分类与研究设计之间的关联程度不同，因此我们在解释和说明的详细程度上也会有所偏重。

1. 探索性研究、描述性研究与解释性研究

虽然我们可以从目的或作用上将社会科学研究区分为探索性研究、描述性研究、解释性研究等几种不同的类型，但在实际研究中它们往往是相互联系的。不同的问题类型要求研究者采用不同的研究方式。当然，不同类型的研究问题之间有时也存在一些中间地带，或者说，存在着某些过渡形式。比如，在描述性问题与解释性问题之间，就存在着关系性问题，即"哪些现象与这些现象相关"。正是各个不同的问题类型，决定了我们的研究设计朝着不同的目标前进。需要说明的是，对于同一类型的研究问题，我们可以使用不止一种具体的研究方法。最明显的例子是，对于描述性问题，我们既可以通过定量的统计方法来进行描述，也可以通过实地研究等定性方法来进行描述。当然，这两种不同的方法所描述出来的画面是会有十分明显的差别的。而我们在具体研究中究竟该用哪一种方法，依然主要取决于我们的研究问题。

从严格的研究设计的意义上说，探索性研究似乎不应该被提及。因为探索性研究往往是指针对某种新现象、新问题，在缺乏前人研究基础和研究结果的背景与条件下，研究者在很小的范围内、对很少的对象所进行的初次的和初步的探究。这种研究的目标主要是达到对某种新现象的初步熟悉和了解，以便为今后更加系统、更加严格的研究打下基础和提供思路。正是由于缺乏相关的前人研究结果，同时研究者的目标又只是希望对现象进行初步了解，所以，研究者往往只能凭自己已有的经验对研究做初步的考虑。

对研究设计来说，相对重要的类型是描述性研究和解释性研究。有学者甚至认为，各种社会科学研究的目的大体上可以归结为回答两类基本问题：一是回答"发生了什么？"二是回答"为什么会发生？"[1] 社会科学研究方法教科书中一般将前一种类型的社会科学研究称为"描述性研究"，而将后一种类型的社会科学研究称为"解释性研究"。描述性研究的目标主要是回答社会现象"是什么"或者"发生了什么"的问题，即它主要关注对现象或事物的了解。无论是对社会热点问题的研究，还是对社会舆论、社会心理、社会文化现象的研究，以及对一般社会状况、人们社会生活的研究，往往都是这种描述性研究发挥作用的领域。因此，在人们认识各种社会现象及其规律的过程中，描述性研究始终是必不可少的一环。尽管许多研究者认为，描述性研究比较简单、比较浅显，特别是无法回答社会现象的成因问题，但实际上，各个层面、各种主题并且设计良好的描述性研究，同样可以极大地丰富我们对社会现象的整体状况、对各种社会形态及其本质的认识。

此外，描述性研究还在解释性研究的形成过程中具有重要的基础作用。许多有关社会现象及其规律的解释性研究正是建立在前人对这一现象的系统、全面、丰富、精确的描述基础之上的。正如许多学者所指出的：通过"细致的描述可以激发出解释性研究中'为什么'的问题"[2]，"因果性研究建立在理论和描述性研究的基础之上"[3]。进一步说，要探讨和解

---

[1] 德沃斯. 社会研究中的研究设计. 郝大海，等译. 北京：中国人民大学出版社，2008：1.
[2] 同[1]4.
[3] 沙沃森，汤. 教育的科学研究. 曹晓南，程宝燕，刘莉萍，等译. 北京：教育科学出版社，2006：101.

第1章 导　论

释"为什么存在或出现某种现象"的问题，首先要弄清楚是否有"这种现象真的存在或出现"的现实。比如，要探讨"为什么甲现象与乙现象相关"或者"为什么甲现象会影响到乙现象"的问题，首先就要弄清楚是否存在着"甲现象与乙现象相关"的现实，或者是否存在着"甲现象的确影响到了乙现象"的现实。而探讨和回答"是否存在着甲现象与乙现象相关的现实"以及"是否存在着甲现象的确影响到了乙现象的现实"的问题，正是描述性研究所具有的功能。因此，在一定程度上可以说，没有科学的描述性研究，许多解释性研究就成了无源之水。无论是解释性研究的问题提出还是问题的探讨，都会受到极大的影响。

描述性研究的设计应考虑的一个主要的因素是描述的目标。如果一项研究以描述总体的状况为目标，那么以随机抽样为基础的定量研究将是最为恰当的选择。这种定量研究不仅可以比较精确地描述所研究总体的分布特征、趋势、结构特点、客观行为以及主观态度，还可以描述不同现象之间、不同研究对象的特征与他们的行为及态度之间的简单关系。尽管这种简单关系并不一定是因果关系，但它可以清楚地体现现象之间相互联系的某些明显特点。而为达到这一目标所选择的最常见的研究方式的就是调查研究。无论是发放自填式调查问卷，还是调查员入户面访，抑或是电话访谈、邮寄调查、网络调查，在合适的环境条件下，都能够较好地达到这一研究目标。正是严格的随机抽样、可靠的变量测量、有效的数据收集和分析，才使得科学的描述与日常生活中充满偶然性的观察区分开来。

比如，如果我们需要描述大学生总体的择业意愿，就可以采用定量的调查研究方式，设计随机抽样方法，来取得较大规模的大学生样本。同时，将择业意愿操作化为具体指标，用精心设计的调查问卷来进行定量测量。最后通过统计分析法，对采用自填问卷方法收集到的数据资料进行各种定量分析，得出能够推论到大学生总体的各种分布、比例、关系等定量结果。

如果研究并不以对总体的描述为目标，而是以某个局部，某个特定的群体、机构，或者特定的环境为描述对象，那么以个案研究、实地研究等方式进行的定性研究是最好的选择。定性研究的方式可以深入、细致、丰富、生动地描述少数研究对象的内部结构、发展过程以及其内在的、精神的、个体的、特定的行为方式和心理状态，很好地回答"发生了什么""如何发生的"等问题，还可以理解在某种特定的社会背景下起作用的各种因素之间的复杂关系。同时，"这种科学描述可以形成对重点群体或场所的系统观察，其发现的规律有可能推广到未来其他类似的群体或场所"，"这样的研究结果也可以作为发展新理论、进行新实验或改善影响推广程度的调查项目的基础"。①

需要指出的是，科学的研究设计与具体的研究目标以及客观的社会现实之间具有十分密切的内在联系。因此，在实际的社会科学研究中，"使用多种研究方法，把考察总体特点的定量研究和考察局部环境的定性研究结合起来，通常可以极大地加强研究设计的科学性"②。记住学者们的上述论断，并努力在具体的研究设计中朝着这个方向努力，会使我们的描述性研究取得更好的效果。

尽管描述性研究具有重要的基础作用，但人们对社会现象的认识不会始终只停留在精确描述的层面上。人们还希望在了解现状的基础上，进一步询问"为什么"的问题。解释性研究的目标正是直接针对社会现象"为什么"的问题的，即在已知社会现象的状况、特征、分布和趋势的基础上，针对各种社会事实"为什么会如此""为什么会发生"等问题，给出内在的、揭示规律的同时也有经验证据支持的解释。或者说，解释性研究关注的是对现象何以如此的说明。

比如，描述某一段时期研究生招生中男女生比例的变化情况，比较不同性质的学校中这种比例的变化趋势，发现女生所占的比例越来越大；或者比较不同专业研究生招生中的男女生比例变化，发现不同专业中这种比例的变化趋势各不相同。这是描述性研究所关注的事情。而当我们通过描述性研究发现，研究生招生中女生的比例的确在逐年增大，同时，不同专业中这种男女生比例变化的特点和趋势又各不相同时，就会激发我们提出

---

① 沙沃森，汤.教育的科学研究.曹晓南，程宝燕，刘莉萍，等译.北京：教育科学出版社，2006：99.

② 同①101.

和探索"为什么研究生招生中女生的比例越来越大"的问题。而解释为什么女生的比例越来越大,或者为什么不同专业中男女生比例的变化趋势有所不同,则是解释性研究所关注的事情。解释性研究的目标通常是探索和发现现象之间的因果关系。因为只有弄清楚现象之间的因果关系,才能从根本上解释为什么甲现象会与乙现象相关,或者为什么甲现象会影响到乙现象。

解释性研究的设计中,基本的考虑应该是变量的因果关系及其可能的模型。而要证明所研究的现象之间具有因果关系,必须在三个关键的条件上给出充分的证据:一是这两种现象相关;二是时间上一种现象发生在另一种现象之前;三是要排除导致这两种现象相关的其他因素,即要排除"所有当前可设想到的、针对所观察的关系的相反解释"[①]。在实际研究中,随机性实验的设计是探讨因果关系的最好方式。但由于这种方式在社会科学研究项目的具体实施上存在各种困难和障碍,因此除了在教育研究和一部分管理研究中有所运用外,在社会学研究中采用得很少。

总的来说,对于认识任何一种社会现象,这两种研究类型都是需要的。描述性研究是这种认识的基础,解释性研究则是这种认识的深化。从人们认识社会现象的整体上看,二者相互联系、相辅相成,共同服务于认识总目标的不同侧面。同时,应该说明的是,虽然这里将社会科学研究分成描述性与解释性两种类型,但现实社会中的一些研究往往同时具有这两种类型的特征,只不过其中的一方面相对较弱,而另一方面相对较强罢了。比如,一些描述性研究对所得出的各种描述结果也常常会进行一定的理论分析或者尝试性地提出某种因果解释;一些解释性研究也常常会在研究报告中给出一定的描述性结果,以此作为对所研究现象的因果关系进行深入分析和理论解释的一种基础和背景。

2. 知识导向的研究与问题导向的研究

这是依据社会科学研究的目标或原动力对其进行区分所得到的两种类

---

① 沙沃森,汤.教育的科学研究.曹晓南,程宝燕,刘莉萍,等译.北京:教育科学出版社,2006:102.

型。所谓知识导向（knowledge-oriented）的研究，指的是以增加、积累、创造、修正、完善各种有关社会的知识为目标、为研究原动力的研究类型。由于这些知识往往是以理论的形式出现的，所以这种研究类型有时也被称作理论导向的研究、基础研究等。

所谓问题导向（problem-oriented）的研究，则指的是以了解、分析、解决现实社会问题为主要目标和原动力的研究类型。由于这类研究的结果往往期望对现实社会中的各种实践进行指导、干预或产生影响，所以这种研究类型有时也被称作现实导向的研究或应用性研究、对策性研究等。

社会科学研究有两个相互关联的目的：一是增加对社会相关现象和事物的理解，也可以说是增加有关社会现象和事物的"知识"；二是为解决实际社会问题、为社会决策提供依据，即力图用研究结果为干预和改变"现实"提供帮助。当一个研究问题的答案对于现实问题的解决没有实际价值，但对于这一研究领域中的知识积累有着重要意义时，我们称这类研究为知识导向的研究。反之，当一个研究问题的答案对于解决现实问题具有直接作用和重要效果时，我们就称这类研究为问题导向的研究。简言之，知识导向的研究重点关注于"知"，而问题导向的研究则重点关注于"行"。从研究设计的角度看，知识导向的研究往往更多地具有前述解释性研究的特征，其理论性更强；而问题导向的研究则往往更多地具有前述描述性研究的特点，其应用性、对策性、实践性的色彩更强。

3. 理论建构的研究与理论检验的研究

社会科学研究的主要目标之一，是发展出能够为我们更好地观察、认识社会现象，认识人们的社会行为提供支持的理论和原理。这些理论和原理可以为我们的观察提供特定的眼光和视角。与此同时，这些理论和原理又必须接受经验观察的评价和验证，即通过经验研究来进行确认。有关经验研究与理论之间的关系，一般归纳为两种类型：理论建构的研究与理论检验的研究。

这两种类型的研究是依据研究与理论之间的关系来进行区分的。重要的是，它们与理论之间的不同关系又决定了经验研究设计中的思路和逻辑决然不同。理论建构的研究的目标是要产生一个与研究所做出的一系列经验观察结果相符合的，但同时也是暂时的、看似合理的和有待检验的解释。理论建构的研究的逻辑起点是经验观察，其终点则是抽象层次的理论解释。从研究设计的角度看，理论建构的研究通常采用定性研究的方式和方法，比如扎根理论的方式等。其在研究程序上的灵活性、互动性更为突出，对研究者个人的方法素养和应变能力要求较高，更注重归纳逻辑的运用。

理论检验的研究的目标则是对前人提出的理论进行经验的验证，以判断、推翻、修正或补充前人理论的正确性、完备性和适用范围等。理论检验的研究的逻辑起点和终点正好和理论建构的研究相反：它是从已知的、抽象的理论解释出发，通过逻辑演绎，推论出若干假设，然后通过操作化方式，将理论假设中的概念转化为经验世界中可以观察到的事物（指标），最后用经验世界中的观察结果来验证假设。从研究设计的角度看，理论检验的研究通常采用定量研究的方式和方法，在研究程序上则具有更明显的固定性和标准性。

需要说明的是，在实际的社会科学研究中，并不是所有的研究都与理论有着这么明显的关联。一些以了解社会现状、解决社会问题为主要目标的社会科学研究，以及一些针对社会中人们的偏见和误解而进行的社会科学研究，往往就没有十分明确的理论框架的指引。

4. 定性研究与定量研究

这是从研究范式上对社会科学研究进行分类所得到的两大类型。同时，这也是与研究设计非常相关的一种分类。所谓定性研究，用有些研究者的话说，就是"以研究者自身作为主要的资料收集工具，通过深度访谈、参与观察、实地笔记、开放式问题等途径，收集文字、声音、图像等形式的定性资料，通过寻找这种资料中的模式、主题以及整体特征来分析资料的社会科学研究方式。这种研究方式所得到的结果，往往具有特定的脉络背景，其报告往往采取背景描述和直接引用研究对象原话的方式进行叙述"[1]。

---

[1] Gaur A S, Gaur S S. Statistical methods for practice and research. London：Sage Publications Ltd，2006：28-29.

而所谓定量研究，则是"采用结构式的、具有信度和效度的资料收集工具，或通过档案数据资源，来收集基于精确测量的定量资料。具有变量的形式是这种资料的特性。同时，资料的分析包括建立变量间的统计关系。而且只要应用恰当，这种研究的结果可以推广到整个的总体中"[1]。

在定性研究和定量研究这两大类中，又可依据研究的内在逻辑、因果推断的性质以及资料收集方式等，进一步区分为更小的类别。比如，定量研究可细分为实验研究和非实验研究两类，每一类中又可进一步细分为更小的类别。定性研究也可以进一步细分为个案研究、文本分析、历史-比较分析、实地研究等。具体分类可以从前文的图1-1中看到。

每一类具体的研究方式在实际社会科学研究中的应用范围、使用频率等有所不同，研究设计的要求和关键点也都不太一样。在本书中，我们仅针对在实际社会科学研究中应用最为广泛的调查研究、实地研究、个案研究、内容分析、二次分析等几种研究方式介绍相关的设计方法。

三、社会科学研究的指导原则

如同其他科学研究一样，社会科学研究也有其指导原则。在笔者看来，由美国国家科学院组建的"教育研究的科学原则委员会"在其使命性的著作《教育的科学研究》一书中所提出的六条原则，是这种指导原则的一个很好的代表。在该书的开头，作者们就提出了六条他们认为"适用于所有科学研究的指导原则"。在该书的第三章，作者们十分详细地讨论了这六条指导原则（只不过作者们将这种"为科学研究提供了一个框架"的指导原则进一步明确为"描述科学研究的步骤"）。这六条指导原则分别是：

原则1：提出重要的、可由实证研究来解答的问题。

原则2：建立研究与有关理论的联系。

原则3：使用能对研究问题进行直接研究的方法。

---

[1] Gaur A S, Gaur S S. Statistical methods for practice and research. London：Sage Publications Ltd.，2006：29.

第 1 章　导　　论

原则 4：进行有条理的、明确的逻辑推理。

原则 5：实施重复验证和研究推广。

原则 6：公布研究结果，鼓励同行的审查和评判。①

这六条原则不仅可以指导研究者进行科学的社会科学研究，同时也可以帮助我们学习和认识科学共同体中研究者们所共享的一套建立科学理解的规范。了解这些规范，对于从事社会科学研究的研究生和研究人员来说，具有基础性的、方向性的作用。下面我们对这六条原则所揭示的科学研究过程中的关键点进行一些讨论。

1. 提出重要的、可由实证研究来解答的问题

原则 1 揭示出科学研究过程中的第一个重要环节，那就是研究问题的提出。在这一环节中，原则 1 强调的有两点：一是问题应该是重要的，或者说是有意义的；二是问题应该是可进行实证研究的。研究问题的重要性不难理解，它指的是问题要具有研究的价值，这种价值既可以体现在理论方面，也可以体现在实践应用方面。问题所具有的价值越大，它就越重要。而这一原则的第二点特别重要，也就是提出的研究问题应该是能够用实证的研究来解答的。一些属于价值判断的问题，比如"是否应该信仰宗教""勤俭节约的习惯好不好"等，是属于不能通过实证研究来解答的问题。而所谓可进行实证研究的问题，指的是那些可以通过收集经验的材料形成证据、得出结果的问题。

科学研究之所以强调"实证"性，是因为"科学研究区别于其他形式的探索的一个重要特征就在于科学假设和结论具有可验证性（testability）和可证伪性（refutability）"②。而要达到这一点，经验证据是十分关键的一环。实证研究要依靠广义的"观察"来获得经验的材料，而这种经验的

---

① 沙沃森，汤. 教育的科学研究. 曹晓南，程宝燕，刘莉萍，等译. 北京：教育科学出版社，2006：2-4，49-68. 需要说明的是，或许是不同译者翻译的原因，每一条指导原则在该书的不同地方被翻译成的具体语言略有不同。比如，原则 1 在第 3 页被译为"提出重要的、可进行实证研究的问题"，在第 49 页被译为"提出有意义并能通过实证来研究的问题"，在第 51 页又译为"提出重要的、可由实证研究来解答的问题"。三处表达略有不同，但含义一样。笔者在引述时采用了三处译文中笔者认为比较恰当的译文。

② 沙沃森，汤. 教育的科学研究. 曹晓南，程宝燕，刘莉萍，等译. 北京：教育科学出版社，2006：3.

材料所形成的证据是"对研究结果的不同解释进行正确排除的基础，也是得出合理推论从而积累新知识的基础"[①]。这也即是说，所有科学研究都是建立在对现实世界的经验观察基础之上的。

2. 建立研究与有关理论的联系

原则2强调了研究与理论之间的联系。一方面，这一条原则虽然并不直接意味着科学研究中的一个具体步骤，却是科学研究内在特质的一种体现。与一般的科学研究一样，社会科学研究虽然是经验的、实证的，但其目标始终是朝着建立更具一般意义的、普遍适用的，同时也是相对抽象的理论的。正如沙沃森等学者所指出的："科学的大部分工作实质上是为了发展或验证能解释自然界和社会生活方方面面的理论、假设、模型、猜想或概念框架。"[②] 所以，在某种意义上，理论可以说是经验的社会科学研究的灵魂。另一方面，理论与研究之间也是一种相互促进的关系。理论可以为经验研究提供概念框架、指导研究方向、提供研究解释，可以"在研究探索的开创、设计和实行过程中"起作用；同样地，经验研究也可以从"开创理论、重整理论、扭转理论和廓清理论"四个方面为理论的发展做出贡献。[③] 正因为如此，我们在开展各种社会科学研究的过程中，必须注意与相关的理论建立联系，将经验的社会科学研究过程置于相对抽象的理论框架的指导之下。只有这样，经验研究的成果才具有更为重要的意义，才能为增加人们的认识发挥更大的作用。

3. 使用能对研究问题进行直接研究的方法

原则3涉及研究问题与研究方法之间的关系，实际上也涉及研究设计的内容。从该书作者们的解释中我们可以了解到，这一原则中的"能对研究问题进行直接研究的方法"包含这样两层含义：一是各种不同的研究方法之间不存在好坏优劣之分，关键在于研究方法对回答研究问题所具有的效用程度。同一种方法可被用于不同的研究中，一项研究中也可以采用多

---

① 沙沃森，汤. 教育的科学研究. 曹晓南，程宝燕，刘莉萍，等译. 北京：教育科学出版社，2006：10.

② 同①55.

③ 默顿. 经验研究和社会学的理论//米尔斯，帕森斯，等. 社会学与社会组织. 何维凌，黄晓京，译. 杭州：浙江人民出版社，1986：61-62.

种不同的方法。二是特定的研究问题既需要研究者使用特定的研究方法，同时也决定着研究者必须采用特定的研究方法。在社会科学研究中，虽然有多种不同的研究方式及方法可以供研究者选择和使用，但客观的现实是，有些方式可能不太适合某些问题的研究，而另一些方式则可能特别适合。因此，究竟应该采用哪种研究方式及方法，将主要由研究问题的性质来决定。

4. 进行有条理的、明确的逻辑推理

原则4强调了研究的推断逻辑和论证框架问题，这同样是有关研究设计的内容。正如我们在前面所指出的，科学研究由假设、证据和逻辑构成。经验证据必须借助和依赖严密的、系统的、有条理的逻辑推理和论证，才能有效地回答研究的问题。沙沃森等学者指出："所有严谨的研究，不论是定量的还是定性的，都包含着同样的逻辑推理。这种推理要求明确阐述得出结论的过程，包括：有什么样的前提假设？怎样确定证据的相关性？其他可能的解释是如何被考虑和排除的？数据和概念或理论框架之间的关系是如何建立的？"[①]

一项研究的逻辑推理过程及其论证的质量，主要由研究者设计的研究方案所决定。研究方案中所包含的研究假设的提出依据、经验资料或相关数据的收集方式、资料分析的方法和所期望得到的结果等，共同构成了研究者论证和回答研究问题的内在逻辑。虽然研究方案的内容是多方面的、具体的甚至是操作的，但研究者的头脑中始终应该对为什么做出这种或那种选择、为什么进行这样或那样的操作或处理、为什么采用这样或那样的设计等，保持清醒的认识。之所以这样做，是因为需要论证逻辑性，一切都是为了最终有条有理地论证和回答研究的问题。

5. 实施重复验证和研究推广

原则5涉及科学研究结果的确认和推广。科学研究的一个重要特征是，在研究条件相同的前提下，研究结果可以复制。换句话说，采取同样

[①] 沙沃森，汤．教育的科学研究．曹晓南，程宝燕，刘莉萍，等译．北京：教育科学出版社，2006：63.

的方法、对同样的对象进行研究，其研究结果不会因研究者的不同、研究时间的不同而发生改变。这一原则用更直接的说法来说就是："能在两种以上的情况下（比如两个相似的实验室或现场）重复一项研究而得出相似的结论。"① 而能够被重复验证的研究结果，通常具有更高的可靠性。需要说明的是，科学研究的这种重复验证的特征在自然科学中相对容易达到，而在社会科学中要达到这一点则相对困难得多。这也即是说，在社会科学中，重复研究的结果发生偏差的可能性要比在自然科学中大得多。其主要原因是，环境因素的作用及其对研究的影响在社会科学中要比在自然科学中大得多。与此同时，研究者在社会科学中对环境的控制能力则比在自然科学中小得多。

如果说重复验证是为了增强研究结论的可靠性的话，那么研究推广就是为了扩展研究结论的应用范围。正是因为社会科学中十分欠缺自然科学中那种相同的对象、相同的地点、相同的环境等容易推广的客观条件，所以对研究结论的推广一直是社会科学研究者努力奋斗的目标之一。一般来说，研究者可以通过统计分析的方法来对建立在随机抽样基础上获得的定量数据进行分析，并将分析的结果进行推论。而对于许多定性研究项目来说，研究者同样可以通过类型比较的方法、三角测量的方法以及分析演绎的方法来扩展研究结论的应用范围。

6. 公布研究结果，鼓励同行的审查和评判

原则 6 涉及科学研究成果的应用和评判方式。科学研究的目标是增强人们对相关现象的认识。而每一个从事具体研究的研究者都必须公开发表自己的研究成果和研究结论，这样做不仅是实现上述目标的主要途径，同时也是对研究结果和研究结论具有相对可靠的质量的一种保障。科学知识的积累和科学的进步，不仅需要每一个从事科学研究的人都具有良好的、符合科学规范的专业训练和专业素养，同时还需要一个由这样的人所组成的科学共同体，即我们平常所说的学术界，来对这些研究结果和研究结论

---

① 沙沃森，汤. 教育的科学研究. 曹晓南，程宝燕，刘莉萍，等译. 北京：教育科学出版社，2006：66.

进行审查、评价、鉴别和筛选。无论是在正式的学术刊物上发表论文，还是在专业的学术会议上做研究报告，或是在出版社公开出版研究结果，实际上都是在将自己的研究公布于学术界，接受整个学术界的审查和评价。当学术界的同行发现研究中存在错误、研究结论不能反映客观现实等情况时，就会开展质疑、商榷、讨论、辩论，以及导致新的、进一步的研究的产生。可以说，同行之间的学术交流以及这种交流过程中各种形式的质疑和回应，既是研究成果得以确认、完善，或者被推翻、被淘汰的重要途径，也是科学知识积累过程中的一道必要的筛选门槛。

四、科学精神与方法素养

除了明确社会科学研究的指导原则，在进入具体研究设计的内容之前，笔者感到有必要对下面两个观点进行一定的说明，这两个观点对做好社会科学研究来说或许更为重要。

1. 科学精神：社会科学研究的立命之本

任何研究都可以说是一个认真地提出问题，并以系统的方法寻找答案的过程。社会科学研究在本质上同样是这种被称作科学的活动。在这一过程中，即在从事这种活动的过程中，需要一种科学精神。无论研究者所研究的具体问题是什么，无论他采用哪种具体的研究方法，都必须坚持科学精神。换言之，虽然社会科学研究者开展探讨的具体方式有多种，但它们共同的因素只有一个，就是科学精神。

科学精神包括许多方面，体现在科学研究的各个环节中。首先，作为一种科学的探究活动，社会科学研究不能偏离一切科学都必须遵守的逻辑性要求。推理必须符合逻辑，思维必须符合逻辑，论证必须符合逻辑，正是逻辑性为社会科学研究的科学性提供了一种基础的规范和准则。其次，作为科学的探究活动，社会科学研究必须有很强的系统性和严密性。设计必须严密，不能存在程序上的漏洞；操作必须严密，不能出现大的偏差；分析必须严密，论述不能似是而非。再次，作为一种经验的探索，社会科学研究必须在其跋涉的每一道关口都获得现实条件所要求的"通行证"。社会科学研究的设计和实施，既必须符合客观条件的限制和许可，还必须能够把研究者为回答研究问题所勾画的蓝图变为现实的行动。最后，社会科学研究作为一种由社会中的具体个人所从事和进行的活动，研究者实事求是的态度将是社会科学研究具有科学性的最重要的道德保证。

在研究和探索的过程中，我们自然会遇到各种各样的问题、挑战以及考验。科学精神要求我们，首先，应该明确说明自己所面临的问题、挑战和考验是什么；其次，要明确说明自己是如何解决这些问题、如何应对这些挑战和考验的。实际上，任何一项社会科学研究都会在不同程度上遭遇到现实条件的限制和冲击，研究者往往会在这种限制和冲击的影响下无奈地放弃或偏离原有的目标。科学精神要求我们，在陈述中不仅要说明"为了达到目标我们必须做什么"，同时还要详细说明"为达到目标我们实际上是如何做的"，以及"这样做的实际效果如何"。这里最重要的原则是：清楚地认识到自己所做出的让步和妥协；如实地说明这种让步和妥协所带来的后果；并在这种让步和妥协的前提下总结自己的研究发现，说明研究结果是在一定程度上、一定范围内、一定前提下成立，具有相对性；等等。

笔者极力推荐读者认真阅读美国著名社会学家英克尔斯等人有关"从传统人到现代人"的经典研究（本书好几章中都会提及这一研究），从中我们可以认识和体会到社会科学研究中科学精神的关键内容。可以说，研究者在该研究中用自己的经历和实际行动对如何坚持科学精神做出了明确且具体的注解。例如，我们可以看到：在《从传统人到现代人》一书的四大部分中，有两大部分专门讨论研究方法，其篇幅超过了全书的 40%。[①]该书字里行间、时时刻刻都在告诫我们：研究方法是为研究目的服务的，只有从现实出发，设计和选择适合研究目标的方法，才能帮助我们从理想到现实、从理论到实践，才能使我们最终走向研究目标。这种方法与研究的关系在英克尔斯等人的"现代人研究"中得到了完美的说明。它启示我们：科学不一定意味着定量，也不一定意味着精确，而是意味着逻辑，意

---

① 英克尔斯，史密斯．从传统人到现代人：六个发展中国家中的个人变化．顾昕，译．北京：中国人民大学出版社，1992．

味着严密，意味着实事求是。逻辑性、严密性、现实性和实事求是，是英克尔斯的这一研究所体现的科学精神中最关键、最核心、最本质的内容。而这种科学精神正是一切社会科学研究的立命之本。

一项完美的科学研究，一方面要有深邃的目光和创新的思想，另一方面还要有严密的逻辑、精巧的研究设计以及让人心服口服的证据和力量。认真学习和解析著名社会学家的经典研究，可以帮助我们在自己的研究实践中树立起一种科学的理念——社会科学研究是一种科学的探究活动，科学性是其必须遵循的最高原则，科学精神是社会科学研究的立命之本。这种科学的理念，是每名研究者必须具备的基本素质，会为我们的具体研究提供一种明确的思想指南。如果从事科学研究的人在理念上都没有一种科学精神，那么何谈在实践中坚持科学精神。如果我们不仅理解了英克尔斯等著名学者所做的各种经典研究的研究结论，同时也受到其研究中所体现出来的科学精神的启发和熏陶，那么我们所得到的会远远超过一项具体研究的结论本身。

总的来说，在研究者探索社会现象的过程中，处处存在着陷阱；在研究者获得对社会世界的了解的过程中，处处充满了障碍。针对各种陷阱和障碍，一批又一批的研究者发展出种种科学的方法去克服、去跨越。而伴随着这些方法的，则是一些新的陷阱和新的障碍……社会科学研究可以说就是这样一个"道高一尺，魔高一丈"，困难与解决困难的方法不断较量、不断斗争的过程。在这方面，我们可以套用马克思的一句名言：在社会科学研究的道路上，没有平坦的大路可走，没有简单的事情可做；只有那些在不断探索、不断识别陷阱、不断跨越障碍的过程中不畏劳苦的人，才有希望看到社会世界的本来面目。

2. 社会科学研究者的方法意识和方法素养

除了上述科学精神外，研究者的方法意识和方法素养同样是不可忽视的一个方面。一般来说，与理论相比，方法总是具体的、琐碎的。理论往往会因为它所具有的抽象性、深刻性和概括性而显得更为辉煌。因此，建设理论大厦的工作一直吸引着众多学者为之奋斗。相比之下，研究方法则往往被放在相对次要的位置。但是实际上，研究者光有理论的意识和素养并不能完成探索社会世界奥秘的事业。方法在社会科学研究中同样具有重要的和不可替代的地位与作用。

因此，作为一名合格的社会科学研究者，必须具有相当的方法意识和方法素养。研究者具有一定的理论素养，会使得他们在分析和看待社会现象以及社会问题时具有一种超出普通常识的理论视角和独特眼光。因此，对研究者应具有理论素养的要求似乎是不言而喻的。但有关社会科学研究者所应具有方法意识和方法素养的问题，却还没有被提到相应的议事日程上来。

社会科学研究（包括其他社会科学研究）区别于哲学、史学、文学等人文学科研究的一个重要标志，就是这种研究所具有的实证性特征。这种实证性特征使得社会科学研究除了要遵循分析和综合的基本规则、遵循思维和判断的逻辑性要求外，还必须面临大量的具体操作、技术手段、实地实践等问题。处理好这些问题所需要的不再是抽象概念和理论框架，也不仅仅是对具体方法技术的简单学习，而是研究者所具有的方法意识和方法素养。

意识是一种主观的东西，所谓具有方法意识，指的是研究者在探索一个具体问题或接触一项实际研究时，思想上能够随时意识到"要从方法的角度做些分析、判断和选择"。这种方法意识也可以说是研究者在面对他打算探讨的具体问题时，所自然产生的思考习惯和注意方面。缺少这种意识，往往会使许多原本十分敏锐的思想、十分独特的视角，因无法在实践中尝试和实施，或因在具体实践中损枝折干，而导致其最终的结果大打折扣。

至于素养，则是一种通过较长时间的训练、培养而形成的心智品质，一种如同米尔斯所说的"社会学想象力"那样的"心智素质"。它是研究者在某一方面综合能力的一种体现。理论素养体现的是一种洞察力，能反映出研究者观察现象或问题时所采取的视角、所站的高度，以及所理解的深度。方法素养体现的则是一种应用能力或实践能力，反映出研究者在理解社会现象、解释社会现象的过程中，采取各种接近社会现实、操纵社会现实、处理社会现实、解剖社会现实的方式和方法的综合能力。它在一定程度上意味着研究者从事一项经验研究时所能达到的系统性、科学性和周密性。

方法素养往往将研究者的方法意识从有意的"注意""注重"升华到

自觉地关注和自发地思考的程度。同时，它还是研究者全面掌握研究方法的原理、规则、程序、工具和技术的能力体现。因此我们也可以说，方法素养是将研究者的方法意识"内化"所形成的一种"本能"行为，一种将各种具体的、琐碎的研究技术和手段有机地"整合"到处理研究问题时的思路、角度、方法与程序之中的能力。

社会科学研究者应该不断增强自己的方法意识。这样做的时候，应该注意避免受传统思维定式的影响。这种思维定式往往追求一种不切实际的"最好""最强"。实际上，就像不存在一种对于所有问题而言都是"最好"的理论那样，也不存在对于所有问题来说都是"最好"的方法。正确的提问方式是：对于一个具体问题来说，哪种理论或方法最适用、最合适。因此，研究者的方法意识并不意味着对各种方法谁优谁劣做出判断，而在于对不同方法所体现的共同的科学精神和求是精神的切实把握。无论是欧洲传统的具有浓厚主观色彩、注重理解、注重背景、注重体察的人文主义方法，还是以美国为代表的更具客观色彩、注重精确、注重数量、注重实证的科学主义方法，都是我们探索社会世界的工具箱中的有用工具。

社会科学研究者应该努力培养和不断提高自身的方法素养，如同不断提高自身的理论素养一样。因为正是这种素养能使我们明白，对各种不同的研究问题应该采用什么样的方法，为什么采用这种方法，以及采用这种方法的好处和局限是什么。这种素养还能使我们在思考所研究的现象和问题时，自觉地从探讨的可行性、设计的周密性、方法的合适性等角度来进行综合判断，从而有效地帮助我们从问题走向答案。

在强调研究者的方法意识和方法素养时，还应顺便提一下方法与理论的相互支撑问题。方法与理论的相互支撑主要体现在这样两个层面：一是对于作为学科知识体系和学术研究领域两大组成部分的方法与理论而言，二者应该相互支撑；二是对于一个具体的研究者，或者一项具体的社会科学研究而言，应该注意二者的相互支撑。在社会科学研究中，方法与理论都不是孤立的、相互分离的。它们是在解决某种特定的社会科学研究问题的过程中一起形成并紧密相连的。研究方法的好坏优劣、恰当与否，应该总是在其所说明的问题以及与之相关的理论背景中来观察。正因为如此，我们可以说，方法是理论背景中的方法，同时，方法也是问题背景中的方法。既脱离理论、又脱离问题的方法并不是社会科学研究者所追求的目标。

总之，具有一定的方法意识和方法素养，是我们社会科学研究做得更好的一种保证。对于有志于社会科学研究事业的研究生和研究者来说，增强方法意识、提高方法素养同样是必须"修炼"的一种"内功"。

五、本书的内容安排

本书整体上分为三个大的部分：第 1 章至第 4 章为第一部分，主要介绍社会科学研究及其设计的基本原理与相关问题。其中，第 1 章为导论，涉及作为科学的一部分的社会科学研究及其方法体系、研究的主要类型、研究的指导原则以及科学精神与方法素养的重要意义等内容；第 2 章围绕研究的出发点即研究问题进行讨论，内容涉及研究问题的概念、寻找研究问题的基本方法以及好的研究问题的标准；第 3 章介绍与研究设计以及选题密切相关的文献回顾的内容，在介绍文献回顾的不同类型的基础上，讨论文献回顾对研究设计的意义，并对文献回顾的方法进行说明；第 4 章是对研究设计的基本内涵、意义及方式的概括说明，并对研究设计中假设的建构与验证、变量之间的关系等重要内容进行介绍。

第 5 章至第 8 章为第二部分，主要对几种常用的研究方式的设计要点进行介绍。社会科学研究从范式上看，可以分为定量研究和定性研究两大类。每一大类中又有不同的研究方式。每一项具体的社会科学研究，都会面临选择合适的研究方式以及具体完成这种研究方式的设计工作。本书从实用的角度，主要选择了调查研究（第 5 章）、定量文献研究（第 6 章）、实地研究（第 7 章）、个案研究（第 8 章）四种主要的研究方式，对每一种具体方式的特征、关键环节、设计要点与方法都进行了详细的说明，同时也列举了具体的例子进行解释。

第 9 章至第 14 章为第三部分，主要结合前述的研究设计原理以及几种主要的研究方式设计，通过实际社会科学研究的例子来展现研究设计中的各个侧面，特别是研究者在面对现实客观条件时所进行的研究设计。第

9章列举了著名学者英克尔斯等人经典研究的设计实例。虽然对绝大多数读者来说,不太可能进行他们那样的大规模研究,但是他们在研究设计中所体现出来的思想是有借鉴意义、值得学习的。第10章和第11章介绍了两项博士学位论文研究的设计实例。这两项研究及其设计或许对博士研究生读者开展学位论文研究,或者年轻的社会科学研究者独立开展自己的经验研究具有较好的参考价值。第12章列举了针对同一个研究问题、采取不同研究设计的多个例子,以说明面对不同的现实条件,研究者不同的设计思路以及各自的特点和局限。第13章和第14章列举了笔者自己进行的三项单篇学术论文研究的例子。第13章围绕针对同一研究主题、开展前后两项相关研究的例子,对如何深化研究设计进行了介绍。第14章例举了一个完全利用现有文献进行研究的例子,详细介绍了面对二手资料如何围绕研究问题进行设计的思路和操作方法。笔者希望通过对这些围绕不同问题、涉及不同对象、探讨不同内容、采用不同方法的研究实例的介绍,来展现研究设计的各个关键环节,更好地帮助读者了解和掌握研究设计的方法。

推荐阅读

[1] 德沃斯. 社会研究中的研究设计. 郝大海,等译. 北京:中国人民大学出版社,2008:第一章.

[2] 沙沃森,汤. 教育的科学研究. 曹晓南,程宝燕,刘莉萍,等译. 北京:教育科学出版社,2006.

[3] 英克尔斯,史密斯. 从传统人到现代人:六个发展中国家中的个人变化. 顾昕,译. 北京:中国人民大学出版社,1992.

[4] 风笑天. 英克尔斯"现代人研究"的方法论启示. 中国社会科学,2004(1):66-77,206.

[5] 风笑天. 社会学者的方法意识和方法素养. 社会学研究,1999(2):121-122.

第2章

研究问题

社会科学研究始于研究问题。"所有科学研究都必须提出清楚的、可以进行实证性研究并建立在已有知识基础上的问题。"[①] 而研究问题也始终是研究的中心。作为社会科学研究过程中的第一个环节,研究问题的选择常常成为研究生和缺少经验的研究者遇到的第一道难关。许多研究者的经验告诉我们,要做好社会科学研究,十分重要的一点就是有很好的问题意识,特别是选择一个合适的研究问题。换句话说,有一个好的研究问题,往往是一项研究获得成功的重要因素。那么,什么样的问题才称得上是好的研究问题呢?我们在实践中又该如何去发现和寻找合适的研究问题呢?本章将集中探讨如何从你感兴趣的研究主题或研究领域中去发现研究问题、如何将社会生活中的现实问题发展或转化为一个可以研究的问题,以及如何从各种文献中寻找值得研究的问题。

一、从研究领域到研究问题

1. 研究领域(研究主题)与研究问题

当你的论文指导教师问你"你打算研究什么问题"或者"你的研究题

[①] 沙沃森,汤. 教育的科学研究. 曹晓南,程宝燕,刘莉萍,等译. 北京:教育科学出版社,2006:94.

目（或研究问题）是什么"时，如果你的回答只包含虽然简明但相当概括的几个字，诸如"我打算研究当前的离婚问题""我想研究的是农民工问题"或"我想研究的是社会流动的问题"，那么它很有可能只是一个研究领域（research area），或者一个研究主题（research topic），而不是一个真正的研究问题（research problem）。这种关于研究领域或研究主题的陈述往往是孤立的、笼统的、只言片语的，通常既没有具体的内容，也没有明确的方向，因而并不能构成真正的研究问题。

所谓研究领域，我们指的是针对某一类社会现象的各种研究主题、各种研究对象及其在二者基础上形成的各种研究问题的集合。简言之，研究领域是与某一种社会现象有关的各种研究的集合。与某一种社会现象有关的各种研究对象、各种学科主题，共同构成了一种宽泛的内容范围。它往往只有一个关键词作为标签，概括这一领域中的各个方面和各种内容。比如，现实中，当我们问到某位学者的研究领域时，人们可能会说"他是研究婚姻家庭问题的"，或者"他是研究离婚问题的"；也可能会说"我是研究农民工问题的"，或者"我是研究移民问题的"；还有可能会说"张三是研究社会分层的""李四是研究社会流动的""王五是研究社会网络的"；等等。

而我们每一项具体的社会科学研究所需要的或者说所涉及的，则是这种宽泛的内容范围中某个特定的、具体的、清楚明确的方面的内容。这种特定的、具体的、清楚明确的方面的内容，就是本章所要集中讨论的研究问题。

如何判断我们所选择的"问题"究竟是"研究领域""研究主题"，还是"研究问题"呢？区别的关键是，研究问题必须是一个真正的问题，即关于社会现象及其关系的某种"提问"，而不能仅仅是对一种现象的指示或标签。比如，本节开头所列举的关于"你打算研究什么问题"的三个回答（即"离婚问题""农民工问题""社会流动的问题"），实际上只是分别对社会中存在的离婚现象、与农民工相关的现象以及各种社会流动现象的一种指示，都没有指明或提出研究者实际想研究什么。所以，这三个"问题"还不是"研究问题"，而只是"研究领域"或"研究主题"。

但是，如果我们提出的是类似于下面这样的"问题"，情况就不同了。比如下面三个问题：

问题 1 "城市排斥现象与农民工的社会适应之间的关系问题。"

问题 2 "留守儿童的年龄与其生活技能社会化之间的关系问题。"

问题 3 "城市住宅变化对居民社区参与行为的影响问题。"

这三个问题中都包含着十分具体和明确的内容，甚至包含着一系列提问。比如，我们只要在这三个问题中加上几个疑问词（用斜体表示），它们就分别可以变成实实在在的"问题"，变成各种真实的"提问"：

问题 1-1 "城市排斥现象与农民工的社会适应之间的关系是什么？"

问题 1-2 "城市排斥现象如何影响到农民工的社会适应？"

问题 1-3 "不同类型的城市中，农民工的社会适应状况是否有所不同？"

问题 1-4 "为什么在不同类型的城市中，农民工的社会适应状况有所不同？"

问题 2-1 "留守儿童的年龄与其生活技能社会化之间的关系是什么？"

问题 2-2 "留守儿童的年龄如何影响到留守儿童的生活技能社会化？"

问题 2-3 "不同年龄留守儿童的生活技能社会化状况是否不一样？"

问题 2-4 "为什么不同年龄的留守儿童的生活技能社会化状况会不一样？"

问题 3-1 "城市住宅变化对居民社区参与行为的影响是什么？"

问题 3-2 "城市住宅变化是如何影响到居民社区参与行为的？"

问题 3-3 "城市住宅的不同形式是否与居民社区参与行为有关？"

问题 3-4 "为什么城市住宅的不同形式会对居民社区参与行为产生影响？"

2. 如何从研究领域、研究主题到研究问题

虽然研究领域或研究主题并不是研究问题，但从研究领域或研究主题走到研究问题，往往是研究者在选择研究问题时普遍经历的一个阶段。现实中，很多初学者往往就是从研究领域、研究主题以及研究对象这三个角度来考虑自己的研究问题的。比如，从社会现象的角度考虑，有的会选择

"离婚问题""空巢问题""跳槽问题"等；从研究对象的角度考虑，有的会选择"留守儿童问题""农民工问题""老年人问题"等；从学科主题的角度考虑，有的会选择"社会分层问题""社会流动问题""社会参与问题"等。但实际上，正如我们在前面所指出的，如果仅仅停留在这样的层面，那么所得到的往往都还不是真正的研究问题，而只是某种研究领域、研究对象或者研究主题。

作为出发点，这三者最终都是可以走到研究问题的。比如，研究离婚现象，自然会涉及作为夫妻双方的具有不同年龄、不同职业、不同文化程度的人群，也会涉及婚配模式、婚姻质量、夫妻权力等学科主题；研究女性、移民或老年人等社会群体，不仅会涉及"剩女"、贫困、"空巢"等特定社会现象，还会涉及择偶梯度、性别歧视、刻板印象、社会适应、社会排斥、社会支持等学科主题；而研究社会分层、社会流动、社会参与等学科主题，自然既会涉及具体的人群，比如女性、移民、老年人、大学生等，也会涉及具体的社会现象，比如女性就业难现象、移民贫困现象、老年人再婚现象等。所以说，这三者之间实际上是紧密相连的。不论我们最初的起点如何，关键是要把这三方面的因素都考虑进去，使之相互关联，然后逐步聚焦、逐步限定、逐步明确，最终走到研究问题。

那么，我们在实践中该如何从这种宽泛的、含糊的研究领域或研究主题走向相对明确、相对具体的研究问题呢？或者说，我们该如何从研究领域或研究主题中发展出具体的研究问题呢？有学者认为，所谓发展研究问题，实际上可以将其称作概念化分析，其核心是厘清概念含义、定义相关术语，同时区分不同类型问题之间的差异。特别是，要从宽泛的研究领域中发展出特定的研究问题，最好的方法是聚焦于"我们企图发现什么"。该学者认为，聚焦于这一问题，往往可以扩展研究主题，并产生出多种多样的研究问题。因为通过思考"我们企图发现什么"这一问题，一些原本看起来简单明白的现象会开始变得复杂起来，充满多面性和各种可能性。同时，对于任何研究领域而言，只要进行充分分析，就可以产生出许多的研究问题。[1]

实际上,"我们企图发现什么"这一问题,不仅仅是研究者在寻找研究问题的过程中的一种"临时性"问题(不是最终的问题),更是一种"引导性"问题(引导研究者最终走向研究问题)。当我们追问自己"企图发现什么"时,就会不断提出各种新的可能性,不断发现新的值得探讨的问题。在确定最终的答案(研究问题)之前,我们可以探讨与此有关的各种可能性。当所有这些可能性都被发掘出来、被思考过后,与我们最初提出的研究领域或研究主题有关的各种具体研究问题,连同它们之间的相互位置和关系,也就一个个地展现在我们眼前。此时,我们根据自己的条件和目标来选择一个合适的研究问题,显然就是十分顺理成章的事情了。

另外,要从宽泛的问题领域中发展出明确具体的研究问题,或者要从一种自己感兴趣的现象、一个宽泛的研究领域中找到一个值得研究同时也可以研究的研究问题,十分重要的一点是找到某个切入这一现象或主题的"角度"或"视角"。这种"角度"或"视角"有时可以通过个人经历获得,有时可以通过阅读文献获得,有时则可以通过理论和概念的推演获得。可考虑的方法之一是通过增加与之相关的其他主题、变量,以及对概念进行限定,特别是通过建立现象之间的联系,使之变成相对动态的、内容更加具体的、方向更加明确的研究问题。同时,这种问题还应该是可以用一句清楚明确的陈述句来进行表述的。如果按照这样的方法,我们就能像前面列举的例子那样,从"农民工问题""留守儿童问题""社会参与问题"等研究领域中,通过增加与之相关的学科主题、理论概念或研究变量,建立起不同社会现象之间的联系,发展出诸如"城市排斥现象与农民工的社会适应之间的关系""留守儿童的年龄与其生活技能社会化之间的关系""城市住宅变化对居民社区参与行为的影响"这样的研究问题。

二、从现实问题到研究问题

社会科学研究中的许多研究问题都来自我们所面对的社会生活现实,

---

[1] Punch K F. Introduction to social research: quantitative and qualitative approaches. London: Sage Publications Ltd., 1998: 35-36.

第 2 章　研究问题

但社会生活中的各种现实问题并不一定是社会科学研究中的研究问题。二者之间既有一定联系，又有着重要的区别。因此，我们既需要学会区分现实问题与研究问题，还要学会如何从现实问题中找到一个研究问题。

1. 现实问题与研究问题

社会科学研究的主题始终是有关社会的。社会中各种不同的人群、各种不同人群的社会行为以及社会中由不同的人群或不同的社会行为所构成的各种社会现象，形成了社会生活中各种各样的"现实问题"。可以说，社会科学研究的关注点、社会科学研究的对象、社会科学研究的材料，无一不来自这种具体的社会生活中的"现实问题"。比如，当前我国社会中从农村出来奔波于各座城市的数以亿计的打工者，就是一类特定的人群，与他们有关的行为和社会现象就形成了一大批这样或那样的"现实问题"：社会歧视问题、城市排斥问题、职业流动问题、城市管理问题、社会保障问题、婚姻家庭问题、留守儿童问题等。

如果把现实社会生活比作一个大舞台，那么，农村外出打工者只是整个社会大舞台上的一类"角色"，与他们相关的现象也只是整个社会大舞台上上演的多种"剧目"中的一个。而社会科学研究可以说是对这个舞台上出现的各种各样的"角色"、发生的各种各样的"剧目"进行的研究。正是从这种意义上，我们认为社会生活中的"现实问题"是研究问题的一个主要的来源。但"现实问题"本身并不是社会科学研究中的研究问题。区分现实问题与社会科学研究中的研究问题的一个关键点，或许就是某种学科的视野。

社会科学研究中的研究问题，指的是从学科的特定视野出发，以全面、客观、系统地认识某种现实问题的现状，探究与现实问题相关的各种现象，特别是探究、理解某一类现实问题形成的社会原因与内在机制为主要目标，并由特定的学科概念和焦点所构成的问题。这种研究问题起源于并主要关注社会认知对现实现象的不了解、不理解以及认识上的不完全。换句话说，社会科学研究中的研究问题主要致力于帮助人们增加对社会现实问题的了解、理解和对其实质的认知。正因为如此，在许多关于研究方法的教科书中，研究问题的目标就被定义成回答社会现实中的各种"是什

么"（what）、"如何"（how）以及"为什么"（why）。

2. 如何将现实问题转化成研究问题

虽然社会生活及其现实问题构成了社会科学研究的焦点、对象和材料，但这些现实问题本身还不是社会科学研究中的研究问题。从现实问题通往研究问题的道路从来都是不清晰的和困难的。一般来说，社会的现实问题是大家能直接感觉到的、容易辨识的，而研究问题则是相对抽象、相对难以捕捉和形成的。它往往需要研究者具有相当的能力，花费很多的精力和相当长的时间来找寻、构思。通俗地说，社会现实问题往往只是形成研究问题的某种材料。如何从这些具体的、丰富的现实材料中提炼出、构思出一个有学术价值的研究问题，常常是对研究者最初的、在一定意义上也是最大的考验。笔者所见到的许多研究生，特别是博士生的选题过程，都反复印证了这一点。

要将社会生活中的现实问题转化为社会科学研究中的研究问题，最重要的一点是：我们必须借助于社会学的学科视野，特别是借助于"社会学想象力"，通过将现实问题所包含的现象与社会学学科的各种研究主题，特别是各种理论概念相联系，形成从社会学视角来分析和探讨社会生活现实现象的特定变量关系，从而将社会生活中的"现实问题"转换成学科视野中的"研究问题"。

举例来说，20世纪90年代初期，随着我国社会经济体制改革的深入，特别是随着计划经济体制向市场经济体制的转轨，全国各地的国有大中型企业中开始出现大批职工下岗的现象。一时间，"下岗工人"成为整个社会高度关注的社会群体，他们的"再就业问题"也成为当时深受社会和学术界重视的现实问题。对于这样一个社会现实问题，我们除了可以一般性地了解他们的基本状况外，还可以通过将其与社会学学科中的一些相关概念，比如人力资本、社会资本等联系起来，构成一个很好的研究问题——"人力资本、社会资本与下岗工人的再就业"。也可以将其与前人研究中提出的一些理论概念，比如"强关系理论""弱关系理论"等相联系，构成另一个很好的问题——"强关系、弱关系与下岗职工的再就业"。

当我们有了社会学的理论视野，将其应用于不同的社会现象、不同的

第 2 章　研究问题

社会群体中时，也可以产生一些新的研究问题。比如，将上述"人力资本、社会资本、强关系、弱关系"等理论概念应用于大学生求职、农民工求职、在职青年转换工作等领域，同样可以构成一些很好的研究问题。例如，"人力资本、社会资本与大学毕业生的职业获得""大学毕业生求职中的强关系与弱关系""人力资本、社会资本与新生代农民工的就业质量""人力资本、社会资本与在职青年工作转换的关系"等。

从现实问题到研究问题的另一种方法是，逐渐从具体问题到抽象问题。现实问题所包含的现象往往是具体的，如果我们对它们的认识和看法仅仅停留在这种具体的层面，那么只会形成就事论事的结果。只有将现实问题中的具体现象与学科主题或理论概念相联系，将仅包含具体现象的现实问题转变成包含学科主题或理论概念的相对抽象的问题，才能从具体的现实问题中建构出合适的研究问题。举例来说，如果我们对改革开放以来拍摄的有关爱情的电影及其社会影响感兴趣，并希望进行这方面的研究，那么可以看看下面三个问题：

问题 1　"改革开放以来，有关爱情的电影有什么样的改变？"
问题 2　"社会文化对浪漫爱情的描写有什么样的改变？"
问题 3　"社会文化如何形塑年轻男女对婚姻和家庭的期望？"

十分明显的是，问题 1 的内容非常具体，它直接关注电影，其目标就是回答"有关爱情的电影有什么样的改变"，或者说"电影中的爱情描写有什么样的改变"。因此，其得到的往往就只能是"有这样的改变或那样的改变"之类的结果，即只能得到那种"就事论事"的结果。

问题 2 开始有所不同，这里非常具体的事物"电影"不见了，取而代之的是比较抽象的学科概念"社会文化"。具体事物"电影"只是抽象事物"社会文化"的一部分，一个小小的指标。尽管问题 2 的目标与问题 1 的目标依旧十分相似，即依旧是关注"爱情描写有什么样的改变"，但正是由于"社会文化"概念的出现，这一问题的学术味道明显增加了许多。换句话说，问题 2 更像社会科学研究中的研究问题了。

问题 3 在问题 2 的基础上向抽象方向更进了一步：除了"社会文化"的概念外，又将具体的"对浪漫爱情的描写"现象上升到"年轻男女对婚姻和家庭的期望"上，从而建立起"社会文化"与"年轻男女的期望"（也就是社会科学研究中常说的变量）这两个概念之间的关系，其目标也就变成了探讨"社会文化"的变化与"年轻男女的期望"的变化之间的关系，或者说，探讨"社会文化"的变化如何影响到"年轻男女的期望"的变化，从而形成了一个比较好的研究问题。

三、寻找研究问题的方法

1. 国外学者的几点建议

下面引用的这段内容，是韦恩·C. 布思教授等人在其著作《研究的艺术》中向脑袋一片空白的初学者提供的选择题目的几个尝试性的步骤或建议。尽管其所列举的现象或方式不一定完全适用于中国的现实，但依然可以用来作为研究生选择研究问题最初阶段的一种参考。作者写道：

对于一般的题目：

（1）你有哪些特别的兴趣——航海、下棋、赏鸟、看漫画书？越不普遍越好。调查这些兴趣中你所不知道的事，它的起源、技术、在其他文化中如何被应用等。

（2）你想往哪个方向走？浏览网络，尽可能找到有关的资料。哪些特别的方向让你大开眼界，或是吸引你想知道更多？

（3）到博物馆参观吸引你的特展——艺术品、恐龙、汽车……如果你无法去现场参观，就试试网络上的"虚拟博物馆"。在发现你感兴趣的事物时停下来：你想知道更多有关它的什么？

（4）在逛街或是逛购物中心时，问问自己：他们是如何制造出这样的成品的？或是，我想知道是谁想出这样的产品的？

（5）翻阅星期日的报纸，尤其是特别报道版，看看是否有吸引你的主题。浏览报纸、网络上的书籍或是电影评论。

（6）浏览大型的杂志架，找找商业杂志或是提供特别兴趣点的杂志，看看哪些能引起你的兴趣。

（7）如果你能使用网络浏览新闻，就逐一察看新闻群组的列表，

第 2 章　研究问题

直到发现有趣的新闻。阅读张贴的文章，寻找让你感到惊讶的事物或者你不认同的论点。

（8）收听广播的谈话性节目或电视的访谈节目，直到听到与你意见相左的主张为止。或是寻找网站上与知名政论节目意见不同的事物，看看你能否找到真实案例来反驳，而不只是情绪性地反击。

（9）利用网络搜索引擎寻找有关人们汇集事物的网页（把搜寻范围缩小，并排除公司网页）。你会有数百种的发现，但只看让你感到惊奇的项目。

（10）你是否怀疑过某种习以为常的信念太过简化？或根本就是错误的？或是某种你厌恶的惯例？不要只是说出这个信念或惯例是错误的，而要提出让其他人也能重新思考的证明。

对于特定领域的题目：

（1）浏览更高级课程或者你知道将来必须选修的课程的教科书。特别注意那些课后问题。

（2）听一堂你所属领域中进阶班的课，倾听你不同意的、不了解的或想多了解的资讯。

（3）询问你的老师在你所属领域中最具争议性的议题。

（4）寻找有关你所属领域中的网络讨论社群，通过浏览过去的档案来寻找有争议或不确定的议题。

（5）浏览主要大学科系的网站，包括它们的课程网页。也看看博物馆、国内学会团体及政府机构的网页，如果看起来有关联的话。[1]

虽然作者列举了许多种不同的方式和途径，但实际归纳起来，他们的建议体现的依旧是我们通常所说的"从现实社会生活中寻找、从各种媒介中寻找、从与各种人物交流中寻找"的方式和方法。应该说，布思教授等人给出的这些步骤和方法十分清楚，列举的例子也十分简明易懂，大家可以对照上述步骤实际动手练习一下，并相互讨论，交流学习与实践的心得

---

[1] Booth W C，Colomb G G，Williams J M. 研究的艺术. 陈美霞，徐毕卿，许甘霖，译. 台北：巨流图书有限公司，2009：55-56.

和体会。

除了国外学者提出的上述方法和建议外，笔者也根据自己的经验和体会，提出了下列几点建议作为补充。

2. 广泛提问

在寻找和发展研究问题的过程中，尤其是在最初的阶段，研究者要学会广泛地提问题，尽管这些问题并不一定是最终的研究问题。对于任何一个研究领域，或者一个研究主题，或者一种社会现象，或者一个社会群体，我们都可以从不同的方面去提问。比如，我们可以按照"涉及谁—以什么方式—在什么时候—在什么地方—有什么行为—有什么态度—有什么差别—有什么趋势—有什么特点—由于什么原因—有什么后果—具有什么关系—内在机制是什么"等类似方式，提出一系列的问题。当然，在提出这些问题的同时，注意将这些问题与学科的理论概念、研究主题等相联系，它们往往会为我们选择研究问题提供启发和帮助。

举个简单的例子。比如，对于农村外出打工者群体和相关现象，我们可以尝试提出下列一系列问题：

他们是些什么样的人（即他们在性别、年龄、文化程度、来源地、婚姻状况等方面有什么样的特征）？他们为什么要离开家乡外出打工（即他们离开土地、离开家乡、外出打工的动机是什么）？他们在城市主要干些什么样的工作（即他们进入城市的主要职业是什么？处于社会的哪个阶层）？与他们的求职相关的因素有哪些（即他们找工作主要依靠人力资本还是社会资本？具有强关系还是弱关系）？他们的经济状况如何（即他们的收入状况和消费状况如何）？他们的社会保障状况如何（即他们在医疗、养老、子女就学等方面状况如何）？他们在城市中是如何居住和生活的（即他们的居住方式、居住条件、生活状况、生活方式是怎样的）？他们如何解决择偶与婚姻问题（即他们的择偶方式、择偶途径、择偶标准、婚配是怎样的）？他们的家庭状况如何（即他们的家庭结构、家庭关系是怎样的？如何解决留守儿童、留守老人等问题）？他们能被城市接纳吗（即他们面临的城市排斥、城市融合、城市管理等问题）？他们会长期待在城市吗（即他们的社会身份、社会地位以及与此相关的城市化、城市发展等问题)？他们会返回农村和故乡吗（即与他们相关的社会流动、文化认同等问题）？他们的流动会给中国社会结构带来什么样的影响（即与他们相关的社会人口结构、劳动力结构、城乡发展等问题）？……显然，这是一个内容非常丰富的研究领域，包含了许多值得研究和探讨的研究问题。从上述各种提问中，包括括号里展示的内容中，是可以形成多个不同的研究问题的。

3. 充分利用个人生活背景和知识结构

个人的特定生活背景和生活经历也会在一定程度上成为研究者选题的基础。比如，关于女性问题的研究题目，大部分是由女性研究者提出和进行研究的；那些出生于农村、来自农村的研究者往往会更多地关注和选择有关农村及农民问题的研究题目；信仰宗教的研究者可能更关注与宗教现象有关的问题；在学校中的研究者则会更多地关注学生、青少年以及教育方面的问题；等等。

当然，除了研究者的个人生活背景和个人经历等因素外，研究者的知识结构以及个人的悟性（或者说灵性）也是一个重要的因素。知识结构的重要性体现在它能够更多地让研究者在所关注的社会现象或问题与专业学科的概念以及学科的理论之间建立起一定的联系，起到强化研究问题的学科性和理论性的作用。而研究者个人的这种悟性或灵性的作用则主要体现在它常常是研究者选题时的"点燃器"或"触发器"。不过，在提出个人的悟性这一点的同时，笔者依然强调"勤能补拙"的观点。只要多观察、多思考、多练习，悟性较差的研究者同样能够选择到合适的研究问题。

4. 与同学以及指导教师多交流

对于研究生和经验不足的研究者来说，选题往往是他们在开展研究工作的过程中感到最困难的一步。实际的情形往往是，他们每天去图书馆、查阅资料，头脑中整天思考着这样或那样的问题，却总是无法得到清晰明确的结果和肯定的答案，对自己的各种想法也不知是好是坏，就像一个在时而清晰、时而模糊的地方寻找方向和探索道路的人一样。因此，笔者给出的一条建议是：多与同学特别是与指导教师交流。

通过个别交谈或小组讨论等方式,与同学或者指导教师进行交流,向他们报告自己的研究问题及思考结果,听听他们的提问,这种方式会对你的选题过程很有帮助。因为他们每一个人都会从不同的角度来看待你的研究问题,来思考你的研究焦点。他们的提问尽管可能不完全正确,但都是对研究者的一种思想刺激,往往会令研究者受到启发,激发研究者进行更深入、更细致的思考,帮助他从不清楚走向清楚、从不明确走向明确。

5. 将自己的研究问题正式讲出来

也许经过一段时间的查阅文献、反复思考以及交流讨论,很多研究生会觉得自己已经把研究问题想得差不多了,自己心里"似乎"是想清楚了,也明确了。但实际上,他们头脑中的研究问题可能还不是十分清楚的,他们的心里其实也不是十分明确的。这种不清楚和不明确往往会给他们今后实际的研究留下许多潜在的障碍和困难。因此,笔者给他们的另一条建议是:将自己的研究问题(包括问题的内涵、背景、意义等)以某种相对正式的形式讲出来,就像做正式的开题报告那样。

无论是讲给自己的同学听,还是讲给身边的研究同行听,或是讲给指导教师听,都是可以的。这是对缺乏经验的研究者在选题阶段提高选题质量来说十分重要的一种方式。听众并不要求很多,三个、五个、七个、八个都行。唯一的要求是研究者要相对正式地讲给他们听,而不是随便闲聊和交谈。不要觉得听众只是自己的同学,对自己可能不会有什么帮助;也不要在意他们是不是这个领域的专家,会不会提出有建设性的问题。笔者建议将这一做法的实际目的设置为:通过这种方式促使研究者进一步想清楚自己的研究问题。

四、如何从文献中发现可能的研究问题

在社会科学研究中,前人的研究结果所形成的大量文献是我们寻找研究问题的一个十分重要的来源。要从文献中发现可能的研究问题,可以注意以下几个方面:

1. 注意发现文献中的矛盾

阅读他人的文献时,要用一种质疑的甚至是挑剔的眼光,对他们的研

究结论和理论假设更是如此。不要轻易放过自己的任何一点怀疑（尽管许多怀疑并不一定正确）。当现有文献中的论点、推断、结论和自己的经验、感觉、认识有差别、有矛盾时，你往往能从中发现和发展出自己的研究课题的最初雏形。如何发现矛盾，如何从这种矛盾出发，提出和建构自己的研究课题，也是初学者应掌握的一门技术。下面是布思等学者所列出的几种矛盾的形式及例子，可作为我们学习和训练时的一种参考。

类别不同的矛盾：

(1) 虽然 X 似乎是 Y，但它不是。

(2) 虽然 X 似乎是 Y 的必要特征或性质，但它不是。

(3) 虽然 X 似乎是好的/重要的/有用的/漂亮的/合乎道德的/有趣的……但它不是。

"部分-整体"的矛盾：

(1) 虽然 X 似乎不是 Y 的一个组成部分，但它是。

(2) 虽然组成部分 X 似乎以 Z 的方式与组成部分 Y 有关，但其实并没有。

(3) 虽然大家认为所有的 X 中都具有 Y 这个组成部分，但其实没有。

发展的/历史的矛盾：

(1) 虽然 X 可能是稳定的/增加的/下降的……但它不是。

(2) 虽然 X 可能起源于 Y，但它不是。

(3) 虽然 X 的发展顺序可能是 1、2、3，但它不是。

(4) 虽然 X 可能是某个更广泛的历史发展的一部分，但它不是。

外部的因果矛盾：

(1) 虽然 X 似乎会导致 Y，但并非如此。

(2) 虽然 X 似乎会导致 Y，但 X 和 Y 皆是由 Z 所导致的。

(3) 虽然 X 和 Y 似乎有因果上的关联，但它们没有。

(4) 虽然 X 似乎足以导致 Y，但它没有。

(5) 虽然 X 似乎只会导致 Y，但它也导致 A、B、C。

观点的矛盾：

(1) X 已在 Y 的脉络下被讨论很久，但有一个新的理解脉络揭示了有关 X 的新事实（新的理解脉络可以是社会的、政治的、哲学的、历史的、经济的、学术的、道德的、与性别相关的等）。

(2) X 一向被用来解释 Y，但新的理论让我们对 Y 有不同的看法。

(3) 对 X 的分析向来运用 Y 理论或价值系统，这导致某种对 X 与 Y 的关系的驳斥，但现在我们看到 Y 与 X 有了新的联系。①

除了上述各种发现矛盾的思路和方法，笔者根据自己的经验，也向读者提供两条如何从阅读文献中发现和寻找可能的研究问题的建议，作为这方面的补充。

2. 注意文献中得出结论所用的方法和资料

在阅读相关文献时，我们不能光注意研究者得出了什么结论，还应该关注他们得出结论所用的方法和所依据的资料。有时，一个新的研究问题正是从前人研究的方法缺陷或研究资料的错误中产生的。

比如，韦伯通过对中国古代法律系统的研究，认为中国古代的法律系统是实质非理性的，法官判案不依成文法典，而是主观武断，带有很大的随意性，从而得出了中国传统的司法体系属于"实质非理性"类型的判断。后来有位叫马什的研究者在对这一文献进行研究时发现，韦伯论证其观点时所用的资料并不可靠，因而提出了"韦伯对中国传统法律是否存在误解"的研究问题。马什通过研究发现，韦伯对中国古代法律系统的研究依据的都是二手历史资料，其中翻译谬误甚多，因此对中国的法律系统产生了误解。而他援用黄宗智对清朝法律实践的史料分析，提出中国古代的法律系统虽不具有形式理性，但具有实质理性，从而说明韦伯的论断是错误的。有学者认为，马什的研究既没有提供新资料，也没有贡献新理论，但文章之所以能发表在《美国社会学杂志》这样的顶级刊物上，主要是因为其研究对象是大人物韦伯。② 但笔者认为，马什之所以能够证伪韦伯的观点，其发现并很好地论证了韦伯研究中的资料缺陷显然是十分关键的一环。

---

① Booth W C, Colomb G G, Williams J M. 研究的艺术. 陈美霞, 徐毕卿, 许甘霖, 译. 台北: 巨流图书有限公司, 2009: 76 - 78.

② 彭玉生. "洋八股"与社会科学规范. 社会学研究, 2010 (2): 180 - 210, 246.

第 2 章　研究问题

再比如，一段时期中，随着不断有媒体对中年知识分子"英年早逝"进行报道，有研究者开展了对我国知识分子健康问题的研究，得出了知识分子的平均寿命"比全国人口的平均预期寿命低了 17 岁"的结论。对于这样的结果，另外一些同样关注这一领域问题的研究者正是从前人研究的方法中发现了其缺陷，提出了"知识分子的平均寿命是否真的比普通人短"的研究问题。他们一方面注意到前人的报告和几乎所有的媒体都混淆了"平均死亡年龄"和"平均预期寿命"这两个最基本的人口学概念；另一方面，他们发现前人研究中所依据的资料只是"中国科学院下属 7 个研究所以及北京大学共 8 家单位，从 20 世纪 80 年代末到 90 年代初 5 年时间内共 134 名死亡人口的资料"，这种资料在来源上缺乏代表性。因此，他们采用更为科学且更为严格的研究设计，收集大规模调查资料和运用人口普查资料，得到了"个别知识分子的'过劳死'和'英年早逝'现象，不能代表中国知识分子的预期寿命，也没有改变中国知识分子整体上预期寿命高于甚至大大高于普通人群的基本事实"[①] 的结论，很好地澄清了这一领域中的错误认识。

3. 注意研究者在论文的讨论部分提出的有待进一步探索的新问题

我们在阅读一些与自己关心的主题相关的论文时，还应该特别注意这些论文的讨论部分。因为许多研究者在总结自己的研究之后，常常会在这一部分提出一些与论文结论相关但尚未深入探讨的问题，或者是对未来进一步研究的建议。这些讨论和研究建议可能只是寥寥数语，但往往可以向我们提供一些大致的方向或某种新的启示。

比如，笔者在一篇探讨三峡农村移民的社会适应问题的论文的结论与讨论部分，就提出了一些有待进一步研究的建议以及一些需要进行新的探讨的问题：

第三，跨省外迁移民所面临的社会适应问题。1999 年，国家召

---

① 翟振武，明艳，侯佳伟，等. 中国知识分子：短命还是长寿?：中国知识分子健康研究报告之一. 人口研究，2005 (5)：2-9.

开移民工作会议，在对前段移民工作进行总结的基础上，对移民搬迁和安置的具体方式进行了调整，开始了由库区安置向外省市安置的转变。到 2002 年年底，已有 14 万移民跨省外迁。这一情况将给移民研究提出了新的课题。

　　本研究结果表明，总体上，相对于后靠移民，外迁移民的社会适应更为困难，特别是在经济适应和心理适应上。那么，对于 1999 年后开始搬迁到数千公里外的跨省移民来说，这种适应过程又有哪些新的特点？移民的适应过程是否会更加困难？从 1999 年开始的，以沿江、沿海的上海、江苏、浙江等 11 个省市为安置地的跨省外迁，不仅距离远，更重要的是安置方式也发生了明显改变。即由过去的一个村几十户的"集中安置"，转变为一个村一两户的"分散安置"。这种跨省外迁带给移民的生活现实和影响，不同于他们在自己家乡大范围内的近迁。或许，由于远距离外迁的安置地均为沿海、沿江的相对发达的省市，移民搬迁后的经济适应会比近距离外迁地要好。但实际情况究竟如何，还有待于今后研究的证实。而本研究中移民社会适应较好的日常生活领域，或许也会成为跨省外迁移民社会适应中的一大障碍。比如说，最简单和最直接的语言上的差异，就会给移民带来深深的冲击；更不用说习俗、生产方式、生活方式、价值观念等方面的差别的影响和冲击了。

　　还有跨省外迁移民社会支持网络的重建问题。中国农村社会中，人们的社会支持网络主要依赖于建立在血缘、姻缘和地缘关系基础上的家人、亲戚和邻里。1999 年和 2000 年调查的结果都表明，在日常生活中遇到困难时，移民寻求帮助的对象主要集中在夫妻双方的兄弟姐妹以及亲戚朋友身上。比如，2000 年调查中，找双方兄弟姐妹的为 82%，找双方亲戚的为 38%。在为家庭增加收入方面，寻求帮忙比例最高的前三位也分别是找兄弟姐妹的为 24%，找亲戚的为 24%，找邻里的为 10%。达到这些比例的一个有利条件是早期移民的这种"集中安置"方式。然而，随着移民跨省外迁和分散安置，目前这种社会支持网络赖以存在的基础被抽掉了，移民不仅远走他乡，而且是

第 2 章　研究问题

相对孤立地置身于新的社区中。因此，这种外迁移民的社会支持网络的重建将是一项对移民社会适应具有巨大影响的重要内容。

总之，到上海、江苏等地的跨省"远迁"，与初期移民在湖北、重庆同一地区内的跨县"近迁"，是两种有着重要差别的迁移模式。笔者预计，跨省外迁的农村移民在社会适应方面，将会面临一些与跨县外迁移民不同的困难与问题，其适应过程将会形成一些不同于跨县近迁的特点。开展对跨省外迁移民社会适应性的研究，应该成为下一阶段移民研究的重点领域之一。①

从这一论文的第三点讨论中，我们可以看到这样几个值得进一步研究的问题：

第一，"外迁移民的社会适应更为困难，特别是在经济适应和心理适应上。那么，对于1999年后开始搬迁到数千公里外的跨省移民来说，这种适应过程又有哪些新的特点？移民的适应过程是否会更加困难？"

第二，"或许，由于远距离外迁的安置地均为沿海、沿江的相对发达的省市，移民搬迁后的经济适应会比近距离外迁地要好。但实际情况究竟如何，还有待于今后研究的证实"。

第三，"本研究中移民社会适应较好的日常生活领域，或许也会成为跨省外迁移民社会适应中的一大障碍。比如说，最简单和最直接的语言上的差异，就会给移民带来深深的冲击；更不用说习俗、生产方式、生活方式、价值观念等方面的差别的影响和冲击了"。

第四，"跨省外迁移民社会支持网络的重建问题"。

如果你是同一个研究领域的研究者，当你看到上述问题时，就可以依据它们来思考和形成自己的新的研究课题。事实上，笔者正是依据在这次研究中发现和提出的这些问题，又进行了另外两项新的研究。一项集中探讨跨省外迁移民的社会适应，另一项则集中探讨安置方式、人际交往对移民社会适应的影响。②

---

① 风笑天."落地生根"？：三峡农村移民的社会适应. 社会学研究，2004（5）：19-27.
② 风笑天. 生活的移植：跨省外迁三峡移民的社会适应. 江苏社会科学，2006（3）：78-82；风笑天. 安置方式、人际交往与移民适应. 社会，2008（2）：152-161.

本书第 13 章中，也专门介绍了两项这样的研究。其中前一项研究得出的研究结果和研究者在论文讨论部分提出的一些观点，成了后一项研究的出发点；后一项研究正是在前一项研究的基础上所进行的一次新的、相对更深入的探索。

五、好问题及其标准

有学者认为："一个好问题往往比正确的答案更加重要，因为好问题会激发讨论和争论，如果问题不好，正确答案也会很快被忘记。"[①] 那么，我们该如何判断自己选择的研究问题是不是一个好的问题呢？一般的社会科学研究方法著作或教材中，通常会提出"重要性""创造性""可行性"等几条标准。毫无疑问，这是好问题的最重要也是最基本的标准。除这些基本标准之外，还有没有其他进一步的标准呢？有学者补充说：除有原创性、有意义外，研究问题还应该"具体，集中"。他还举例解释说："中国经济政治改革的困境"这样的论题显得太宽泛，而"国企改革与银行改革的关系"则具体得多；"社会结构对个人行为的影响"这样的论题过于含混，而"社会网络结构与集体行动的关系"则更加明确具体。[②] 还有一位研究者给出了下列几条具体的判断标准："这个问题正是你想做的吗？""这个问题是这一领域中所需要的吗？""这个问题是被清楚明确地表达的吗？""这个问题是可行的吗？""这个问题得到了相关专家的肯定吗？"[③]

上述几个观点都强调了研究问题的重要性、创造性和可行性是好问题的最基本标准（考虑到这几条标准在一般的研究方法教材中都有所阐述，这里就不再重复，特此说明）。但除了这几条基本标准外，还有其他几个方面的标准可以作为好问题的进一步的参考标准。

1. 与研究者的兴趣相接近

所谓"与研究者的兴趣相接近"，也就是研究问题是不是你的研究兴

---

① 彭玉生．"洋八股"与社会科学规范．社会学研究，2010（2）：180－210，246．
② 同①．
③ O'Leary Z. The essential guide to doing research. London：Sage Publications Ltd.，2004：38－41．

第 2 章　研究问题

趣所在。如果研究者对某一现象或问题特别感兴趣，那么这种研究者的动机就会成为他做好研究的一个十分有利的条件。社会中可以成为研究问题的现象或事物成千上万，多种多样。对于任何一个具体的研究者来说，选择研究哪种现象或事物，虽然有许多因素的考虑，但他对这一现象或事物的兴趣是最基本的动力。正如有的学者所指出的："一个研究题目是个严密界定的兴趣。"① 研究的成果和质量在相当大的程度上也与研究者对这一问题的研究兴趣有关。

然而，初学者往往很难从研究兴趣中将题目缩小到足以进行一项研究计划的地步。如何从兴趣到研究问题？这也是一个重要的问题。实际上，每个人对社会现象的兴趣并不是十分明确、十分固定地被放置在某个地方的。它往往是一种潜在的、飘忽不定的状态，也可以说是一种精神上、心理上的感觉。这种状态或感觉只是为我们提出研究问题打下了某种基础，而真正引发兴趣的往往是现实生活中的一些具体事件或经历。这种引发兴趣的事件或经历常常出现在我们与他人的交谈中，出现在我们有目的的或是漫无目的的阅读中，出现在我们不经意的上网浏览和对现实生活的观察中。学会在日常生活中累积这种由各种事件和经历引发的兴趣点，往往会在今后某个时刻"点燃"一项有价值、有意义的研究课题。因此，笔者在指导研究生选择研究问题时，往往首先要求学生从自己感兴趣的现象、事物或领域出发，同时兼顾到自己的经历、特长、条件等因素，尝试着找出几个自己想研究的问题，然后再和指导教师交流、探讨。

除了对选题有作用外，对于整个研究而言，研究者的兴趣还有一个很大的好处，就是它能更多地调动研究者的热情、智慧和责任心，使其投入研究中，即使遇到困难也会有更大的韧性和不放弃的精神。当然，任何事物都会有两面性。个人兴趣对于社会科学研究而言同样如此。需要注意的是，当研究者倾心于某一现象或问题时，往往也是其最容易产生个人偏见和受个人主观性影响最大的时候。比如，在选题阶段，它有时会造成研究

---

① Booth W C，Colomb G G，Williams J M. 研究的艺术. 陈美霞，徐毕卿，许甘霖，译. 台北：巨流图书有限公司，2009：42.

者目光短浅，将研究的关注点放在过于微观、过于狭窄的现象或事物上。在研究阶段，它可能会无意中促使研究者只想去接近他心中的结论，而不愿意去揭示与他们的兴趣无关的或者他们不愿意看到的事实。因此，研究者应该对这一点保持清醒的认识。

2. 研究问题被清楚明确地表达

这一条标准十分具体，也更具有操作性。它不仅要求研究问题是可以用清楚明确的语言陈述出来的，还特别要求构成研究问题的陈述中的概念和术语都应有清楚明确的定义。只有这些概念和术语是被明确定义的，在经验层面进行操作才具有现实性。而一旦研究问题不能被清楚明确地陈述出来，则一方面说明研究者并没有把问题想得很清楚，另一方面也会给实际的研究带来困难和障碍。

陈述研究问题是选题过程中一个重要的环节。无经验的研究者常常意识不到问题陈述的重要性。实际上，这种重要性主要体现在以下两个方面：一是问题陈述划定了与研究相关的资料范围，它使得研究者知道哪些资料必须考察，同时哪些资料可以放在一边。二是问题陈述可以帮助研究者选择合适的研究方法和研究路径。关于问题陈述，我们有以下几点建议：

首先，问题陈述必须清楚明白，且可以采用提问的形式，比如"跨文化交流短训班是否明显地改善了参与者的跨文化交流能力？"而一个更为普遍、更为常用且有效的提问形式是："现象（或变量）A 与现象（或变量）B 之间存在什么关系？"比如"人们看电影的频率与其看电影的动机之间存在什么样的关系""人们的受教育程度与其生育意愿之间存在什么样的关系""留守儿童的年龄与其生活技能社会化程度之间存在什么样的关系"等。顺便说一下，在学术刊物发表的研究报告中，问题陈述有时是在研究目的陈述中出现，有时则是在文献评论的结尾处作为一种小结出现。

其次，除了单纯的描述性研究外，一般来说，研究问题的陈述必须至少包括两个变量。比如，上面四个问题陈述中，第一个包含了"参加跨文化交流短训班与否"与"跨文化交流能力"两个变量；第二个包含了"看电影的频率"与"看电影的动机"两个变量；第三个包含了"受教育程度"与"生育意愿"两个变量；第四个则包含了"留守儿童的年龄"与

"生活技能社会化程度"两个变量。只包含一个变量的问题陈述如"我国人口总体的文化程度如何""当前的大学毕业生具有什么样的择业意愿",分别只包含了一个"文化程度"变量和一个"择业意愿"变量。

最后,问题陈述必须是可检验的。这种可检验的含义包括两个方面:一是指问题陈述的现象和变量之间的关系,是可以通过收集经验材料来检验的;二是指这种可检验的问题必须能够产生不止一种回答。比如,"参加跨文化交流短训班与否",既可能增强了"跨文化交流能力",也可能没有增强这种能力;"看电影的频率"既可能与"看电影的动机"有关系,也可能与其没有关系;人们的"受教育程度"既可能与人们的"生育意愿"有关系,也可能与"生育意愿"没有关系,即使有关系,也既可能是正的相关关系,也可能是负的相关关系;等等。如果是只有一种答案的问题,则是无法检验的。

3. 研究问题得到了相关专家的肯定

这条标准对于研究生以及缺乏经验的研究者来说十分重要,它指的是研究问题是否征询过指导教师或者有经验的研究者的意见。对于在读的研究生来说,指导教师在学业上所能给予你的最大帮助可能就在于对论文选题的指导。一般来说,指导教师所能看到的各种资料和书籍,研究生也都能看到,在这方面指导教师并不占有什么优势。但是在对学术领域的了解、对前沿问题的把握和对研究方向的判断方面,指导教师则占有明显的优势,明显强于研究生。如果你的研究问题得到了指导教师的肯定甚至赞许,那么它成为好的研究问题的可能性就更大了。

4. 大背景中的小问题

除了上述观点和建议外,笔者认为还有一条标准也十分重要。这就是研究问题要是一个"大背景"中的"小问题"。实际上,"许多研究就是这样开始的:并非始于这个领域里众所皆知的'大'问题,而是起于研究者心里渴望而想要追究的小问题"[①]。不难理解的是,越是具有重要性的现

---

① Booth W C, Colomb G G, Williams J M. 研究的艺术. 陈美霞,徐毕卿,许甘霖,译. 台北:巨流图书有限公司,2009:41.

实问题往往也越容易形成大的研究题目。但是这种大的题目往往是研究生和普通研究者难以把握、难以实际开展研究的。所以，对于研究生和经验不足的研究者来说，在选择自己的研究问题，特别是选择一个好的问题方面，笔者的一条建议是：努力朝着"大背景"中的"小问题"的方向思考，努力去选择一个"大背景"中的"小问题"。

强调"大背景"，是为了增强研究问题所具有的理论或现实意义，即强调和保证研究问题所具有的重要性。而强调"小问题"，则是因为一个研究生的毕业论文研究往往不可能去做一个相对较大的题目，即强调和保证的是研究问题的可行性。实际上，如果我们真的把小问题选好，把小问题搞深搞透，然后上升到、扩展到、回溯到大背景、大问题中进行讨论，这样就既是最可行的，同时也是最有效果的。因此，我们应该努力从大背景中、从容量过大的问题中，细心梳理和构思出若干小问题，然后将自己的研究焦点集中在其中的一个小问题上，将这个与大背景有关联的小问题作为自己的研究问题。

5. 几个例子

在一篇论文中，有学者列举了几个他认为是好研究问题的范例。这里摘录其中的一部分，供读者参考。读者可以结合阅读范例的原文，从中体会这些研究问题的实际内涵及其意义。

例2 蔡丽丽（Tsai，2007）研究了中国村落的祠堂、庙会是否对农村公共物品（自来水、学校等）提供产生影响，其理论背景是帕特南（R. Putnam）等政治学家的社会资本理论，即社会网络和民间社团能提高民主政治的效率。蔡丽丽指出，中国村落的宗族和庙会就是社会资本；那么此类民间社团能否帮助村民解决集体行动困境、提高村民对政府的监督能力、改善乡镇政府的行政业绩，就成了一个极有理论意义的问题。

例3 魏昂德（Walder，1995b）在《美国社会学杂志》撰文，探讨乡镇企业为什么比国有企业发展好。这个问题的重要性在于集体所有的村、镇企业取得成功显然与古典产权理论相悖，所以如何解释这一悖论，就成了经济学和社会学热衷的话题。

例5 笔者的两篇文章（Peng，2004；彭玉生，2009），分别探讨中国村落的宗族网络对私营企业发展和生育率的影响。这两篇文章讨论的问题不同，却有共同的理论缘由，即社会网络与非正式规范之间的关系问题。前者讨论在缺乏正式私产保护法的前提下，宗族网络如何维系农民的私产观念，从而保护私有企业的发展；后者讨论在计划生育的大政策背景下，宗族网络通过维护传统的生育观念，进而提高农村的生育率。[①]

总之，从本章各个部分的讨论中不难看到，社会科学研究中的研究问题可以说主要有三个方面的来源：一是社会的现象，即现实背景；二是前人的研究，即文献背景；三是学科的概念，即理论背景。任何一个研究问题都或多或少地来自这三者的有机结合，或者说是这三种因素综合作用的结果，特别是对于一个好的研究问题来说，就更是如此。

推荐阅读

［1］庞奇．社会研究导论：定量与定性的路径．风笑天，等译．重庆：重庆大学出版社，2023．

［2］Booth W C, Colomb G G, Williams J M. 研究的艺术．陈美霞，徐毕卿，许甘霖，译．台北：巨流图书有限公司，2009．

［3］沙沃森，汤．教育的科学研究．曹晓南，程宝燕，刘莉萍，等译．北京：教育科学出版社，2006．

［4］彭玉生．"洋八股"与社会科学规范．社会学研究，2010（2）：180-210，246．

---

① 彭玉生．"洋八股"与社会科学规范．社会学研究，2010（2）：180-210，246．

第 3 章

文献回顾

社会科学研究的过程一般是从选择研究问题开始，经过文献回顾、研究设计、资料收集和资料分析，最后得出研究结果。在这一过程中，相较于其他的几个环节，文献回顾往往是一个很不起眼、常常被一些研究者（特别是缺乏经验的研究者）忽视的环节。即使在一些专门介绍社会科学研究方法的著作中，这一环节的内容也经常被放到非常次要的位置。有时作者只用一两段文字简单带过，有时作者甚至对这一环节的内容只字不提。但实际上，对于社会科学研究来说，文献回顾的环节并非那么不重要，更不是可有可无的。

任何一项研究都应该建立在以往研究的基础之上，研究者也都应该提供他的研究与以往研究之间关系的信息。这是因为，一方面，科学知识的发展是一个累积的过程，这个累积的过程所强调的研究规范要求研究者将现有知识作为他们研究的出发点。另一方面，笔者在多年的社会科学研究实践和社会科学研究方法教学的过程中，经常遇到一些学生和研究者关于如何选择研究问题，特别是如何选择一个有意义的研究问题，以及如何提高社会科学研究课题的价值等方面的提问。在思考这些提问的过程中，笔者感到：这些提问既与研究问题的选择相关，更与文献回顾的工作相关。

特别是，这些提问实际上揭示了一个本质上更为深刻的问题，即"我们的社会科学研究，究竟该从哪里出发？"

从表面上看，任何一项具体的社会科学研究都开始于对研究问题的选择，这并不错。但实际上，作为研究起点的对研究问题的选择，可能只是整个研究过程最初阶段的具体目标或最终成果，而这一阶段中包含的众多具体内容可能在很多方面都超出了它所能概括的范围。这些内容更多地与文献回顾相关。因此，有必要对文献回顾的工作给予特别的重视。

在这一章中，我们将集中探讨下列问题：社会科学研究过程中的文献回顾指的是什么？社会科学研究中为什么一定要进行文献回顾？文献回顾对于社会科学研究究竟具有什么样的意义？文献回顾与社会科学研究之间的关系是怎样的？如何进行文献回顾？如何表达文献回顾的结果？

一、文献回顾及其类型

1. 文献回顾的概念

文献回顾，即英文中的 literature review（也译为文献考察、文献探讨，或者文献评论、文献综述等）指的究竟是什么？这是首先需要探讨的问题。总的来看，虽然不同的学者对于文献回顾的概念的具体定义并不完全一样，但在基本内容上相差不大。例如，美国学者阿琳·芬克（Arlene Fink）教授认为，"文献回顾是一种对现存的，由研究者、学者和实际工作者所创作的大量著述进行识别、评价和解释的系统、明确和再现的方法"[①]。另两位美国教授马修·戴维（Matthew David）和卡萝尔·萨顿（Carole Sutton）也认为，文献回顾是对"通过识别和查找现存公开发表的、与研究者感兴趣的主题有关的研究和理论"所得结果进行评价的过程。[②] 同样，美国学者戴维·杜利（David Dooley）教授认为，文献回顾是"对与某一主题相关的研究进行分析，以识别该领域中一致的结果或者

---

① Fink A. Conducting research literature reviews. Thousand Oaks：Sage Publications Inc.，1998：3.

② David M，Sutton C. Social research：the basics. Thousand Oaks：Sage Publications Inc.，2004：365.

解决其中的矛盾"[①]。笔者对文献回顾的概念也做过类似的理解：所谓文献回顾，"指的是对到目前为止的、与某一研究问题相关的各种文献进行系统查阅和分析，以了解该领域研究状况的过程。或者说，就是一个系统识别、寻找、考察和总结那些与我们的研究有关的文献的过程"[②]。

从目前的情况看，虽然不同学者的定义都十分明确，但不同学者的具体介绍中又反映出他们对文献回顾实际上存在着不同的理解。其表现是，在不同的研究方法著作中，文献回顾常常被作为不同的内容在研究方法的不同部分以及在研究过程的不同阶段进行介绍。比如，在有的研究方法著作中，文献回顾是被放在研究的准备阶段，与研究的一般程序、选择研究题目等内容一起介绍的；而在另一些研究方法著作中，它则是被放在研究的结束阶段，与撰写研究报告或研究计划书等内容一起介绍的。正如美国学者劳伦斯·纽曼教授在其研究方法教材中指出的："在许多有关社会科学研究的教材中，作者将人类作为实验对象的争议和对研究更高层次的政治关注放在一章中，而将如何进行文献回顾和撰写最终研究报告放在另一章中。"[③]（只有很少的方法著作在前后两个部分中对文献回顾都有介绍。）由于将文献回顾放在研究方法著作的不同部分时，作者所介绍的具体内容差别很大，这往往会给初学者造成理解上的困难，并常常形成一定程度的混淆，因此笔者认为，首先需要对文献回顾的概念进行必要的澄清和区分。

2. 两种不同的文献回顾

总体上看，目前各种社会科学研究方法著作中对文献回顾的介绍呈现出"在同一个概念和名称下，指称了两种虽然密切相关，但又并不完全相同的现象"的状况。它反映出目前学术界对文献回顾存在着两种不同的理解。概括地说，其中一种理解是指围绕某一主题，对相关的现有文献进行系统搜索、查找、阅读、分析的过程；而另一种理解则主要是指以总结和

[①] Dooley D. Social research methods. 4th ed. Englewood Cliffs：Prentice Hall，2001：346.
[②] 风笑天. 社会研究方法. 6版. 北京：中国人民大学出版社，2022：68.
[③] 纽曼. 社会研究方法：定性和定量的取向：第5版. 郝大海，译. 北京：中国人民大学出版社，2007：122.

第3章 文献回顾

综述的形式将上述过程的结果表达出来。从本质上看，前一种理解是将文献回顾看作一种特定的"过程"；而后一种理解则是将文献回顾看作这种过程的文字"结果"。简言之，一种是"作为过程的文献回顾"，另一种是"作为结果的文献回顾"。或者说，一种是需要研究者去"做"的文献回顾（doing the literature review），另一种则是需要研究者去"写"的文献回顾（writing the literature review）。前一种理解的文献回顾通常是在研究的选题阶段进行介绍的，或者是在研究程序一节中，作为"选择研究问题"之后、"研究设计"之前的一个单独阶段进行介绍；而后一种理解的文献回顾则通常是在撰写研究报告或者研究计划书（proposal）阶段进行介绍的。正如笔者曾经指出的，在社会科学研究的报告中，往往会有一个以"文献回顾"命名的部分。"但研究报告中的文献回顾实际上是对选题阶段所做的大量查阅和分析工作进行的总结"[1]，而不是这种查阅和分析工作的过程本身。

根据前面列举的各种定义，我们可以清楚地看出，文献回顾是一个既包括对相关文献进行查找、阅读和分析，又包括对这些文献进行归纳、总结和评论的完整过程。而"作为结果的文献回顾"只是这一过程中的一个部分，尽管这一部分中所涉及的许多具体表达方面的内容和写作技巧也十分重要，但前期大量的文献查阅和分析、归纳过程，以及大量的评价和思考才是文献回顾概念最为基本也最为重要的内涵。这种"作为过程的文献回顾"的工作也是后期结果表达的基础。因此，我们不能被一些研究方法著作中仅仅在撰写研究报告部分对文献回顾进行介绍的表面现象迷惑，而是应该正确理解文献回顾的全部内涵，并在实际社会科学研究中将更多的注意力放在文献回顾的前期过程上。当我们切实做好了文献回顾的前期过程的工作时，也就为我们在撰写研究报告阶段将文献回顾的结果体现出来打下了坚实的基础。当然，恰当的、合适的文献回顾表达方式也是应该注意的，这里只是特别强调前期文献查阅和分析过程的基础性、决定性和重要性。

---

[1] 风笑天．社会研究方法．6版．北京：中国人民大学出版社，2022：68.

除了上述所探讨的对文献回顾的两种不同理解外，不少研究法方法著作在对"作为过程的文献回顾"的理解和介绍上也存在一些偏差。其中最主要的偏差是将文献回顾仅仅看作一种搜索文献资料的方法和技术的倾向。一些研究方法著作在介绍文献回顾的内容时，往往更多地将注意力放在介绍文献的各种类型、说明在哪里可以找到相关文献、有哪些不同的查找文献的方法以及如何有效地查找文献等技术性问题上，而对社会科学研究中文献回顾的地位或作用是什么、在社会科学研究中为什么要进行文献回顾、文献回顾对于一项具体的社会科学研究来说究竟具有什么样的意义、文献回顾与具体的社会科学研究之间有着什么样的关系等问题重视不够。其结果往往会是初学者相对关注外在的操作性内容、忽视内在的实质性内容，从而很难从根本上把握文献回顾的关键并获得对所关注领域中前人文献的整体理解。为避免这一现象，本章将在介绍文献回顾的具体方法和技术的同时，着重阐述文献回顾对研究的意义，努力做到两方面的兼顾。

二、文献回顾的意义

如果将文献回顾仅仅看作整个社会科学研究过程中的一个具体的、技术性的操作环节，一个程序化的、机械的操作步骤，而看不到这一环节或步骤对整个研究具有的关键意义，那么不仅研究者很难真正做好文献回顾，同时，文献回顾也起不到对社会科学研究应有的作用。对于社会科学研究者来说，应该明白的重要问题是：社会科学研究中为什么要进行文献回顾？或者说，文献回顾对于社会科学研究来说究竟具有什么样的意义？笔者认为，文献回顾的目的或者说文献回顾对社会科学研究的意义主要体现在以下几个方面。

1. 将研究问题置于社会知识累积的体系中

社会科学研究"是一种以经验的方式，对社会世界中人们的行为、态度、关系，以及由此形成的各种社会现象、社会产物所进行的科学的探究活动。"[①] 其主要目的，是了解和认识各种社会现象的状况，探讨不同社

---

① 风笑天. 社会研究方法. 6版. 北京：中国人民大学出版社，2022：3.

第 3 章 文献回顾

会现象之间的内在联系,揭示社会现象发生和发展的规律。简言之,就是要建立有关社会世界的结构和运行规律的知识。尽管每一项具体的社会科学研究都怀着同样的目的,但是没有一项社会科学研究能够单独完成这一使命。因此,作为一种科学的探究活动,社会科学研究同样具有科学所要求的系统性和累积性特征。任何具体的社会科学研究也都必须将自己的研究问题置于社会知识累积的体系中。正是在这一点上,文献回顾体现出了其所具有的特殊意义。

文献回顾既是科学研究方法的基本规范,也是科学知识积累的内在要求。虽然每一项具体的社会科学研究都开始于对研究问题的选择,但每一项新的社会科学研究课题的产生,无不依赖于其他研究者的已有发现和眼光。文献回顾正是研究者在选择研究问题的过程中,建立起目前的研究与从前的研究之间的联系的关键途径。"文献回顾基于以下两个假设:知识是积累起来的,以及我们从他人的成果中学习并在他人的成果基础上建立起我们自己的研究。"而研究者开展文献回顾的主要目标之一,就是"建立与发展知识之间的连接","并且告诉读者这项研究在整个知识领域内的地位及含义"。[①]

文献回顾的过程,可以帮助研究者明确自己的研究问题和研究计划是如何建立在与这一主题有关的整个知识背景的框架中的。其最重要的意义在于强调"每一项研究都应该把现有知识当作它的出发点,然后以此为基础进行研究"[②],同时"通过回顾文献来显示其研究是对现有知识的一种补充"[③]。通常我们在探讨一项研究问题的意义或价值时,总是会从理论和实践两个方面来考虑。但实际上,当我们从建立有关社会世界的知识的角度来看时,这二者是统一的。一项社会科学研究的价值主要体现在"对知识缺口的细致理解、前人提出的问题中的不足、资料搜集方法的欠缺,或对结果解释的欠妥"等方面的增进或弥补上,"因此,文献综述就成了

[①] 纽曼. 社会研究方法:定性和定量的取向:第5版. 郝大海,译. 北京:中国人民大学出版社,2007:122-124.
[②] 丹斯考姆. 做好社会研究的10个关键. 杨子江,译. 北京:北京大学出版社,2007:41.
[③] 同[②]47.

一种用来说明如何以及为什么这一切可以做得更好的工具"[1]，一种用来说明现有的研究问题可以如何有效地填补这种知识体系中的缺口、可以如何成为前人研究发现的后续工作的工具。

2. 为研究者参与有关某一研究领域或研究主题的对话奠定基础

围绕一个特定的研究主题（比如社会分层或者职业流动），往往会有许多的研究者在不同时期、不同地区，针对不同对象和不同的具体问题开展过不同的研究。他们所得出的各种研究结果和研究发现，以及在此基础上得出的各种理论解释，实际上构成了一场围绕这一主题的持久的、连续的、跨越时空的、多侧面的并且存在多种声音和多种观点的学术讨论。其中每一项具体的社会科学研究及其结果，都可以看成研究者参与这场学术讨论的一次发言，是关于这一领域或主题中某一具体内容的一种声音和一种观点。正如美国学者洛柯等人所说："学科内的研究领域是作为正在进行中的对话存在于那些做学术研究的人之间的。一个领域已经出版的文献构成了这些对话的记录。"[2] 文献回顾可以将现有的研究放到历史与理论的脉络之中，提供进一步研究的背景，说明目前的研究与以往的研究之间的联系。同时，文献回顾也可以从现有的文献中找出趋势和争论。正是这些联系和脉络，将参与某一主题讨论的学者连接了起来。

因此，任何一个对某一领域和主题感兴趣的新的研究者，在开展对这一领域或主题中的某个具体问题的社会科学研究之前，都必须首先做好文献回顾的工作。即首先要阅读和分析以往的研究者在这一领域中的研究，特别是要阅读和分析那些经典的、重要的、有影响的研究者，以及那些所做研究与自己的研究问题最为密切的研究者所做的研究。要认真倾听他们关于这一主题的发言、争论和对话，"看看他们已经说了些什么（什么时候、由谁以及在什么样的证据的基础上说的）……直到理解了对话的历史和目前的状况为止"[3]。当我们认真做好了这种文献回顾的工作，完全清楚

---

[1] 洛柯，斯波多索，斯尔弗曼. 如何撰写研究计划书：第5版. 朱光明，李英武，译. 重庆：重庆大学出版社，2009：65-66.

[2][3] 同[1]59.

了以前的研究者关于这一主题的各种发言时，我们实际上就具备了亲自参与到这种长长的对话中，发表自己的看法（当然，是基于经验研究证据的看法），并让自己的声音被讨论这一主题的其他人听到的基础。认真扎实的"文献综述将与读者一道分享那些早已完成的与本研究紧密相关的其他研究成果；它能使研究超越时空就相关问题进行对话；它为确定研究的重要性提供了一个框架，也为与其他相关研究成果进行比较提供了一个基准"[1]。

3. 帮助研究者熟悉和了解本领域中已有的研究成果和发现

熟悉和了解前人已有的研究成果，是一项研究能够创新的前提。通过系统的文献回顾，研究者可以比较全面地了解本领域中的研究状况，特别是已取得的研究成果和发现。这种了解对于帮助研究者选择和确定合适的研究课题具有十分重要的作用。它将研究者的研究放到现有的一系列研究和发现的背景下，便于他们确立自己的研究在该领域中的位置。不仅如此，文献回顾还能帮助研究者认识到自己的工作对增加人们的认识、对学科理论的发展，或对实际问题的解决所具有的特定意义和贡献。

对于文献回顾在社会科学研究中的这种意义和作用，我们可以通过各种社会科学基金项目申请书的要求来进一步说明。思考一下，为什么所有的社会科学基金项目申请书中，都往往首先要求申请者对与所申请课题相关的现有文献进行回顾？实际上，这种要求的主要目的就是要求申请者非常熟悉和了解该研究领域的过去和现在，非常熟悉和了解该研究领域的最重要成果，同时也非常熟悉和了解该研究领域中前人研究存在的局限与不足。文献回顾通过总结和概括，可以整合该研究领域中已有研究结果所反映的最重要的"已知"和"未知"、"共同点"和"差异点"以及"误区"和"不足"等。正如有学者指出的："文献的考察使你能够理解哪些是已知的，同时也使你能够了解现有的知识体系中哪里还存在一定的漏洞和薄弱环节。"[2] 申请者也正是通过文献回顾来说明自己的研究的必要性和创

---

[1] 克雷斯威尔. 研究设计与写作指导：定性、定量与混合研究的路径. 崔延强，译. 重庆：重庆大学出版社，2007：24.

[2] Morse J M, Richards L. Readme first for a user's guide to qualitative methods. Thousand Oaks：Sage Publications Inc.，2002：169.

新性,说明自己选择的研究问题所具有的重要意义的。即申请者必须列举具体的事实来证明,对自己所提出的研究问题来说,现有的文献中几乎找不到有针对性的研究结果,先前的研究者也没有提供明确的答案。

4. 为研究者提供可供参考的研究思路和研究方法

通过文献回顾,我们可以了解到以前的研究者在探索该问题领域时所采取的各种不同的研究角度、不同的研究策略,所采用的各种具体研究方法,以及所使用的研究工具和手段。这些研究角度、研究策略和研究方法,代表了以前的研究者尝试过的各种不同的探索道路。无论其成功与否、结论如何,都为我们在自己的研究中确定研究视角、进行研究设计以及选取研究方法提供了一种借鉴和参考的框架。"这些文献为你提供了该领域有关研究方法的知识,也提供了有关理论及应用方面的内容。"[1] 特别是,以前的研究者如何切入你所关注的主题,如何收集回答你的问题所需要的资料,等等。文献回顾的结果既可以使我们在一种与先前研究稍微不同的框架中来重新安排自己的研究,也可以帮助我们去探讨这一问题的一些新的方面。同时,"文献回顾是研究者呈现研究逻辑的重要过程"[2],通过将研究的问题与分析的框架、资料的性质等紧密联系起来,可以清楚地呈现出研究设计的内在逻辑。研究者通过评价前人研究中各种各样的研究设计的成功之处,可以十分方便地在自己的研究中进行借鉴。有了前人研究的帮助,研究者在自己的研究过程中不仅能够避免走弯路,还能够有所创新。

此外,文献回顾还可以帮助研究者发现和利用现有研究中对某些关键变量的操作化方法和测量指标、前人研究中使用的样本类型、前人在测量某些关键概念或变量时使用的工具和量表等。通过仔细地阅读每一篇相关的文献,我们可以寻找到那些与自己的研究紧密相关的部分,特别是那些真正对自己开展研究有参考价值的关键点。比如,前人研究中所用研究方法的效果、利弊得失,以及这些方法与自己的研究的契合性,等等。当

---

[1] 洛柯,斯波多索,斯尔弗曼. 如何撰写研究计划书:第5版. 朱光明,李英武,译. 重庆:重庆大学出版社,2009:60.

[2] 简春安,邹平仪. 社会工作研究法. 台北:巨流图书有限公司,1998:100.

然，对于前人研究中与自己的研究相同的概念或变量，我们要进行仔细的检查和比较，不能想当然地认为只要名称相同，其内涵就一定相同，因而自然是可比的。特别是要搞清楚在各个不同的研究中，同一名称的概念是如何操作、定义的，又是如何测量的。因为常常存在着这样的情况：在不同的研究者所做的研究中，同一名称的概念实际上却意味着两种不同的内容。

5. 为研究者提供理解和解释研究结果的背景资料

文献回顾的另一个重要意义是它在客观上向我们提供了一种与所探讨的研究问题或领域有关的背景资料。这种背景资料既是研究者在选择研究问题时的参考框架，同时也是研究者在对自己的研究结果和研究发现进行解释时所依据的一种大的背景。这种大的背景不仅可以解释研究者的研究问题是从哪里来的，也可以解释研究问题在这一领域中处于什么位置，还可以解释目前的研究结果和研究发现对以往这一领域的知识具有什么样的补充或修正意义，以及目前的研究结果和研究发现对于这一领域中知识的积累、关于这一主题的长长的对话来说所具有的特定意义。此外，任何一项社会科学研究都可能会产生一些研究者未曾预料的结果，或者产生一些与研究者期望的结果有所不同甚至完全相反的结果。而要正确地理解这些结果、合理地解释这些结果，都离不开前期文献回顾过程所给予我们的这种背景资料。当我们回到前期文献回顾中梳理出来的某些研究结果和研究发现，将以往各种不同的研究结论重新进行综合、归纳、分析、比较时，目前研究中那些未曾预料的、与预期不一致的、看似矛盾的以及难以解释的结果所蕴含的意义或许就会凸显在我们的眼前。

三、文献回顾与研究的关系

文献回顾在整个社会科学研究过程中处在什么位置？它和整个研究过程中的哪些部分关系最为密切？从上述有关文献回顾的意义的探讨中，我们不难找到回答这些问题的具体答案。概括地说，文献回顾处于一项研究过程中的最初阶段，它和研究问题的选择以及研究设计这两个部分之间的关系最为密切。我们可将文献回顾与社会科学研究程序之间的关系用

图3-1简要地表示出来。

```
         ┌──── 文献回顾 ────┐
         ↓                  ↓
选择研究问题 → 进行研究设计 → 收集资料 → 分析资料 → 报告研究结果
```

图3-1　文献回顾与社会科学研究程序之间的关系

具体来看，文献回顾与研究的关系主要体现在以下两方面。

1. 文献回顾是选择研究问题的重要途径之一

如前所述，所有具体的社会科学研究都起始于研究问题的选择，而文献回顾正是选择研究问题的重要途径之一。一方面，对某个领域感兴趣的研究者，常常会在阅读该领域的其他研究者的论文和研究报告的过程中，在梳理不同学者对这一主题的各种观点形成的长长的对话的过程中受到启发，发现值得探讨的问题。现实中许多社会科学研究问题的产生和确定，就是研究者在阅读、分析这些专门文献，找到需要弥补的缺陷的过程中完成的。另一方面，研究者头脑中那些可以发展成研究题目的最初的灵感，也有很大一部分来自各种文献。"作为研究问题的想法、灵感和火花，常常可以从学术著作和教科书的内容中，从报纸杂志的文章和标题中，以及从学习笔记和谈话记录中采摘到。尤其是各种社会科学的报纸杂志，常常成为这种想法、灵感和火花的重要来源地。"[①] 因此，在一定意义上可以认为，文献回顾是与选择研究问题同时进行的。

文献回顾虽然会对一项研究的各个部分都提供有用的信息，但特别与研究课题的选择密切相关。阅读和评论文献，可以帮助研究者识别与自己的研究主题相关的发现。理解和组织这些发现，可以帮助研究者为自己的研究问题提供推动力，即提供那些导致、引导研究者进入一个特定的研究问题的力量或因素。从实际过程来看，文献回顾与选择研究问题二者之间往往存在着一种交叉影响、相互促进的作用，这使得研究问题的选择呈现为一个由宽到窄、由模糊到清晰的层层深入的过程。在很多情况下，研究者最初可能由某种自己感兴趣的现象引起好奇，也可能由阅读某种文献引

---

① 风笑天．社会研究方法．6版．北京：中国人民大学出版社，2022：60.

起对某一问题的注意。当他试图对此现象或问题进行一项系统的社会科学研究时,他会首先围绕这一现象或问题领域开展相对宽泛的文献查阅工作;在这种文献查阅的基础上,研究者初步确定自己的研究主题,并围绕这一主题展开新一轮内容更为集中、焦点更为明确的文献查阅;而这种专门的文献查阅的结果,能进一步帮助研究者最终形成明确具体的研究问题。这一过程表明,通过广泛查阅和系统阅读,从而了解和熟悉同一研究领域的现状和主要研究成果,对于研究问题的选择以及研究问题的明确化具有明显的作用。此外,文献回顾还能"使我们知道所要研究的题目是否已被研究过?研究的结果如何?碰到了何种难题?先前的研究对未来的研究有何种建议"[①],即可以使我们避免重蹈覆辙。

2. 文献回顾有助于研究设计

除了对研究问题的选择有明显作用外,文献回顾还对研究设计有着重要的影响。研究设计是研究者针对研究问题,对所要采取的研究视角、研究思路、研究方法和具体技术做出的一种事前考虑,其目标是为找到回答研究问题的答案而制定出切实可行的操作方式。从程序上看,研究设计通常发生在研究问题确立之后,似乎与帮助研究者确定研究问题的文献回顾没什么关系,但实际上,无论是研究问题的确立,还是研究设计的考虑,都与文献回顾联系十分紧密。从上述对文献回顾各种意义的分析中,我们不难发现,文献回顾不仅与选择研究问题同时进行,在一定程度上也与研究设计有一些交叉。在很多情况下,研究者的研究设计实际上也是从文献回顾就开始考虑的。研究者往往在阅读以往的研究者所发表的各种研究结果的同时,就关注他们探讨问题的特定视角、他们采取的研究方式、他们收集和分析资料时所采用的研究方及具体技术。而在这种关注中,研究者也会主动地思考自己的研究应该或者可以采用什么研究方式、方法和技术。

总之,在整个社会科学研究过程中,文献回顾处在研究最初期的位置上,或者说,文献回顾是研究者在进行一项研究的早期阶段所遇到的具体

---

① 简春安,邹平仪,社会工作研究法. 台北:巨流图书有限公司,1998:100.

和实际问题。正如纽曼所指出的："无论你采用的是社会科学中的哪种方法对某个问题进行累积性知识的回顾,都是研究过程中基础性的早期阶段。"[①] 在这个阶段,与文献回顾关系最为密切的两个环节分别是选择研究问题和进行研究设计。换句话说,文献回顾的过程发生在从选择研究问题开始,到进行研究设计为止的这个阶段。也正是因为文献回顾与这两个对整个研究来说至关重要的环节密切相关、密不可分,所以其对整个研究的重要意义就不难理解了。我们之所以要在研究的开始阶段系统查阅并认真分析那些与我们感兴趣的研究问题密切相关的文献资料,是因为它们对我们的研究有着十分重要的影响。更直接地说,是因为它们在很大程度上决定着我们的研究应该从哪里出发。因此,文献回顾并非可有可无,也并非可轻可重,而是社会科学研究的早期阶段最为重要的任务之一。无论是对于提升具体社会科学研究项目的价值,还是对于提高社会科学研究者的研究水平,文献回顾都是一个值得特别重视的关键环节。

笔者在美国一些大学做访问学者时经常看到的一种现象也可以给我们一些启示:一般来说,研究生在入学的头两年里,需要根据院系导师的研究方向选择自己感兴趣的研究领域。在选定某个研究领域后,这个方向的导师往往会给学生开列一份包括该领域最经典和最重要的文献的目录,这份目录通常包含一两百篇(部)论文和著作。在两年时间里,研究生除了选修专业的基础课程外,另一项重要的任务就是阅读这些文献,两年后的博士资格考试(qualifying examination)就是针对这些文献的。研究生只有通过博士资格考试后,才能成为博士候选人,进入写作博士论文的阶段。笔者当时对美国大学研究生培养的这种做法并不太在意,现在回想起来,多少有些明白其中的道理:他们要求研究生头两年做的,实际上就是本章所论述的文献回顾的工作。他们这样做的逻辑是:每名学生的研究工作都是从阅读、理解和总结文献开始的。想要从某个领域中选择自己的研究问题,就必须先认真阅读和了解这个领域中前人最重要的研究成果。而

---

① 纽曼. 社会研究方法:定性和定量的取向:第5版. 郝大海,译. 北京:中国人民大学出版社,2007:122.

第 3 章　文献回顾

当你对该领域中最重要的前人研究成果以及该领域中各种学者关于这一主题的对话都了解得清清楚楚时，你也就知道还有哪些问题值得进一步研究了。这样选出来的研究问题在研究的意义和研究的创新上自然就容易得到保证。

3. 文献回顾与研究之间关系的例子

我们通过一个实际的例子来简单展示文献回顾在社会科学研究中的重要意义，文献回顾对研究问题的提出、研究思路的确定、研究方法的选择所具有的决定性作用，同时也说明文献回顾与选题和研究设计之间的紧密关系。

两位美国研究者对"兄弟姐妹数量与儿童智力发展"之间的关系感兴趣，在确定自己的研究问题之前，他们对至少 50 篇相关的重要文献进行了系统回顾。他们发现："1987 年，高尔顿（Galton）就指出了长子具有智力优势。但是在家庭结构的各个方面，只有兄弟姐妹数量一直被研究发现是不利于孩子的智力获得的，或者更一般地说，是不利于'孩子质量'的。"同时，关注这一主题的"大多数研究者都同意，兄弟姐妹数量和儿童智力发展之间存在着统计上的负向关系。这一研究发现不仅在美国的数据中得到了确认，而且在法国、苏格兰以及英国的关于在校生的大规模调查中得到了确认"。"对于这个结果，目前有两种解释。其中较为普遍的解释认为这种关系是因果的……第二种解释则认为，它们之间的关系是虚假的。"[①]

这首先表明，对于两位研究者所关注的主题，前人已做过很多的研究，得到了很多的研究结果（两位研究者所列举的文献或许只是其中最重要的一部分）。其中有些结果得到了反复的验证，有些则受到了质疑。换句话说，关于这一主题，有很多的研究者都发了言，他们的研究所得出的各种观点之间，既有一致的，也有不一致的。

正是在认真听取关于这一主题的长长的对话的过程中，两位研究者发现："就数据而言，几乎所有关于兄弟姐妹数量与孩子质量之间关系的证

---

①　Guo G, Van Wey L K. Sibship size and intellectual development: is the relationship causal? American Sociological Review, 199, 64 (2): 169-187.

据都来自基于截面数据的常规回归分析,因而对统计关系的因果解释经常受到质疑。而另一种可能的解释是,统计发现的兄弟姐妹数量与孩子质量之间的负向关系是虚假的,这种关系是由其他因素导致的,或者是由与兄弟姐妹数量高度相关的其他因素,如家庭的社会经济地位、家庭遗传、家庭智力环境等共同导致的。"[1]

正是在这种背景下,两位研究者确定了自己的研究问题,同时也为回答这一问题制定了研究策略和研究方法:"在本研究中,我们通过兄弟姐妹研究以及对相同个体的重复测量研究来检验兄弟姐妹数量对儿童智力发展影响的后一种解释"[2](即兄弟姐妹数量与儿童智力发展之间的关系是虚假的)。而他们所寻求的回答,实际上也是对有关这一领域中科学知识的一种积累或补充。当他们利用相关数据资料,通过专门的研究,在控制"诸如家庭智力环境、家庭价值体系以及家庭遗传等无法测量的影响因素"的条件下,发现"兄弟姐妹数量与儿童智力发展之间的负向关系消失了,这就对以往研究中发现的负面关系的因果解释提出了质疑"[3]时,他们实际上也为人们更好地认识和理解这一问题提供了一种新的知识。

四、如何进行文献回顾

从前面关于文献回顾的定义和讨论中,不难理解,文献回顾的工作简单地说就是"对研究的研究",即对与研究主题有关的前人研究所进行的系统研究。要很好地完成这一工作,必须在文献回顾的三个环节——文献查找、文献阅读、文献回顾结果的表达——中都付出努力。

1. 文献查找

首先,要区分学术文献与非学术文献。尽管从最广泛的意义上说,一切文献都可以作为社会科学研究的材料,但这并不意味着一切文献都是文献回顾的对象。文献回顾中所指的文献主要是那些在发表在正式学术期刊

---

[1] Guo G, Van Wey L K. Sibship size and intellectual development: is the relationship causal? American Sociological Review, 199, 64 (2): 169-187.

[2][3] 同[1].

上的论文和正式出版的著作。其他一些通俗读物、大众传播媒介上的信息以及非学术性期刊等都不是文献回顾的对象。(所以,本章中所谈的文献仅指这里所说的学术性文献。)

文献查找是文献回顾的第一步。要从浩瀚的文献中找到与研究课题相关的文献,必须具备一定的文献检索知识。在这方面,我们可以向大学图书馆或者图书情报专业的老师咨询,也可以通过阅读这方面的书籍来了解。在本章中,笔者只对常见的期刊论文查找方式做一个简单介绍。

中文期刊的文献一般可以通过上网登录"中国知网-中国期刊全文数据库"(CNKI)来进行查找。在CNKI的检索方式中,最常用的方法是采用主题、关键词、篇名的方式进行检索。实践中,研究者对与研究课题相关的文献的查找常常依据两个主要方面:一是研究主题,比如社会适应、择偶方式、社会分层等;二是研究对象,比如三峡移民、青年、留守儿童等。单独按研究主题或研究对象进行检索时,检索到的文献的数量可能会很多。所以,较好的方式是将二者结合起来进行检索。下面我们以"留守儿童心理健康"和"青年择偶方式"为例来进行说明,表3-1和表3-2是笔者分别采用主题检索、关键词检索以及篇名检索的方式对不同检索内容进行检索得到的结果。[①]

表3-1 "留守儿童心理健康"相关文献检索结果　　　　单位:篇

检索方式	检索内容		
	留守儿童	心理健康	留守儿童+心理健康
主题检索	16 012	252 089	930
关键词检索	7 399	77 314	101
篇名检索	8 531	127 804	123

表3-2 "青年择偶方式"相关文献检索结果　　　　单位:篇

检索方式	检索内容			
	青年	择偶	择偶方式	青年+择偶方式
主题检索	336 227	2 911	172	64
关键词检索	21 770	286	114	6
篇名检索	196 926	1 427	16	4

---

① 两表中的数据为笔者2023年10月30日在CNKI上检索得到的结果。

从表中可以看出，主题检索结果覆盖的范围最广，关键词和篇名检索结果的范围则相对较小。一旦将检索内容中的研究主题（心理健康、择偶方式）与研究对象（留守儿童、青年）结合起来进行检索，范围就非常集中了。此时，以篇名检索得到的论文是最相关的论文，最需要进行阅读。而当这种结合起来进行检索得到的论文数量很少时，研究者还应该对主题检索得到的论文进行阅读。比如，"青年择偶方式"一例中，最为相关的论文仅有4篇，研究者还应该对以主题检索方式得到的64篇论文进行阅读。

由于单独检索得到的文献数量往往很多，那么如何从几十篇、几百篇甚至更多的文献目录中挑选出重要的文献呢？这方面似乎并没有固定的方法，但我们可以依据两个挑选的原则：一是相关性原则，即要尽可能挑选那些与自己的研究题目相关的文献。一篇非常相关的文献往往比一批不相关的文献更有价值。二是可靠性原则，即要尽可能挑选那些来源可靠、资料可靠、质量可靠的文献。同样地，一篇可靠的文献往往比一批不可靠的文献更有价值。相关性原则比较容易把握，可靠性原则的把握相对困难。我们可以从以下几方面来进行判断、分析和选择：一是根据论文发表的刊物的性质来判断。专业性强、学术水准高的刊物上的论文总体上水平会高一些，质量会好一些，因而也相对重要一些。二是根据被引用状况来挑选。那些在以往研究中被学者引用相对多一些的文献，其重要程度也往往高一些。因为被引用次数高的文献往往是该领域中的经典文献，或是存在争论的焦点文献，或是对某一领域进行全面综述的文献。三是依据论文作者的学术知名度来选择。一般情况下，学术知名度较高的学者，其研究的总体水平会较高，论文质量也相对较好一些。当然，这只是一般情况。有时，一些不知名学者的论文质量也会很高，相反一些知名学者的论文质量也会较低。

对于英文文献，比较常用的数据库是"西文过刊全文数据库"，其英文缩写为JSTOR。另外还有一个常用的英文期刊数据库是ProQuest。国内大学的图书馆一般会购买这些英文文献数据库的使用权，以供学校内的教师和学生进行检索、下载相关文献。JSTOR打开后有一个输入框，如果知道文献标题,则可直接将标题键入输入框中,然后点击搜索按钮进行检索。也可以根据主题(topic)、关键词(keyword)或作者(author)等进行检索。此外,还可以点击输入框下面的"Advanced Search"按钮,打开选择页面,对若干搜索条件进行限定,然后再进行搜索。其他的英文文献数据库,比如 ProQuest 等的检索方式也大都与此相似。读者可以在大学图书馆里上网使用这些数据库来进行文献检索和查找,初次使用时可以向图书馆的老师咨询和了解。

2. 文献阅读

与一个具体的研究课题相关的文献往往是众多的。但这些文献与研究课题的相关程度是有所差别的。有的关系密切,有的则并不直接相关。而且一般来说,越是不直接相关的文献往往越多。正如克雷斯威尔曾指出的,与研究课题有关的参考文献往往是一个"倒置的三角形。这个倒三角形的底端是正在计划中的研究课题,且这项研究的范围很窄而集中(没有相关研究)。一旦我们把视线拓展到这个三角形被倒置的底边上,就会发现仍有很多资料可供参考,尽管它们跟我们所着手的这项研究不直接相关"[1]。所以,在进行文献回顾的时候,研究者应该将注意力集中在这个倒置的三角形的底端,对那些与研究课题最为相关的文献进行认真阅读和综述。

当我们根据前述各种标准和方式选择了几十篇(一般情况下二三十篇)最重要的相关研究论文后,接下来的任务就是对这些文献进行认真阅读和归纳了。关于阅读的顺序,有学者给出了很好的建议:"从最近的研究成果开始你的阅读常常是有益的。它可以达到两个目的:(1)使你更快地注意知识和认识的现状;(2)最新研究常常包括以前研究的参考资料。"[2] 在对每一篇文献进行阅读时,应主要关注文献中的研究问题、研究目标、研究对象、研究设计、具体方法、主要结果、研究结论,以及研究中存在的问题或局限。特别需要提醒的是,研究者在阅读时头脑中始终

---

[1] 克雷斯威尔. 研究设计与写作指导:定性、定量与混合研究的路径. 崔延强,译. 重庆:重庆大学出版社,2007:66.

[2] 埃思里奇. 应用经济学研究方法论. 朱钢,译. 北京:经济科学出版社,1998:132.

应该记住自己的研究主题和研究问题，这样才会在阅读中将焦点集中在前人研究与自己的研究相关的内容上，并敏锐地发现现有研究中最有价值的部分和最主要的不足。

关于文献阅读方法，笔者给出的一条建议是：在阅读中要随手做些记号，将论文中的关键内容凸显出来。同时，还可以将自己在阅读论文时的思考、疑问、认识和看法记在论文的空白处，以便于日后进行文献的归纳、组织和整理，也可以为思考和建构自己的研究思路、方案等提供参考。

前人研究虽然会给我们很多的启发和帮助，但同时也存在一些缺憾。不管你的研究问题是什么，只要真正地深入与你的研究问题相关的文献中认真阅读，就一定会发现现有研究或多或少、或在这方面或在那方面存的某些不足和局限。从某种意义上说，正是前人研究的这些不足和局限，给自己的研究提供了新的方向和空间。

举例来说，笔者在开展有关大学生择业问题的研究前，对该领域中的文献进行了系统回顾，通过检索，从中特别挑选了当前国内该领域最为重要的30篇经验研究论文进行阅读和分析。认真阅读后，笔者发现这些文献至少在下述四个方面存在不足：

> 一是调查对象的特征所具有的局限性……现有研究的调查对象往往正处在就业的过程中，就业对他们中的许多人来说还是"未来时"或"正在进行时"，而不是"现在完成时"……因此，依据调查结果所得出的结论只是对作为整体的大学生就业过程和就业状况来说的一种"阶段性"反映。特别是在进行有关大学生就业成功与否的影响因素的分析，以及大学生人力资本、社会资本与大学生就业成功与否、就业质量高低的分析方面，研究者尤其应该慎重。因为此时所得出的各种"影响因素"以及人力资本和社会资本的"作用状况"，实际上很可能只是对大学生就业过程"某一阶段"的状况成立，而此时作为分析中因变量的一种结果的"未就业"，并不一定意味着与另一结果"已就业"相对应的"就业失败"，更不意味着"不能就业"。也许只有当所有的毕业生都完成了就业的过程后，再来探讨和分析就业的影

响因素，特别是探讨和分析人力资本、社会资本因素的作用大小等问题才会更加合适，研究所得出的结论也才会更加全面准确。

二是研究工具缺乏借鉴导致研究结果缺乏累积性……许多研究的开展并没有建立在很好地回顾前人研究的状况的基础上，不同的研究相互之间没有很好地借鉴与参考，因而研究工具各不相同，研究结果也缺乏累积性和可比性。比如，众多研究都探讨了人力资本、社会资本与大学生就业的关系，但借鉴前人方法和测量指标的比较少。无论是人力资本的测量指标，还是社会资本的测量指标，现有研究之间的差别都比较大……这样造成的结果是，各项研究得出的不同结果无法与前人结果进行比较和鉴别。研究者的研究结论自然也就变成自说自话了。

三是样本的结构与调查结果的可比性……不同年份实际调查样本抽取中的种种不同，使得每次调查的样本结构并不一致。而这种样本结构不一致的后果将导致调查结果相互之间不能不加以处理就直接进行对比，因为这种对比得到的各种"差别""特征"，实际上是样本结构的一种反映。而多次调查结果中所表现出来的变化，也是多个样本结构不同的一种体现。研究者不能根据这种不可比较的结果去总结大学生就业变化的各种趋势。

四是调查的样本规模与实际统计分析用到的样本规模不一致及其影响……现有研究中一个比较普遍的问题是调查抽取的样本规模与实际分析用到的样本之间的差距很大，导致研究结论所依据的样本实际上并不能很好地代表抽样的总体……除了实际分析的样本规模较小外，许多调查中还缺少发出的问卷数目的信息。虽然这些调查在统计分析时用到的样本规模足够大，但由于研究者并没有报告他们实际发出了多少份问卷，因此，这种"足够大"的样本规模并不是调查结果具有充分代表性的保证。[①]

[①] 风笑天. 我国大学生就业研究的现状与问题：以30项重点经验研究为例. 南京大学学报，2014（1）：60-69.

明确了现有研究的这些不足后，我们就能在自己的研究中进行改进和避免。比如，针对第一个不足，我们可以在研究设计中改变研究对象，即不去调查那些尚未毕业、尚未离开大学的应届毕业生，而是去调查已经毕业几年、工作了几年的大学生（笔者的另一篇论文[①]就是针对这一研究对象进行的）。再比如，针对第二个不足，我们可以系统地收集和分析前人研究中关于人力资本、社会资本概念的各种定义和测量指标，在此基础上确定自己采用的定义和测量指标，以便同前人的结果进行比较。

3. 文献回顾结果的表达

对前人研究文献有了详细的了解，只是为我们自己的研究打下了一个好的基础。只有将自己阅读过的这些文献很好地概括、梳理和组织起来，有条有理地展现在读者面前，文献回顾才达到了它所要达到的目的。

那么，我们该如何表达文献回顾的结果呢？关键是要抓住研究的主题来组织。有学者认为，好的文献回顾应该具备以下几点："（1）前沿性。文献综述应该关注学术的最新发展，不是为了赶时髦，而是为了防遗漏。（2）覆盖性。一个好的综述应该涵盖所有重要文献，围绕研究的中心问题，探索方方面面的答案，包括自己不同意的答案。对与自己的假设或发现不一致的文献或理论，尤其不能忽略……（3）相关性。在坚持'全面'原则的同时，我们又不能对所有文献不加选择地包揽。我们只需要回顾与本研究直接相关的或至少间接相关的文献，避免讨论不相关文献。（4）分析而不是堆砌文献。罗列文献是初级水平，成熟的文献综述要有分析。最重要的分析技巧包括辨识有重要理论贡献的关键文献，依据不同的理论视角将文献进行归类，比较各种观点之间的差异和逻辑关系，并且批判性地评估各种观点的理论价值和经验证据。（5）连贯性。好的研究综述应该自始至终围绕一条主线，为作者的思路服务，一步一步推演出研究假设。年轻的学者容易被烦琐的文献牵着鼻子走，偏离主题。"[②] 他的看法可以作为我们表达文献回顾结果的一种参考。

---

① 风笑天. 城市在职青年的就业途径及相关因素分析. 南京师大学报（社会科学版），2012（5）：62-69.

② 彭玉生. "洋八股"与社会科学规范. 社会学研究，2010（2）：180-210，246.

具体来看，文献回顾的表达有两种不同的形式。一种我们可称之为"单独成篇"的文献回顾，另一种则可称之为"作为整体一部分"的文献回顾。"单独成篇"的文献回顾在发表时，往往会采用诸如"研究综述""文献综述"或"研究述评"的名称。其目标是对一段时期、某一研究领域中的研究文献进行系统的梳理、归纳、陈述和评价。这种文献综述对于总结该领域的发展状况、主要结果，特别是值得重视和值得进一步探讨的相关问题等，有着十分重要的作用。"作为整体一部分"的文献回顾又可分为两种情况：对于一本专著或者研究生学位论文中的文献回顾来说，其容量、篇幅会更大一些，所包含的内容也会更丰富、详细和充实一些，这样的文献回顾往往需要用专门一章的篇幅来表达。而对于在学术期刊上发表的研究报告或论文来说，其文献回顾的篇幅会受到限制，通常是作为论文中单独的一节来表达。当然也可以不单独列出一节，而是直接将文献回顾的内容融在导言里表达。

关于"作为整体一部分"的文献回顾的撰写和表达方法，读者可参阅相关书籍[①]，这里仅就"单独成篇"的文献回顾的写法进行一些介绍和说明。

一般来说，"单独成篇"的文献回顾通常包括"述"和"评"两个部分（因此有的文献回顾论文的标题会写成"某某问题的研究述评"）。在这种文献回顾中，既要介绍某一研究领域中的状况，又要在此基础上进行评价和议论。其中"述"的部分，即是要作者通过对众多文献的系统阅读和分析，将该领域中的整体研究状况进行分类整理，或按时期、或按主要的专题及分支进行综合介绍，同时还要适当展现出每一时期或每一专题及分支中最为重要的研究结果。由于这种文献回顾涉及的内容往往较多，因此，写作中通常还需要采取进一步将文献整体内容细分为"次主题"的方式。而文献回顾中"评"的部分，则是要在归纳整体研究状况的基础上，指出现有研究中存在的主要问题或不足，特别是要把若干重要的、目前研究尚未充分讨论的问题提出来进行探讨，或者提出一些新的研究方向。至于"述"和"评"两部分的侧重或比例问题，一般来说，"述"的部分所

---

① 风笑天．社会研究：设计与写作．北京：中国人民大学出版社，2014：第10章．

占的比重相对较大，但也有的文献回顾相反，提出问题和讨论部分比重相对较大，或者说"评"和"论"的部分比重相对较大。有关这方面的例子，读者可参阅笔者的三篇文献。第一篇是笔者博士论文中的"文献回顾"一章[①]，另外两篇是对两个领域的研究状况的整体回顾及探讨。其中，前一篇关于独生子女研究状况的文献回顾[②]相对侧重于"述"的部分，而后一篇关于生活质量研究的文献回顾[③]相对侧重于"评"和"论"的部分。

推荐阅读

[1] 彭玉生."洋八股"与社会科学规范．社会学研究，2010（2）：180-210，246．

[2] 风笑天．论社会科学研究中的文献回顾．华中师范大学学报（人文社会科学版），2010（4）：40-46．

[3] 风笑天．独生子女：他们的家庭、教育和未来．北京：社会科学文献出版社，1992：第二章．

[4] 风笑天．中国独生子女研究：回顾与前瞻．江海学刊，2002（5）：90-99．

[5] 风笑天．生活质量研究：近三十年回顾及相关问题探讨．社会科学研究，2007（6）：1-8．

[6] 谭深．中国农村留守儿童研究述评．中国社会科学，2011（1）：138-150．

---

① 风笑天．独生子女：他们的家庭、教育和未来．北京：社会科学文献出版社．1992：第二章．
② 风笑天．中国独生子女研究：回顾与前瞻．江海学刊，2002（5）：90-99．
③ 风笑天．生活质量研究：近三十年回顾及相关问题探讨．社会科学研究，2007（6）：1-8．

第4章

研究设计概述

当有了一个定义清楚、大小合适的研究问题时,剩下的任务就是去寻找这一问题的答案。换句话说,确定了研究问题,等于确定了研究要达到的目标,剩下的问题就是我们如何才能达到这一目标。而这正是研究设计要解决的问题。研究设计一方面产生于研究问题和文献回顾的过程中,另一方面又影响着研究的实施和结果的形成。所以说,研究设计其实是一项社会科学研究的核心和关键所在。本章先概述研究设计的基本概念和主要思想,在后面的四章中,再分别针对社会科学研究中四种基本的同时也是最常用的研究方式——调查研究、定量文献研究、实地研究、个案研究——进行专门的介绍。

一、研究设计及其意义

研究设计是研究者为了回答研究问题而对所采取的研究方式、论证模式、探寻思路、逻辑框架以及具体操作方案的思考和计划的总称。在研究设计中,既包括诸如研究思路、策略、框架、逻辑等相对宏观且更具指导性、方向性的内容,也包括诸如抽样设计、测量设计、资料收集方法、实施计划等相对具体的、细节方面的技术性问题。需要特别说明的是,尽管研究设计中包含具体的资料收集方法与实施计划这样的技术性问题，但相对更为重要的是前一方面的内容，即有关研究思路、策略、框架、逻辑等的指导性、方向性问题。正如澳大利亚社会学家德沃斯所说，研究设计"是一项逻辑工作"，它"承担的任务是确保收集到的资料能尽可能清晰地回答问题或检验理论"，而且，"研究设计涉及的是一个研究的框架结构：是原理性的而非执行性的"。[1] 无论是研究问题的提出，还是为了解答这一问题所进行的研究设计，都"必须体现研究者对现存相关理论、研究方法和实证性工作的充分理解"[2]。

在社会科学研究中，研究设计是研究者为达到研究目标而预先进行的"路径选择"，也是他为达到研究目标而对如何利用"船"或"桥"进行的规划与考虑。一项具体的社会科学研究，一旦研究问题被确定下来，那么留给研究者的最重要的工作或许就是研究设计了。如果说研究问题指明了研究者所要达到的目标的话，那么研究设计就是研究者对如何最好地达到目标所进行的路径选择和规划。在一项社会科学研究的过程中，研究者往往会遇到多种不同的抉择，其中最重要的抉择通常出现在研究设计阶段。需要指出的是，无论是路径选择，还是对如何利用"船"或"桥"的规划，研究者进行抉择的依据始终都只有一个，那就是能够恰当地、正确地回答研究问题。正是研究问题指引着研究者的研究设计，而不同的研究问题也将引导研究者采取不同的研究设计。比如，有关社会中某种现象"是什么""发生了什么"的问题，往往会引导研究者进行描述性研究的设计；而针对某种现象"为什么会发生"的问题，则往往会引导研究者进行解释性研究的设计。

1. 研究路径的选择

有研究者指出："研究设计是一项研究的基本计划，它包含四个方面的主要观点。首先是策略，其次是概念框架，再次是研究谁和研究什么的

---

[1] 德沃斯. 社会研究中的研究设计. 郝大海, 等译. 北京: 中国人民大学出版社, 2008: 15-16.

[2] 沙沃森, 汤. 教育的科学研究. 曹晓南, 程宝燕, 刘莉萍, 等译. 北京: 教育科学出版社, 2006: 3.

第 4 章 研究设计概述

问题,最后是收集和分析经验材料时所用的工具与程序。因此,研究设计也涉及与此相对应的四个方面的问题:依据什么策略来收集和分析资料?在什么样的概念框架中进行收集和分析?从谁那里收集?以及如何收集?"[1] 实际上,如果将上述四个方面归结为两个大的方面,那么我们也可以认为,研究设计的实质就是对从研究问题到研究答案的路径进行的选择,以及对研究实施的各个具体环节进行的规划。在这两方面任务中,路径选择相对宏观、抽象,更具方向性;而具体环节的规划则相对微观、具体,更具操作性。

在吉娜·奥利里(Zina O'Leary)所著的《社会研究基本指南》[2] 一书中的研究路径图示的基础上,我们进一步给出下列图示(见图 4-1),用来说明研究设计与研究问题和研究答案之间的关系。

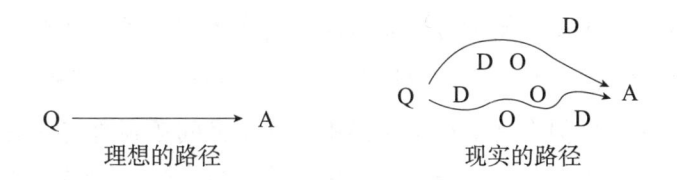

图 4-1 研究路径图示

注:Q——Question,表示研究问题;A——Answer,表示研究答案;O——Obstacle,表示障碍;D——Difficulty,表示困难。

借助图 4-1,我们希望说明以下几点:

一是,图中的各种箭头指的是研究设计,它既代表从研究问题走向研究答案的各种路径,也代表处于研究问题与研究答案之间、连接二者的桥梁。

二是,在理想状态下,研究问题与研究答案之间有一条直接的路径,或者说,有一种研究设计可以直接连接研究问题与研究答案。但是,在现实社会生活中,由于存在各种各样的困难和障碍,因此,从研究问题走向

---

[1] Punch K F. Introduction to social research: quantitative and qualitative approaches. London: Sage Publications Ltd., 1998: 66.

[2] O'Leary Z. The essential guide to doing research. London: Sage Publications Ltd., 2004: 86.

研究答案的路径不会是直接的，而是曲折的，同时这种弯弯曲曲的路径往往不止一条。

三是，研究者进行研究设计的最终目标，就是要在考虑到现实中的各种困难和障碍的前提下，从各种不同的路径中选择一条最为合适的路径。应该说明的是，所谓最为合适的路径，实际上只是相对的，是研究者在充分权衡到达目标的直接性、准确性、可行性等相互冲突的前提条件后做出的"利多弊少"的决定。特别是，在可行性这种"刚性"的限制面前，许多研究设计只能"绕道而行"，或者只能"退而求其次"。

四是，采用不同路径最终到达的目标（即所得的结果）与研究最初的目标（即理想的结果）不会完全相同，二者之间会存在一定的差距；而研究者采取不同路径所得的结果的差距大小会有所不同，差距的方面也会有所不同。这就像采用不同的方式旅行时，沿途看到的风景会不一样。

图 4-1 告诉我们，虽然在理想状态下，从研究问题到研究答案的路径十分直接明了，但在现实社会生活中，从研究问题到研究答案的路径往往弯弯曲曲，且不止一条。而研究者进行研究设计的主要任务就是选择一条最合适的路径。"不同的路径都具有产生回答问题的资料的能力，但诀窍是要找到一条对于所回答的问题、对于研究者以及对于研究的背景来说在方法论上都最为合适的路径。"[①] 图 4-1 也从另一个方面提示我们：在理想状态下完全依据科学逻辑与规范的研究设计，与研究者在面对实际社会条件后所采取的研究设计之间是有差别的。

举例来说，20 世纪 80 年代中期，针对社会舆论中有关"独生子女都是'小皇帝'"的看法，有研究者希望通过收集系统的经验证据来回答"独生子女究竟是不是'小皇帝'"的问题。亲爱的读者，如果你是这位研究者，你会怎样设计这一研究呢？或者说，你认为最理想的研究设计是什么呢？

建议你暂停阅读，仔细地思考一下，并将你的研究设计写在纸上。然

[①] O'Leary Z. The essential guide to doing research. London：Sage Publications Ltd.，2004：86.

第 4 章 研究设计概述

后再接着往下阅读。

在笔者看来,要回答这一问题,最理想的研究设计是:首先制定出衡量独生子女是不是"小皇帝"的行为标准(即确定独生子女具有什么样的行为表现算是"小皇帝");然后对现实生活中大量的独生子女进行直接的观察或询问,收集他们的行为表现方面的资料。比如,抽取一个相当大的中小学生样本,然后派出大量的调查员分别到样本中的中小学生的家庭和学校中,对独生子女每天的生活进行连续的实地观察;或者派调查员分别到抽取的中小学中找到样本中的对象进行问卷调查。最后将他们观察到、调查到的独生子女的行为表现进行统计,并与"小皇帝"的行为标准进行比较。如果二者之间完全一样,就可以证明研究问题;反之,则不能证明研究问题。

这种研究设计的逻辑是正确的,证明的方式也是直接的、有力的。但是,现实中我们真能按这一研究设计去做吗?在这样做的过程中我们会遇到什么困难和障碍呢?作为研究者的我们需要做出哪些决定、进行哪些权衡和取舍呢?

首先,我们必须制定出"小皇帝"的行为标准——显然,这种标准绝不会像身高标准那样简单明了。因此,研究设计中要对"小皇帝"的行为标准进行考虑:是三条、五条?还是八条、十条?或是更多?特别是,这些标准还要能够被应用于现实观察(这是操作化的内容)中。理论上观察的方面越多越好,但现实中研究者将遭遇观察的方面越多越困难的巨大矛盾,此时研究者要进行权衡、取舍,做出决定。

其次,由于 80 年代中期独生子女基本上在上小学,中学生中基本上没有独生子女,因此,原研究设计中的中学生对象只能去掉。如果采用问卷调查的方式,那么小学生会成为一个障碍——他们一般不具备填答自填式问卷的能力,因此自填式问卷调查的方式就不适用。对他们的调查只能采用面访调查的方式,但这又意味着大量的人力和较长的时间;同样地,对他们进行实地观察所需要的调查员的数目会更多,所需要的时间也会更长,两种情况下的研究费用都是一个巨大的压力。那么,能减少研究的样本规模吗?采用面访调查方式时,小学生能明白研究者提出的问题吗?采用观察方式时，研究者能进入现场（家庭和学校）进行观察吗？

如果小学生不能明白研究者提出的问题，对他们进行面访调查的路经就行不通；如果研究者没有足够的经费，或没有足够的时间，或没有足够的人力，样本规模就必须减小；如果研究者进入不了现场（家庭和学校），观察的方式就无法使用……如果上述的各种"如果"就是现实，即上述各种路径都行不通，那你作为研究者又该怎么办呢？换句话说，研究的现实设计又是什么呢？

研究还得进行，我们还得去寻找其他的路径，哪怕这些路径看起来不如上述路径那么直接、那么有力、那么完美。这位研究者只是一名博士研究生，且只有他一个人来做这项研究，没有其他人力，经费也很少。无奈之下，他只得选择了另一条间接的、不太完满的，但是切实可行的研究路径。他的研究设计是：

改直接证明为间接证明。其逻辑是：假定"独生子女都是'小皇帝'"，那么他们不会生来就是如此，只可能是后天影响的结果，特别是父母教养方式影响的结果，即只有溺爱孩子的父母才会培养出"小皇帝"。因此，如果"独生子女都是'小皇帝'"，那么应该有"独生子女父母都溺爱孩子"的现实。反之，如果现实表明"独生子女父母并不都溺爱孩子"，那么"独生子女都是'小皇帝'"的结论就难以成立。这样一来，问题就变成了"独生子女父母都溺爱孩子吗？"

改调查孩子为调查父母。因为研究者只有自己一个人，不可能采用面访调查的方式，更不可能采用观察的方式来进行这项研究，因而只能采取自填式问卷调查的方式；又因为研究问题变成了"独生子女父母都溺爱孩子吗？"所以调查对象也就变成了小学生父母（包括独生子女父母与非独生子女父母）。对于这样的调查对象，采用自填式问卷的方式进行调查就变得可行了。研究者设计了分层整群随机抽样的方法，抽取了包含两类父母在内的大规模样本，向他们询问了四个方面的19个具体问题（即对"溺爱孩子"这一变量的19个测量指标）。根据调查收集到的数据资料，通过统计分析，得到了"两类父母在溺爱孩子的表现上不存在显著差别"的结果。这样，在同龄非独生子女父母的参照下，就间接地得出了"独生子女并不都是'小皇帝'"的结论。[1]

显然，这一研究设计比起前面理想的研究设计来说差了很多，其缺陷和不完满的地方也多了许多。它所得到的结果可能并不是回答原有研究问题的最好答案。但它毕竟在探索该研究问题的道路上实实在在地朝前走了一步，在认识和了解这一现象方面增加了一些新的信息。

总之，做一项好的研究有不止一条研究路径。研究设计是一个在社会现实面前进行选择和权衡的过程。在这一过程中，在任何研究的任何阶段，研究者都需要做出判断和决定，其中最大的决定就是研究策略的选择。[2] 同时，研究中也没有一条路径在各方面都是最好的。这就像我们在现实中旅行一样，有的路径路程短，花费低，但一路上困难重重，所到达的地方离目标也相对较远；有的路径"全程高速"，但路程长，花费巨大，研究者无力承担过高的经费、过长的时间等。研究者的任务，就是选择一条切实可行的，同时路程尽可能短的、障碍尽可能少的、代价可以承受的、所得结果又比较理想的路径。

2. 研究设计的两个前提

研究设计的第一个前提是必须专注于研究问题。这即是说，研究设计首先要针对研究问题。你的任何选择和计划都应该围绕着你的研究问题，围绕着找到回答研究问题的答案来进行。从你的研究设计中应该的确可以看到你打算研究什么，想要探讨什么，想要寻找什么答案。与此相应的是，你的研究设计实际上是由你的研究问题决定的。一个界定明确、表达清楚的研究问题，其本身就能够指出你的研究对象应该是什么，你应该去询问哪些人，你需要收集什么样的资料，甚至可以指出哪些方法、什么样的工具是最合适的。正是在这种意义上，我们说研究设计是由研究问题决定的。

研究问题所体现的研究目标不同时，也会导致研究设计的不同。比如，对于某些新的社会现象、社会问题，或者大众缺乏认识和了解的某些

---

[1] 风笑天. 独生子女：他们的家庭、教育和未来. 北京：社会科学文献出版社，1992：第六章.

[2] Denscombe M. The good research guide. London：Open University Press，2010：3.

新领域，常常需要通过描述性研究设计来了解这一新现象、新问题、新领域的特点、分布和趋势，以帮助社会和大众获得客观、准确的认识，同时也为学术界进行更加深入的研究打下基础。这种描述性的目标往往会带来对大规模抽样调查的研究方式的运用，或者是详细深入的个案研究的方式的运用，等等。而对于学术界已经有比较清楚的了解的现象、问题和领域，更为重要的研究设计则是要探索现象之间的因果联系，要通过研究设计找出答案来回答"为什么会如此"的问题。因此，研究者必须设计出与理论相关的解释性研究。

同时，研究者也要依据研究问题来精心选择和设计具体使用的方式方法，包括研究程序、步骤和具体工具。对于研究者来说，不同的研究方式和方法就像工具袋中的各种不同的工具一样，相互之间常常不是谁比谁更好的问题，而是对于具体的研究问题，谁比谁更合适、谁比谁更有效的问题。研究者关注的应该是对于特定的研究问题，在各种可行的研究方法中，哪种设计比其他设计能更好地回答特定情况下的特定问题。

研究设计的第二个前提是你的设计中的所有元素都必须是可以实施的，而且整个研究计划必须是在你的研究技术和能力范围内的。换句话说，你的研究设计所涉及的每一个方面、准备采用的每一种方式、每一个步骤、每一个环节在客观上都必须是可行的，在主观上也都必须是你自身技术和能力能够达到的。这一前提实际上是研究问题的可行性在研究设计中的体现。研究者若不考虑研究中面临的各种现实困难和障碍，不考虑自身能力所能应付的范围，那么这种研究设计很可能只是一种空想的蓝图，在实际研究中根本无法实施。

应该认识到，虽然开展研究的方式有许多种，但每一种方式实际上都伴随着研究需要的客观现实条件和对研究者自身技能的特定要求。比如，举一个简单的例子，假定你要研究吸毒者的基本情况以及他们吸毒的原因，你准备采用调查研究的方法来收集资料，那么，这种研究设计的可行性前提之一就是：你能合法地、安全地、方便地接触到足够数量的吸毒者吗？他们能按你的要求回答问题吗？所以，研究者既应该对每一种研究设计会涉及什么样的客观困难和障碍有清醒的认识，也应该对自己的能

第 4 章 研究设计概述

力、局限等有清醒的认识。在对这两方面都有了充分的和现实的考虑后，我们才能在从研究问题到研究答案的多种不同路径中，选择在自己能力和条件范围内能够达到的、能够应付下来的路径，而不要选择那些可能会超出研究者自身能力或条件的范围的路径，哪怕这些路径具有其他更好的优点。

3. 研究设计中的逻辑与证据

所谓研究，简单地说就是提出问题、寻找答案的过程。而研究设计的目标就是使得研究的结果能够有效地回答研究问题。在研究设计的过程中，有两个最为核心的内容：逻辑与证据。这两个方面也是一项研究设计的科学性的最重要的体现。

在第一章导论部分我们曾说过，从过程来看，任何一项研究通常都会经历四个主要的环节，即"问题→设计→实施→答案"。而这一过程中的"设计→实施"环节，实际上就是"收集证据"，即收集那种能够支持研究结论、支持回答研究问题的答案的证据。这种证据，指的是研究者从现实中获取的各种经验材料。因为科学不是观点的汇集，科学要求证据具有经验性。没有经验证据支持的观点最多只能叫猜想。这也是实证研究与思辨研究的关键区别。当然，这种经验证据既可以是定量的，也可以是定性的；既可以是一手的，也可以是二手的。

而从结构上看，任何一项研究都可以简单地概括为"问题—证据—答案"的形式。在这一结构中，问题、证据、答案三者之间的关系是：问题是研究的方向和目标；答案要回答研究问题；证据则要支持答案。三者之间的内在联系依靠的是逻辑，既包含一项研究从问题到答案的推演逻辑，也包含一项研究中论证的逻辑和解释的逻辑。因此，在一定意义上我们可以说，逻辑是研究设计的灵魂。

在任何一项研究的设计中，我们不仅要思考和解决使用何种方法、运用何种技术、如何选择研究对象、如何收集和分析材料等具体方法问题，同时还要思考和解决研究的目标是什么、回答研究问题的逻辑是什么、研究需要什么样的证据、采取什么策略才能收集到这样的证据等研究思路和路径问题。一切研究设计都是围绕这两个方面、依据前述的研究设计原则来进行的。也就是说，研究设计中既需要通过对各种研究方法的设计来达到收集和运用经验证据的目的，同时也需要通过对论证逻辑的设计来达到正确回答研究问题的目的。更具体地说，研究设计的任务就是根据回答研究问题的逻辑和需要，选择合适的、可行的研究策略和路径，采用合适的、有效的研究方法，找到合适的、可靠的经验证据，得出能够回答研究问题的结果。

二、将研究问题与研究方式相连接

一项完整的社会科学研究，包含着研究问题的提出和形成、文献回顾、研究设计、研究实施、资料分析、得出研究结果等多个环节。在不同的环节中，研究者的任务是不同的，对研究者能力的要求也是不同的。如果说研究问题的提出和形成主要体现的是研究者具有的"思想的"或"产生想法的"能力，研究实施，包括资料收集、资料分析和结果表达等，主要体现的是研究者"动手的"或"操作的"能力的话，那么研究设计体现的就是研究者"构思""规划""选择""权衡"和"运筹帷幄"的能力。因而，我们也可以说，研究设计是对研究者综合运用社会科学研究方法和技术的能力的考验。

1. 研究方式的选择

在研究设计中，研究者需要做出的一个重要决定是进行研究方式的选择。研究者一旦确定了研究问题，研究方式的选择就会被提上议事日程。"我该采用哪种研究方式进行研究呢？"对这一问题的最好回答是："那要看你的研究目的是什么了"，或者"要看你的研究问题所提出的目标是什么"。

例如，如果你的研究目的是测量某种社会现象的整体状况或趋势，或者是收集系统的经验证据用以检验某种理论，那么调查研究的方式将是你的最好选择；如果你的研究目的是理解某种特定社会背景下起作用的各种因素及其相互之间的复杂关系，或者是探究一个特定事件的发生、发展和变化的过程，那么实地研究的方式将是你的最好选择；如果你的研究目的主要集中在揭示某种社会现象产生的直接原因，特别是观察某种特定的因素对这种社会现象的影响，那么实验研究的方式将是你的最好选择；如果你的研究目的是探索一个新的主题和提供一种新的眼光，或者是澄清某个概念、建构某种新的理论，那么扎根理论的方式将是你的最好选择；如果你的研究目的是描述某种特定文化的实践和传统，或者是解释某种特定文化内部的社会互动，那么最为合适的研究方式是民族志。

每一种不同的研究方式同时也就意味着更多方面、更为具体、一系列不同的研究设计内容，包括研究程序的制定、研究对象的选择、研究工具的设计和选择、具体研究技术的运用、研究伦理因素的考虑等。在设计上述各种方面的内容时，研究者要充分考虑到现实社会中的各种障碍因素，并提前准备和制定出相应的解决办法和替换措施。总之，在进行研究设计时，研究者头脑中应始终记住两件事：所选择的研究方式、方法，对于回答研究问题来说，一是要最合适，二是要可行。

2. 同一研究问题不同研究方式的设计

当然，对于同一个研究问题，并不意味着只有一种固定的研究方式。研究者依旧可以通过自己的设计，选择一条特定的达到研究目标的路径。为了说明这一点，我们举一个实际研究的例子。

对于人口密度对人的影响问题，有两组研究者于20世纪70年代初进行了研究。他们分别采用了不同的研究设计，来探讨同一个研究问题。格里菲特等人在1971年采用的是一项"实验室研究"的设计。他们在一个九英尺[①]长、七英尺宽、九英尺高的房间里，通过调整房间中的人数来"制造出"不同的人口密度；然后通过对这些参与实验者进行"人际评判量表"的问卷调查，来测量"侵犯性"（对人的一种负面影响）程度。结果表明，高人口密度使人彼此之间不喜欢的倾向增加。而加勒等人在1972年则采用了一项"现存统计资料分析"的研究设计。他们利用了1960年的《芝加哥地方社区事实手册》里的统计资料，该统计资料里既有"每英亩[②]居民数"（人口密度指标），也有诸如"死亡率""生育率"

[①] 1英尺约合0.3米。

[②] 1英亩约合4 046.86平方米。

"对青少年的无效照管比例""青少年犯罪率""精神病比例"(对人的负面影响的指标)等统计资料。但这一研究设计中,由于存在着影响人口密度与人的病态之间关系的其他因素,因此,研究者对阶级等变量进行了控制。结果发现,"人口密度并不造成人的病态,而人口密度和人的病态两者的差异,却是由社会阶级的差异造成的(例如,众所周知,穷人居住在较拥挤的地区,并有较高的青少年犯罪率)"。研究者的进一步研究表明,"当人口密度按每房间人数测量时,确实存在着人口密度和人的病态之间的关系,假设得以证实"[①]。

本书后面的第 12 章中,也向读者展示了针对同一研究问题、采用不同研究设计的若干实例。需要说明的是,不同的设计在具有各自的优势的同时,也存在各自的局限。上面例子中的两种设计同样如此。比如,实验室设计的人工环境是格里菲特等人的研究设计的最大缺点;而加勒等人研究设计的缺点则是"研究人员不能自由设计最好地测量人口密度及其影响的可能方法,而只能囿于《芝加哥地方社区事实手册》里所包含的资料。还有一些缺点是,资料陈旧……而且研究人员对该项研究无直接控制……不能控制密度,而只是简单地研究已发生过的事情"[②]。

3. 一项研究中多种研究方式的运用

除了对于同一研究问题可以采用多种不同研究方式的设计外,研究者在一项研究中,也可以同时采用多种不同的研究方式。不同的研究方式在研究中扮演不同的角色,共同完成回答研究问题的任务。比如,社会科学研究中比较常见的一种设计是将深入的个案访谈方式与大规模的抽样问卷调查的方式同时运用于一项研究中。前者往往作为整个研究过程的前期探索性研究,主要为后者的设计和实施提供必要的支持,同时也可以为研究者理解和解释定量调查的数据分析结果提供一定的参考。

另外一种设计则是针对研究问题所包含的不同方面的内容,设计不同的研究方式,分别进行回答,最后整合这些局部的、具有内在逻辑关系的

[①] 贝利. 现代社会研究方法. 许真,译. 上海:上海人民出版社,1986:17-23.
[②] 同①19-20.

第 4 章 研究设计概述

答案，完成回答整个研究问题的任务。例如，笔者曾经进行过的一项有关大众媒介对独生子女"妖魔化"的研究，就是运用多种研究方式的一个例子。

这项研究的研究问题是：在当前的中国社会中，大众媒介是否存在着对独生子女的"妖魔化"倾向？而要回答这一问题，就必须先回答这样三个密切相关的问题：第一，现实社会中大众媒介对独生子女的评价是什么？特别是，大众媒介是否存在着对独生子女的负面评价？第二，现实社会中独生子女的实际表现如何？特别是，如果大众媒介中存在着对独生子女的负面评价，那么，现实社会中独生子女的实际表现与大众媒介所描述的负面状况之间是否存在差别？第三，如果独生子女的实际表现与大众媒介的负面评价之间的确存在明显差异，即大众媒介的确存在"妖魔化"独生子女的倾向，那么大众媒介是如何形成对独生子女的这种片面的误解的？或者说，大众媒介是如何将独生子女"妖魔化"的？

笔者的研究设计正是依据这种思路，紧紧围绕着上述三个问题进行考虑和选择的。即为了系统、客观、全面地收集和了解大众媒介对独生子女的评价，笔者首先决定采用内容分析的方法，对大众媒介中有关独生子女的新闻报道进行系统的、定量的分析，从总体上描述大众媒介的新闻报道对独生子女所持有的评价倾向，以说明大众媒介所建构的独生子女形象是什么样的；其次，针对大众媒介的普遍认识和看法，有针对性地采用调查研究的方法、现存统计数据分析的方法，收集定量数据进行统计分析，并把所得的经验结果与大众媒介的认识和看法进行比较，以说明大众媒介的认识评价与社会现实之间是否存在差距；最后，在定量分析的基础上，选取具有典型意义的新闻报道，对大众媒介报道独生子女的方式、材料和推断的逻辑进行定性分析，以考察大众媒介新闻得出某种评价倾向的特定机制，揭示大众媒介新闻报道方式与独生子女形象的建构之间的关系。

正是通过采用内容分析、调查研究、现存统计数据分析、定性分析等多种不同的研究方式和方法，笔者较好地证明了大众媒介存在着对独生子女的"妖魔化"现象，帮助人们提高了对现实社会生活中独生子女相关现象的认识。有关这一研究的详细情况，读者可参见相关文献①。

三、研究假设的建构与验证

如果从研究与理论的关系来看，那么研究设计可以看成主要围绕着这样两个大的目标：形成理论或检验理论。一般来说，在一项具体的经验研究中，常常不能同时包含这两个目标。从研究设计的角度看，理论建构的研究通常采用定性研究的方式和方法，特别是扎根理论等；而理论检验的研究则更多地采用定量研究的方式和方法，特别是调查研究等。有关理论建构的方式和方法我们放在后面"实地研究设计"一章中进行讨论。这里我们将从研究设计的角度，集中探讨与理论检验的研究密切相关的假设及其验证问题。

1. 什么样的研究需要假设

假设是社会科学研究中的一个基本概念。所谓假设，指的是"以可检验的方式表达的两个或多个变量之间关系性质的逻辑推测"②。或者说是"一个以可检验的形式加以陈述，并对两个（或两个以上）变数之间的特定关系进行预测的命题"③。

在教学和实践中，笔者经常遇到学生和研究者提问："是不是每一项社会科学研究中都需要假设？"造成这种提问的一个原因是，许多社会科学研究方法的教材中常常有专门的部分，比如在研究程序部分或在研究设计部分，涉及假设、假设检验等概念及相关内容。特别是由于著名社会学家华莱士在探讨社会科学研究的逻辑时提出的"科学环"的巨大影响，加上实证研究中"假设-检验"模式的普遍应用，因此研究生和初学者往往会生出上述疑问。

所谓是否"需要"假设的问题，实际上指的是在研究的过程中，主要是在研究的开始阶段，是否必须有一个假设作为指引经验资料收集的方向

---

① 风笑天. 看实例，学方法：从研究选题到论文写作. 北京：中国人民大学出版社，2023：第7章.

② O'Leary Z. The essential guide to doing research. London：Sage Publications Ltd.，2004：36.

③ 贝利. 现代社会研究方法. 许真, 译. 上海：上海人民出版社，1986：55.

第4章 研究设计概述

的问题。这一问题的提出，实际上是受到实证研究中"假设-检验"模式深刻影响的结果。这一模式指出，研究起始于理论，由理论推演出假设，由假设经操作化到经验资料收集，再通过对经验资料的统计分析验证或证伪假设，最后达到支持或否定理论的目标。如果所有的社会科学研究都遵循着上述逻辑的话，那的确可以说每一项社会科学研究中都需要假设。

然而事实上，并非所有的社会科学研究都遵循着上述那样的逻辑过程，因此也不是所有的社会科学研究都需要假设。需要假设的只是一部分社会科学研究类型。概括地说，通常情况下，所有的定性研究都不需要假设；以描述为主要目标的定量研究也不需要假设；只有定量的解释性研究才需要假设。如果用研究与理论之间的关系来进行划分，那么一般来说，理论建构的研究不需要假设，只有理论检验的研究才会需要假设。

2. 建构假设的三种方式

彭玉生在一篇论文中指出："在经验研究中，假设是连接理论与经验数据的桥梁。我们的经验资料常常不能够直接检验我们感兴趣的理论，所以需要从理论中演绎出可验证的假设，从而将理论与经验资料间接地联系起来。特别是较具普遍性的理论，难以直接检验，需要一些'中介'命题才能与资料发生关系，这就是假设。理论不一定是可以直接检验的，但假设必须是可以直接检验的。我们通过验证或证伪假设，间接检验理论。"[①]他根据理论与假设的密切程度，划分出三种建构假设的方式，分别是应用普遍理论、间接演绎和直接演绎。他还列举了一些研究实例来说明这些连接理论与假设的方式和策略。笔者觉得他的总结十分明确，例子也非常好，特将他的论文中的主要观点摘录下来进行介绍。[②] 同时也建议读者进一步阅读其原文。

方式1 应用普遍理论。研究者经常简单地应用一些一般性的理论概念或理论框架，这些理论经常是宏大理论或被广泛接受的理论……这一过程遵循演绎逻辑，可以是严谨的演绎，也可以是不严谨

---

① 彭玉生."洋八股"与社会科学规范.社会学研究，2010 (2)：180-210, 246.
② 本节与下一节中的引用部分均来自彭玉生的《"洋八股"与社会科学规范》一文，笔者仅做了少量删减。删减中若有不当之处，由笔者负责，与原作者无关。特此说明。

的演绎。

例 5 周雪光等人（Zhou et al., 2003）应用交易成本经济学来研究中国企业间的合同关系。威廉姆森指出，交易因有限理性和投机行为而成本高昂，人们采取不同的交易方式以降低交易成本。周雪光等人认为，如果中国企业间交易行为遵循交易成本的理论逻辑，那么交易成本因素（如风险、金额）会影响寻求合同伙伴的途径、合同的形式，以及在执行合同的过程中社会交往的强度。

方式 2 间接演绎。如果理论 A 是正确的，那么根据条件 α、β、γ 推导出假设 a。如果假设 a 被证实，则说明理论 A 与资料是一致的并且可能是真实的。如果假设 a 被证伪，则理论 A 也不一定是虚假的，因为任何一个前提条件都可能是错的。但此时研究者可能已经抓住了理论的要害或者揭示出它的限制条件，为理论的修正和重构做好了准备。

例 2 笔者（Peng, 2004）根据科尔曼的社会资本理论和诺斯的新制度主义，提出一个理论命题，即社会网络可以通过维持社会规范影响经济发展。然后从这个理论命题中演绎出宗族网络维持私有产权、孕育私营个体户的假设……虽然我用统计资料验证了假设，即宗族网络保护了私有企业发展，但并不验证科尔曼命题，即社会关系支持非正式规范，前者充其量只是增加了后者的可信度。

方式 3 直接演绎。如果理论 A 是正确的，那么假设 a 就是正确的。这里假设从理论或理论的核心观点中直接演绎出来，不加任何条件。如果假设被经验资料证实，那么理论被验证（不是证实）。如果假设被经验资料证伪，那么理论也被证伪……一般来说，直接演绎所涉及的"理论"，不是默顿意义上的中层理论。当代西方的社会科学文献中常将具体经验命题或经验模型（如流动表分析和升迁模型）称为理论，我们不妨称之为"经验理论"。

例 2 笔者（Peng, 2001）在《中国的村镇工业公司：所有权、公司治理与市场监督》一文中，检验了三个假设：地方国家公司主义、非正式私有化和市场监督理论。对魏昂德（Walder, 1995b）地方国家公司主义的检验，属于严格演绎。魏昂德的核心命题是，村镇

第4章 研究设计概述

工业公司因为规模小,所以监督严,(公有)产权清晰,效益高于城市工业公司。如果正确,那么地方政府"公司"规模越大,效益越差。这个假设是魏昂德核心命题的直接推演,没有附加条件。并且我的数据来自苏南,没有张冠李戴之嫌。证伪这个假设,地方国家公司主义理论就需要重新构建。我的结论是,地方国家公司主义用公司治理分析苏南模式的政企关系是正确的,但错在只关注内部行政控制,忽视了外部市场监督。

3. 验证假设的三种策略

彭玉生同时总结并举例说明了验证假设的三种策略,即"证实单一假设、证伪单一假设和仲裁竞争假设"。我们依旧转摘如下:

策略1 证实单一假设。采取这种策略的,一般要么证明某著名的、有影响力的现有理论,要么证明自己创新的理论。能为一个有影响的、学术界关心的理论提供经验证据,意义自然重大。检验新鲜的、有争议的理论要比检验陈旧理论更有趣。在现有的理论框架之内,报告新数据、新发现,也属于这一策略。

例1 倪志伟(Nee, 1989)于20世纪80年代初在福建收集数据,分析农民的收入增长。他援用泽兰尼(Szelényi, 1988)关于东欧市场改革有利于下层老百姓的分析,提出中国的农村改革,特别是包产到户,削弱了干部的再分配特权,并给普通农民创造了通过市场致富的机会;所以,改革对普通农民的收入增长更有利。这个关于农村社会分层的简单命题后来被称为市场转型理论,引起了一场长达10多年的学术争论。

策略2 证伪单一假设。采取这种策略的,一般是证伪被广泛接受和广泛传播的著名理论,只有证伪这样的理论,证伪才有价值……以一个知名学者或理论为靶子,才能有效地吸引他人的注意力。这就是所谓"稻草人"战术……使用"稻草人"战术,一定要言之有理、论之有据。

例1 马什(Marsh, 2000)的文章就是这种策略有效性的最好例证。如前所述,韦伯认为中国古代的法律系统是实质非理性的,法官判案不依成文法典，而是主观武断，带有很大随意性。马什援用黄宗智对清朝法律实践的史料分析，说明韦伯的论断是错误的，提出中国古代的法律系统不具有形式理性，但具有实质理性。

策略 3 仲裁竞争假设……我们的大部分研究问题可以找到竞争的理论，并从中演绎出竞争假设。仲裁竞争假设是一种最稳妥的策略，因为这样做减轻了进行证明的负担。研究者不需要去证明单一理论的绝对真实性，而是扮演裁判的角色，评判哪个假设更加符合资料，哪个理论相对更真实……如果能穷尽现有文献对问题所有可能的理论解释，那么这种策略就更加有效。

例 2 笔者（Peng, 2001）从文献中总结了三种解释苏南模型早期成就的理论，即地方国家公司主义、非正式私有化和市场监督理论，并从中演绎出三套假设。通过分析企业层面和村镇层面的资料，笔者发现市场监督理论与资料分析的结果最一致。虽然我的资料仅直接检验地方国家公司主义理论，并不直接验证非正式私有化和市场监督理论，但因为是比较三种理论，所以容易说服读者：在现有的解释中，市场监督理论相对而言最符合经验证据。

第三种策略也可以运用"稻草人"战术，即一方面证明自己的理论，另一方面打倒著名理论。与只破不立的单纯"稻草人"策略不同，将"稻草人"战术用于第三种策略是"破旧立新"。以下以边燕杰（Bian, 1997）的强关系命题为例。

例 4 格兰诺维特（Granovetter, 1985）曾提出著名的弱关系假设，大意是美国人找工作更多利用弱关系，因为弱关系往往能带来新信息、新机会，而强关系同质性较高，较少带来有价值的新信息。边燕杰（Bian, 1997）分析中国的数据，发现中国人更多利用强关系来找工作，因为对中国人来说，找工作不仅仅需要信息，而且需要人情。以此，边燕杰提出相反的强关系假设。强关系命题的意义在于指出了格兰诺维特弱关系假设的限制性条件。[①]

[①] 彭玉生. "洋八股"与社会科学规范. 社会学研究，2010（2）：180 - 210, 246.

四、研究设计中的变量关系

1. 变量语言

社会现象是纷繁复杂、多种多样的。社会科学研究作为一种科学的探究活动，需要借助从自然科学中发展起来的变量语言。所谓变量，就是指那些有多个不同类别（或亚概念、取值）的概念。利用变量语言，可以更方便、更规范地探讨各种社会现象的性质、特点，以及不同社会现象之间的关系。对于社会科学研究者来说，熟悉和理解了变量语言，可以更好地围绕研究目标来进行研究设计。

举例来说，我在给社会学专业研究生上研究方法课时，发现了一个很有趣的现象：一个班50多名研究生中，男生往往只有个位数。为什么会出现这种现象？我问同学们，大家纷纷给出各种不同的回答："因为男生对包括社会学在内的文科普遍不感兴趣，所以报考文科研究生的人数相对较少。而女生则刚好相反，所以报考社会学专业的女生多于男生，考上的学生中自然女生多于男生了"；"因为男生的学习态度不如女生认真，所以学习成绩没有女生好，因此考上研究生的男生就比女生少"；"因为男生容易就业，女生不容易就业，所以女生本科毕业时考研究生的就会比男生多一些"……可以说，同学们给出了有关社会学专业研究生中女生多、男生少的各种各样的解释。但是，当我们进一步问：男生真的比女生对文科更不感兴趣吗？男生真的比女生学习更不认真吗？男生真的比女生更容易就业吗？此时，尽管同学们可以给出身边的具体例子，给出生活中看到、听到的例子，但真正要给出有说服力的证据和回答就不是那么容易了。这是因为要给出真正有说服力的证据和回答，需要我们进行科学的研究。而一旦要开始进行科学研究设计的时候，变量语言就不可避免了。

比如，从上面的例子中，我们实际上可以抽象出学生的"性别""专业兴趣""学习态度""就业机会"等这样一些变量，建立起一组组可供科学探讨的变量间的关系，通过收集系统的证据，来验证和回答上述问题。比如，我们可以建立下述一些变量间的关系：

性别——专业兴趣；

性别——学习态度；

性别——就业机会；

....

正是因为有了上述变量语言，我们便可以进行测量，将社会现象转换成具体的、确切的数字，运用统计分析方法进行定量分析，从一定的样本结果来推断研究对象的总体，从中辨别导致社会学专业研究生中男生比例明显小于女生比例的真正原因；也可以从具体的、典型的经验现象的分析结果中建构或者检验有关性别与教育、性别与职业等方面的理论。

2. 相关关系与因果关系

正是有了变量语言，社会科学研究就可以很方便、更科学地来探讨各种社会现象之间的联系，特别是它们之间内在的联系。在社会科学研究中，最重要的变量关系是相关关系和因果关系，因而许多的社会科学研究设计往往也是紧紧围绕着探讨变量之间的相关关系和因果关系来进行的。关于相关关系和因果关系的定义，一般的研究方法著作中都有介绍，这里不再重复。但有两个方面的问题需要稍做强调：

一是相关关系、因果关系与解释和预测的关系问题。

相关关系只能说明两种现象（两个变量）同时发生变化，即具有"共变"的特征。甲现象不同（变化）时，乙现象也不同（变化），反之亦然。确定的相关关系可以用来进行预测。比如，我们可以观察到人们的文化水平与人们的收入相关，这即是说当人们的文化水平不同时，他们的收入也不一样；反之，收入不同的人们，他们的文化水平也互不相同。当我们通过研究找出了人们的文化水平与人们的收入之间的定量关系时，就能够通过其中的一个现象（变量）来预测另一个现象（变量）。

但是，变量之间的相关关系却不能用来解释它们存在相关的原因。或者说，相关关系本身并不能用来解释现象之间"为什么"的问题。只有因果关系才能解释某一种现象为什么会发生变化，或者一种现象为什么会与另一种现象相关。如同变量之间的共变关系只是它们之间具有因果关系的一个前提一样，一个变量的变化可以准确预测另一个变量变化的能力也只是其作为原因变量的一个前提（必要条件）。因为，"准确预测的能力也不表示任何因果性"①。只有当两个变量之间具有因果关系时，作为原因的变量才不仅具有预测结果变量变化的能力，同时还能够回答为什么结果变量会发生变化的问题。

比如，当我们通过研究找出了人们的文化水平与人们的收入之间的因果关系时，我们就不仅能够通过人们的文化水平来预测他们的收入水平，还能解释为什么社会中人们的收入会有高有低。当然，需要注意的是，由于社会现象的特殊性，特别是由于社会科学研究的对象是具有主观意志的人，以及社会现象与历史、文化等因素之间的复杂联系，因此社会科学中的因果关系更难以确认，这种因果关系所具有的解释能力以及预测能力是相对有限的，特别是其预测的确定性和精确性也相对较低。

二是因果关系的两种理解问题。

在说明因果关系对现象具有解释作用的同时，有必要进一步说明社会科学研究中对因果关系的两种不同的理解。澳大利亚社会学家德沃斯教授指出："有两种考虑因果关系的方式：决定性的和概率性的。有些吸烟者否认吸烟导致癌症，因为他吸烟很凶，但是还没有患上癌症，这是一个因果决定论的例证。医学权威指出吸烟者患癌症的概率更大，这是因果概率论的例证。"② 根据德沃斯教授的看法，因果决定论是这样一种极端的论断：如果说现象 X 是导致现象 Y 的原因，那就是指只要现象 X 出现，必然会导致现象 Y 出现。这种情况实际上就是我们常说的"现象 X 是现象 Y 出现的充分条件"。在自然世界里，或许可以找出许多这样的因果关系的例子。但是在社会世界里，这种必然的、绝对的、充分的因果关系可能少之又少。"人类社会行为的复杂性，以及人类行为主观的、意义的和意志的成分意味着得出一个'如果 X，且 A 以及 B，那么 Y 会发生'形式的因果表述是绝不可能的。""我们永远都无法实现完全的或决定性的解释。人类行为既是有意愿的又是有缘由的：这是人类社会行为的两面性。人们构筑他们的社会世界，人们的行为具有创新性，但是这种自由和能动性总

---

① 德沃斯. 社会研究中的研究设计. 郝大海，等译. 北京：中国人民大学出版社，2008：5.
② 同①6.

是受制于他们生活于其中的社会结构。"[1] 德沃斯教授的看法启示我们，一方面，由于人们的社会行为始终会受到社会结构的影响和制约，所以社会科学研究可以实现对人们社会行为的概率性解释。但另一方面，因为人们的社会行为始终会受到个体主观能动作用的影响，并不完全由社会结构所决定，所以社会科学研究无法实现对人们社会行为的决定性解释。

概括地说，人们的社会行为既非完全由个人主观意志所决定，也非完全由社会结构所决定，而是二者共同作用的结果。因此，社会世界中我们所能发现的大部分因果关系，常常是像德沃斯教授所说的概率性的因果关系。明确因果关系的概率性是一件十分重要的事情。这种概率性一方面客观地揭示出社会科学研究与自然科学研究之间存在的一种深刻差别，另一方面也对研究者正确看待社会科学研究的结果，以及科学地设计自己的社会科学研究课题具有重要的方法论意义。

推荐阅读

[1] 德沃斯. 社会研究中的研究设计. 郝大海，等译. 北京：中国人民大学出版社，2008.

[2] 风笑天. 看实例，学方法：从研究选题到论文写作. 北京：中国人民大学出版社，2023.

[3] 彭玉生. "洋八股"与社会科学规范. 社会学研究，2010（2）：180-210，246.

[4] 沙沃森，汤. 教育的科学研究. 曹晓南，程宝燕，刘莉萍，等译. 北京：教育科学出版社，2006.

[5] 庞奇. 社会研究导论：定量与定性的路径. 风笑天，等译. 重庆：重庆大学出版社，2023.

---

[1] 德沃斯. 社会研究中的研究设计. 郝大海，等译. 北京：中国人民大学出版社，2008：6.

第二篇
常用研究方式设计要点

第一部

染色体及其方问题

第5章

调查研究设计

在社会科学研究中，调查研究通常是应用最为广泛、最为普遍、最为频繁的一种方式。特别是对于以描述总体特征为主要目标的研究来说，调查研究很可能是最为理想的方式。作为一种非实验研究，调查研究的方式由于没有实验研究中对研究对象高度控制和对自变量的人为操纵，因此往往不能像实验研究那样严格地建立起现象之间的因果关系。但是，调查研究所具有的快速、准确、适合收集整体资料、资料便于统计分析等多种优点，使得这种方式在社会学、政治学、人口学、管理学、传播学、教育学等各种社会科学中的应用往往最为广泛。

一、调查研究的关键特征及适合调查的问题

作为社会科学研究中最为常见的方式，调查研究具有哪些关键的特征呢？这些特征又决定了调查研究最适合用来探讨和研究什么样的问题呢？这是我们在讨论调查研究设计之前首先应该了解的问题。

1. 调查研究的关键特征

一项调查研究的构成，包括从调查问题的确定、调查设计、调查实施直到数据分析和报告撰写在内的众多方面的内容。然而，研究者必须清楚地认识到，构成一项调查研究的最为本质的因素，或者说最为关键的特征是什么。

调查研究本质上是一种定量的非实验研究。调查研究的方式往往是先收集大规模且具有代表性的量化资料，然后通过对量化资料的统计分析，得到有关研究总体的结论。由于是一种非实验研究，因而其对调查资料的统计分析通常达不到实验研究中那种直接验证因果关系的程度，往往只能主要围绕着这样两个目标：一是检验各个不同群组的对象之间在研究者感兴趣的那些方面是否存在显著性差别（比如，具有不同家庭背景的学生的教育获得是否存在显著的不同）；二是检验两个变量之间，或者多个变量与某一个变量之间是否存在显著的相关关系，或者说，检验某个变量的变化是否以及在多大程度上可以通过其他几个变量的变化来进行解释（比如，学生的性别与学生的择业意愿之间是否存在显著的相关关系，或者学生择业意愿上的变化是否可以通过学生的家庭背景、学生所读学校的类型、学生所学的专业等因素来解释）。当然，通过运用各种复杂的多元统计方法，依靠统计控制，调查资料也可以提供有关变量间因果关系的有用信息，使研究者可以在一定程度上探讨和回答有关社会现象之间的因果关系的问题，特别是可以用来检验各种理论假设。

在探究过程中，保证这一切得以实现的条件主要有三个：一定规模的随机抽样，统一的标准化测量，对调查对象的结构性询问。这三个方面正是调查研究最为关键的特征。

一定规模的随机抽样。这一特征对应的是描述和推断总体概况的需求，既是调查研究具有高效率的保证，也是调查研究能够让我们的认识从部分到达整体的关键所在。虽然随机抽样的原理也可以被应用在其他研究方式（比如内容分析）中，但是，调查研究中的随机抽样所具有的一个突出特点总是让研究者花费更多的脑筋。这一突出特点就是，调查研究最终的抽样对象永远是现实社会中的个人。而现实社会的结构、社会生活中各种类型的人们的组织方式，既构成了调查研究中随机抽样的特定背景，也带来了一系列与随机性相冲突、相矛盾的障碍和问题。这些障碍和问题需要研究者在设计中去努力克服。

第5章 调查研究设计

统一的标准化测量。这一特征对应的是定量分析所使用的资料的性质以及为获得这种类型的资料所需要准备的工具。调查对象和调查内容千差万别,必须尽可能精确地将它们反映在一套统一的、标准化的测量工具上。无论是对社会学中的理论概念的操作化,还是对现实社会生活中各种复杂现象的概念化,最终都要化作具体的资料收集工具,化作调查问卷中确定的调查问题。正是这种特定工具所收集到的对统一的调查问题的种种回答,构成了调查研究中统计分析的基本原材料。所以说,一份操作化科学合理、测度明确具体、形式标准统一的调查问卷,成为调查研究这种研究方式的另一个关键特征。

对调查对象的结构性询问。这一特征对应的是调查研究中资料收集的具体方式,或者说是将上述统一的标准化测量在随机抽样所得到的调查对象中具体实施的方式。这种资料收集方式的核心是"询问",即在现实社会生活中进行的一种人对人的询问。而与实地研究中的询问相区别的是,这种询问是结构式的。或者说,这种询问是严格按照"统一的标准化测量"的要求进行的。正是这种特定方式的询问,成为调查研究的第三个关键特征。由于在这种询问过程中研究者所面对的对象是与自己同属一类的人,同时也由于研究者所进行的询问基本上是关于人们在现实社会生活中的行为和态度的,因而在获得调查对象的真实回答方面,同样会遇到各种障碍和困难,这也需要研究者精心设计和认真对待。

总之,虽然一项完整的调查研究设计通常包括调查对象和调查地点的选择、抽样的设计、概念的操作化、问卷设计、调查方式的选择、调查队伍的组织和培训、调查日程计划、调查资料的录入、整理及分析方法等众多方面的内容,但其中最为关键的、对于研究生和缺乏经验的研究者来说最困难的还是上述的三个方面。因此,我们在本章下面几节中将主要围绕这三个关键点来进行介绍。

2. 适用于调查研究的问题

要了解和分析适用于调查研究的问题,一个重要的思路就是依据调查研究的本质特征来进行判断。因为这种特征既包含着调查研究所具有的优势和长处,也包含着调查研究所具有的劣势和局限。无论是优势和长处,还是劣势和局限，都在客观上决定了调查研究适合或者不适合于某类问题。

首先，调查研究特别适合那些以了解和描述总体概况为主要目的的研究问题，以及那些希望将研究结论推断到一个大的总体中去的研究问题。一句话，当大规模的总体成为研究者关注的中心时，调查研究常常会被采用。这或许是调查研究方式在应用上区别于其他研究方式的一个最主要的特征。而调查研究之所以能够做到这一点，根本原因就在于调查研究方式具有的随机抽样的特质。当然，另一方面的原因或许在于总体更多地是由各种不同类型的人所组成的社会群体。

其次，适用于调查研究的研究问题主要是那些可以通过调查对象的自我报告来收集相关资料的问题。如果从收集资料的方式上来看，那么什么样的问题可以通过调查研究来探讨呢？什么样的问题不能采用调查研究的方式进行探讨呢？这种判断实际上至少还包含着两个方面的因素：一方面，要看需要研究对象自我报告的内容是什么。举例来说，如果只需要研究对象报告他们在日常生活中观看电视的情况，或者报告他们在日常生活中的工作、学习、休闲等方面的情况，就十分适合采用调查研究的方式；但是如果需要研究对象报告他们失败的婚姻发生、发展、变化和结束的复杂过程，或者需要在一个具有明显利益冲突关系的群体中让研究对象报告他们相互之间的行为和态度，就太不适合采用调查研究的方式。另一方面，要看这种自我报告的具体方式所具有的匿名程度如何。一般来说，匿名程度越低，越不利于调查对象的自我报告。比如，面访调查的方式就不太利于那些有关敏感问题的自我报告。相比之下，如果采用自填式问卷，特别是邮寄问卷的方式，就会相对有利于调查对象的自我报告。

再次，调查研究还特别适合那些需要在很短的时间内快速得出研究结果、快速了解社会现实状况的研究问题。这方面的突出例子是有关社会中的人们对某些热点问题的态度和倾向性意见的调查研究，比如各种民意测验、舆论调查、市场调查等。

最后，由于调查研究强调统一的标准化测量，因而对处理一些过于复杂的社会现象、社会行为或态度的研究问题，调查研究的方式往往会显得

第 5 章 调查研究设计

力不从心，表现出其过于浅显、过于简单的特征。同时，调查研究对社会现实的测量方式也导致其很难深切地把握和认识社会现象形成的上下脉络、社会事件中错综复杂的人际关系、人们在心理和态度上的细微变化等。所以，调查研究不适合被用来探讨这样一类的研究问题。

二、抽样设计

调查研究的本质特征之一是对抽样方法的运用。换句话说，调查研究一定要从研究对象的总体中抽取一部分对象构成样本来进行调查和收集资料。所以，抽样设计就成为调查研究者必须进行的一项重要工作。在一般的研究方法、社会统计学的教科书中，都会涉及对抽样基本原理和方法的介绍。许多初学者往往虽能够明白基本原理，却难以动手实际设计一项抽样方案。因此，我们这里不去过多地重复介绍抽样的基本原理和方法，而主要是通过一些实际例子，来探讨与实际抽样设计有关的一些实践问题，以便于初次独立进行调查研究的研究生和研究人员能够在具体的研究实践中灵活运用以前学过的抽样原理和方法，融会贯通。

1. 抽样设计中的几个关键问题

美国学者福勒在其著作《调查研究方法》中指出："关于抽样，关键性的问题有以下几个：是否选择使用概率样本；抽样框；样本大小；样本设计；回收率。"[①] 对已经掌握抽样基本知识和各种具体抽样方法的研究生来说，在进行一项调查研究的抽样设计时，还应该特别注意以下几个关键的问题。

一是抽样的随机性问题。概率抽样与非概率抽样在抽样设计上的最大差别可以说是抽样的随机性。各种概率抽样的程序要求所要保证的正是抽样的随机性，而各种非概率抽样不具备的也正是这种随机性。随机抽样的好处是可以对样本抽取的总体进行推断，而非随机抽样的各种结果在推断总体上则存在先天的不足。因此，一般情况下，研究者首先应该毫不犹豫地选择随机抽样的方法，只有在各种随机抽样的方法都无法实施时，才去

---

① 福勒. 调查研究方法. 孙振东，龙黎，陈荟，译. 重庆：重庆大学出版社，2004：9.

考虑非随机抽样的设计。

二是抽样框的问题。更一般性地说，抽样框的问题是总体的界定问题。抽样的目的是选取较少数量的个体（即样本）来反映由较多数量的个体所构成的总体，而抽样调查的推论也始终是针对样本所反映的总体的。在很多情况下，这种样本所反映的总体与研究者在研究中所论及的更为一般性的总体并不一致。因此，为了避免产生错误的推论，研究者在设计抽样之前，往往需要对总体进行界定，即将一般性的总体具体界定为特定的抽样总体。比如，我们要调查某市大学生的择业意愿，此时，"某市全体大学生"是研究论及的一般性总体。但"某市全体大学生"这一总体过于笼统，因此我们在抽样时，必须先对这一总体进行界定，比如"当年在册的本市所有普通高校本科生及专科生"。这样，那些成人自修大学中的学生、广播电视大学的学生、夜大学的学生，以及普通高校中的研究生、进修生等，就都不在抽样总体中。将来研究者从调查中得到的结果也只能推论到这一抽样总体中。

界定抽样总体的结果实际上相当于划定了抽取样本的范围，而这一范围中的全部个体的名单就是抽样的抽样框。严格的抽样应该有完备的抽样框。抽样调查的结论也只能推广到抽样框中。可现实中的情况往往是，要么研究总体不具备严格的抽样框的要求，即不存在这种抽样框；要么这种抽样框虽然理论上存在，但在实践中不可得。正是现实中各种研究总体构成的复杂性，常常导致总体抽样框的不可得，或者造成总体的范围和边界不清晰。因此，在进行抽样设计和实施抽样的过程中，研究者往往只能采取变通的方法。然而正是在面对现实困难而采取变通方法的抽样设计中，研究者有时会不自觉地忽视这两个总体之间的差别，导致其抽样设计无形中产生了一些偏差。

三是样本设计的问题，也即抽样方式的选择问题。一般研究方法教科书中会介绍几种最基本的抽样方式，如简单随机抽样、系统抽样、分层抽样、整群抽样、多阶段抽样等。但研究者在实际面对一个具体的调查研究课题，实际面对调查研究的具体目标要求和具体的研究对象时，往往不知该如何选择和设计具体的、合适的抽样方案。对于第一次独立从事调查抽

第 5 章 调查研究设计

样的研究生来说，更是如此。应该怎样选择和设计抽样方法呢？笔者的建议是，在明确并围绕调查目标的前提下，努力将随机性、可行性、便捷性、节省性结合起来综合考虑。

调查目标是方向，所有的抽样设计都应该朝着这一方向，不能不顾调查目标为抽样而抽样。随机性是抽样的本质要求，正如我们在前面指出的，不到万不得已，抽样设计中不要轻易放弃这一要求。但在很多情况下，抽样设计中的随机性要求带来的正是现实抽样过程中的不可行。也可以说，随机性的要求往往带有更多的理想色彩，而可行性的要求则明显地带有现实色彩。这种抽样设计中最常见的矛盾和冲突常常将研究者置于左右为难的境地：要么，我们只能想方设法让不可行变成可行，来达到和满足随机性的要求；要么，我们只能在相对更强硬的可行性限制面前，在随机性上做适当让步。如果确定了同样的随机性、同样的可行性，剩下的抉择就要看哪种设计实施起来更加方便、更加节省了。一项调查研究的抽样设计实际上是在全面考虑上述各种因素的情况下做出的选择。

四是样本规模的问题。在进行任何一项抽样调查时，研究者都会不可避免地直接面临一个非常具体的操作性问题：我该抽取多大规模的样本？这也是笔者经常遇到的询问。通常，研究者所询问的样本规模主要指的是其上限。因为调查研究中样本规模的下限（或者说最小值）在学术界已有共识，就是通常不能少于 100。[1] 那么样本规模的上限是多少呢？十分遗憾的是，没有人能够给出一个在各种情况下都适用的样本规模的具体数值。因为"样本规模的确定必须建立在具体问题具体对待的基础上，要以研究者所要达到的各种研究目标以及对研究设计的许多其他方面的考虑为转移"[2]。说得更直接一点，是因为在样本规模确定的背后，涉及众多方面因素的影响和限制。

正如一般研究方法教科书中所介绍的，与样本规模确定相关的因素主要有总体的性质、样本规模与总体规模的比率（抽样比）、研究容许的抽

---

[1] 贝利. 现代社会研究方法. 许真, 译. 上海：上海人民出版社, 1986：133-134.
[2] 福勒. 调查研究方法. 孙振东, 龙藜, 陈荟, 译. 重庆：重庆大学出版社, 2004：36-37.

样误差、抽样推断的置信度、研究者所拥有的资源（包括人力、物力和时间）以及非抽样误差的大小等。这些涉及抽样结果的不同方面相互之间有所制约，有的甚至存在着"矛盾"和"冲突"的因素，导致研究者难以对样本规模做出决定。

但是，每一名调查研究者终究还是要确定自己的样本规模的，笔者也不能回避这一现实问题。笔者给出的建议是：先从本质上认识这些因素，然后尽量简化各种因素，并在"相互兼顾""综合平衡"的原则下做出选择。比如，所谓总体的性质，实质上就是指调查对象相互之间的同质性程度。大家只需要记住一条：总体中调查对象的同质性程度越高，样本规模可以相对越小，反之则要相对越大。又比如，样本规模与总体规模的比率，其实质是什么呢？根据福勒教授的说法，"当研究者对总体的10%或更大比例进行抽样时，这个调整对抽样误差的估计值有明显影响。然而，大多数样本即使再大也只包括了总体中很小的一部分，在这种情况下，样本中包含的总体的分数即使增加一点，也不会影响研究者从样本推断总体的能力"[1]。简单地说，样本规模与总体规模的比率这一因素只是在总体规模相对较小、抽样比大于10%时才会起作用。如果总体规模足够大或者抽样比小于10%，就可以忽略这一因素。所以，在实际设计抽样方案时，要先看看研究的总体规模。比如，当总体规模大于30 000时，就可以相对忽略抽样比的因素。至于统计推断的置信度，研究中一般都取95%，因此，这也是一个可以不考虑的因素。这样一来，真正需要研究者在决定样本规模时统筹考虑和反复斟酌的就只剩下研究容许的抽样误差、非抽样误差的大小以及研究者所拥有的资源这三个因素了。

这三者与样本规模的关系是什么呢？这是首先应弄清楚的。简单地说，在其他条件不变的前提下，抽样误差与样本规模成反比，非抽样误差与样本规模成正比，研究者拥有的资源与样本规模成正比。也就是说，研究者拥有的资源越多，样本规模可以越大，反之则只能减小；样本规模越大，抽样误差相应地就越小；但样本规模越大，同时带来的是非抽样误差

---

[1] 福勒. 调查研究方法. 孙振东，龙藜，陈荟，译. 重庆：重庆大学出版社，2004：36.

第 5 章 调查研究设计

也越大。所以,笔者曾提出一个经验的样本规模的范围,即在 100~3 000 之间。可以说,研究者的任务就是根据上述提到的总体的性质(同质性程度)、自己拥有的资源,考虑抽样误差、非抽样误差的平衡,在这一样本规模的范围内进行取舍和权衡。

五是回收率的问题。回收率也称为应答率,其之所以与抽样设计有关,主要体现在它的对立面,即无应答率(无回答所占的比例)上。无应答所占的比例高,回收率就低,抽样调查的结果就达不到预先设计的推断目标(精确性和可靠性)。因此,在抽样设计中,要充分考虑到实际抽样以及实地调查中必然会出现的无回答问题,预留相应比例的样本规模。换句话说,为了达到抽样推断的某种精确性(某种范围内的抽样误差)和可靠性,我们往往要采用比正常公式计算出的结果更大一些的样本规模。比如,在 95% 的置信度下,根据公式计算、推断总体百分比时,要将推断的抽样误差控制在 5% 之内,需要抽取 400 个对象。但如果现实中无回答的比例大约有 20%,那么我们需要增加 100 个对象,才能达到原来设计的精确性要求。

我们还可以通过一个实际的例子,来看看抽样设计中对应答率因素的考虑和样本规模计算过程的说明:

> 由于调查的结果主要是估计各种比例数据以及比例数据之间的比较,所以在调查样本量的确定上以估计简单随机抽样的总体比例 p 时的样本量为基础。在 95% 的置信度下按抽样绝对误差不超过 3% 的要求进行计算,需要抽取的样本量为:
>
> $$n = \frac{U^2 p(1-p)}{d^2} = 1\ 067$$
>
> 这里 d 为抽样绝对误差取 0.03,U 在置信度为 95% 时为 1.96,$p(1-p)$ 最大取 0.25。由于采用多阶段的复杂抽样,设计效应 $deff$ 一般会在 2 到 2.5 之间,我们把 $deff$ 定为 2,这样需要的样本量就为 2 000 个。

综合考虑精确度、费用、调查实施的可行性等因素,以及以往若干全国社会调查的经验;再加上考虑到在调查实施中通常会存在一部分户内找不到或没有合格的调查对象，以及各种原因造成的无回答等情况，根据对应答率的估计，需要将上述样本量适当扩大为2 380个。[①]

2. 随机抽样的理想与现实

在学习社会调查方法时，我们都知道应该采用随机抽样的方法来抽取样本，这样得到的样本才能用来推断总体的情形。但在实际调查研究中，纷繁复杂的社会现实往往会给研究者带来各种各样的客观困难和障碍，使研究者无法贯彻随机抽样的要求和规定，也无法按照随机抽样要求的具体步骤来实施。这是众多研究者经常遇到的情形。那么研究者该怎么办呢？

在这种现实面前，笔者提出的指导思想是：心中装着随机抽样的理想目标，实事求是地面对现实，通过各种设计和措施，尽可能地克服现实中的困难和障碍，尽可能地朝着心中的目标前进。事实上，现有条件往往决定着抽样设计的最终结果。比如，以有关不同专业大学生择业意愿的比较研究为例，如果只用推断的范围这一条标准来衡量，那么当然应该采用第一种抽样设计的方法；但这种最好的抽样设计同时也意味着最大的现实困难：全国范围内的大学总体名单是否可得？不同大学类型的划分是否可能？现实中进行抽样和开展调查是否可行？有无实际开展全国范围调查的人力、物力和时间等？只有在具体解决了上述所有问题的前提下，以全国范围的大学生为调查总体的抽样设计才具有现实意义。不然，如果只是一个硕士研究生要进行这一问题的毕业论文研究，那么，可能最后一种情况（即在一所大学中设计一种随机抽取不同专业大学生的方式）才具有现实意义。用理想与现实的话语来说，第一种方案最为理想，而最后一种方案最为现实。二者之间存在着明显的矛盾和冲突。记住上面给大家的建议：心中有理想，同时要想方设法地排除、解决通向理想目标途中的各种障碍、各种困难，脚踏实地地朝着理想目标一步步前进。越是接近理想目标，抽样的效果就越好。

---

① 这是中国人民大学应用统计科学研究中心为2003年中国综合社会调查（CGSS2003）撰写的"抽样设计、抽样框和样本抽取过程的说明"。参见：风笑天.再谈样本规模和调查回收率.社会学研究，2007（6）：195-212.

第 5 章 调查研究设计

3. 抽样设计的一个实例解析

普通研究方法教科书中对抽样方法的介绍基本上是一种理想的或最一般的情景,但在现实社会生活以及每一项具体的调查研究中,研究者所面对的总体和调查对象等总是特定的和特殊的。特别是,有时理论上的总体是存在的,但抽样的现实总体难以被明确找到。这就需要研究者根据实际情况设计抽样方案,尽可能让最终抽取的样本符合或接近总体的特征,更好地代表或反映总体。

下面我们以一个实际研究中的抽样设计为例子,来实际体验一下研究者在面对现实困难以及不断寻求解决途径方面所经历的真实过程,从中也可以了解研究者的抽样设计方法。

这位研究者对城市在职青年职业适应方面的问题感兴趣,并决定采用调查研究的方法来收集资料。由于研究经费和人力有限,因此他最初只能在一个省的城市范围内抽取 600 人的样本。他的第一个重要任务就是进行抽样设计。按照研究方法教科书中介绍的抽样方法和抽样过程,他首先对研究对象的总体进行了界定。他将"城市在职青年"界定为"年龄在18~30 岁,目前在城市有固定工作的人"。从理论上说,这种"城市在职青年"的总体是客观存在的。但是,当他要从这一总体中抽取一个实际调查的样本时,遇到了很大的困难。他该怎么设计抽样方案呢?

请你暂时停止往下阅读,认真设想一下:如果你是这位研究者,你将会怎么设计这项研究的抽样方案?

请认真思考!思考好了后,请拿出一张空白纸,把你设计的抽样方案写下来。(把自己的抽样方案写好后,再接着往下阅读。)

现在让我们来看看这名研究者是如何设计他的抽样方案的。他第一次研究"城市在职青年"这一总体是在 2000 年,当时设计的抽样方法是:先从全省选取几个有代表性的城市,然后在每个城市中抽取若干不同行业的单位,最后从这些单位中抽取若干在职青年。由于没有课题经费,所以在具体抽取方式上不太严格。下面是他的具体抽样步骤和方法:

第一步,选取调查城市。为了尽可能反映不同类型的城市在职青年的状况,他在社会、经济发展状况处于全国中等水平的湖北省选取了武汉、黄石、荆州和仙桃四个城市作为调查点。他所选取的这四个城市无论是在规模上，还是在性质上，都具有不同的特点：武汉市是湖北省省会，是超大规模的中心城市；黄石市是典型的以重工业为主的大城市；荆州市是典型的以轻工业为主的中等城市；而仙桃市则是由原来的沔阳县城发展起来的县级市。他通过选取这四个规模与特点互不相同的城市，来增强研究样本对总体状况的代表性。

第二步，抽取调查单位。他根据自己对当前社会中各种单位的分布和青年的从业情况的了解，决定在每个城市中抽取同样的九个不同行业的单位。这九个不同行业的单位分别为：工业企业、政府机关、医院、中小学、商业企业、服务业企业、邮电通信企业、交通部门、建筑业企业。考虑到不同单位的规模不一样，合适的调查对象的数量不同，所以，可以在规模小的单位（比如邮电通信企业等）中抽取不止一个样本。调查单位的选取和进入是通过团市委介绍和熟人联系完成的，没有做到随机抽取。

第三步，从调查单位中抽取在职青年。这是抽样中最困难的一个环节，原因是很难弄到单位中符合年龄要求的青年的名单。从理论上说，如果有这份名单，就可以十分方便地按照系统抽样或简单随机抽样等方法来抽取。但实际上，到任何一个单位都会面临弄不到这种名单的情形。因此，调查对象的抽取是由调查单位按年龄和分配的名额要求来提供调查对象。这样的抽样就变成了偶遇性的，而非随机性的。虽然调查单位在提供调查对象时并没有严格按随机方式进行，但是由于其选取调查对象依据的标准只有年龄一项，因此，如果忽略极端偏差情况的发生，那么可以认为调查单位在不知调查意图的前提下提供调查对象的方式接近于随机抽样的方式。

他计划从每个不同行业的单位中抽取 16 名左右的青年，每个城市共抽取 150 名青年，四个城市共抽取 600 名青年。

点评：
这名研究者的抽样设计中，考虑到了城市的类型、在职青年从事

第 5 章　调查研究设计

的职业两个方面的因素，这是比较好的方面。但是，由于城市的选取是判断抽样而非随机抽样，所以其结果对于比较不同类型城市中的青年状况来说或许是可取的，但并不能用来推论该省的城市在职青年的总体。另外，调查单位的抽取以及单位中在职青年的抽取也完全是非随机抽样。因此，总的来说，这是一次不太成功的抽样设计。

你刚才设计的抽样方法与他的方法相同吗？你的方法与他的方法的差别是什么？你的方法是否比他的更好一点？

2002 年，他第二次研究了"城市在职青年"这一总体。这一次他对上次的抽样方法进行了一些改进：在调查城市的选取上，他没有做改变，依旧选取武汉、黄石、荆州、仙桃四个城市作为调查点，以便于进行前后两次调查结果的比较；在调查对象的选取上，他采取近似分层定比的方法来确定调查样本的结构。他查阅了《中国人口统计年鉴》《中国城市统计年鉴》《中国劳动统计年鉴》《湖北统计年鉴》等统计资料，了解到了近几年来城市各行业从业人员的分布情况，决定从比重最大的九个行业中抽取样本，并尽量使样本中各行业从业人员的比例分配大致接近统计资料中总体的分布。他所选择的九个行业以及从每个行业中抽取的单位数量、调查人数的分配情况如表 5-1 所示。

表 5-1　每个城市的抽样方案

行业	单位数量	调查人数（人）
制造业	2~3 个工厂	42
批发和零售、贸易	2 个商场	30
教育文化事业	2 所学校（中、小学各 1 所）	20
机关和社会团体	1 个政府单位或行政部门	12
交通运输业	1 家汽车公司	12
社会服务业	1 家宾馆	12
建筑业	1 家建筑公司	12
卫生部门	1 所医院	10
金融、邮电通信业	1~2 个营业所	10
合计		160

点评：

第二次抽样的主要变化是将九个行业的调查人数由原来的平均抽取

变为粗略地按总体中各行业的比重抽取。这种抽样方法虽然在比例上不太严格，但其思路比起第一次来已经有了进步。

你设计的抽样方法与他第二次的这种抽样方法相比，哪种方法更好些？

2004年，他申请到一项国家社会科学基金（以下简称"国家社科基金"）项目，第三次研究了这一总体。这一次他的抽样方案比前两次有了更大改变：一是，他对调查城市的选取采取了随机抽样的方法，对城市样本的设计考虑到了不同地区、不同类型、不同规模等因素。其方法是先从东部、中部、西部所属省份的省会城市中，简单随机抽取一个省会城市；然后在各自剩下的省份的大城市中，简单随机抽取一个大城市；最后从第二次剩下的省份的中小城市中，简单随机抽取一个中小城市。他最终选取到的12个调查城如表5-2所示。

表5-2 12个调查城市的类型与分布

	东部	中部	西部
直辖市	上海市	北京市	重庆市
省会城市（100万人以上）	南京市（江苏）	长春市（吉林）	兰州市（甘肃）
大城市（50万~100万人）	厦门市（福建）	新乡市（河南）	桂林市（广西）
中小城市（50万人以下）	金华市（浙江）	鄂州市（湖北）	安顺市（贵州）

二是，他采用等距抽样方法选取了企业、行政机关、教育、卫生、商业、服务业、交通、建筑、邮电、金融、大众传媒、公司、公检法、市政等15类单位，从每个单位随机抽取10名调查对象。每个城市共抽取150名调查对象，12个城市共抽取1 800名调查对象。只是调查对象的抽取依旧是在被调查单位的协助下进行的，没有做到完全随机。

点评：

这一次调查的抽样设计在城市的代表性上有了明显提高，在单位的抽取方式上也有提高。但决定单位的类型时依据不足，对单位中调查对象的抽取依旧没有多大改进。

第 5 章　调查研究设计

　　2007 年，他获得了教育部重大课题攻关项目立项，第四次针对这一总体进行抽样调查。这一次他的抽样方法在调查城市的选取上沿用了第三次选取的 12 个城市，然后在每个城市采用统一的分层定比抽样的方法抽取了 200 名各个行业的在职青年。具体抽样设计是：

　　首先，计算出每个城市要抽取的各类职业青年的人数。为提高样本的代表性，他根据国家统计局等部门编写的《中国劳动统计年鉴 2005》中城镇就业人员分年龄的行业构成统计，计算出各行业 20～29 岁从业人员所占的比例（未计算农、林、牧、渔业等不适用的行业），得到表 5-3 中的结果 1；然后根据 14 类行业从业人员的合计百分比（87.8%）重新计算出每一类行业从业人员的实际占比（将 87.8% 作为 100% 来计算），得到表中的结果 2；再将结果 2 中的数字乘以 2（每个城市样本规模为 200），得到表中的结果 3；最后对少数几个人数过少的行业做了一点微调，得到表中的结果 4。各城市实际抽样时所依据的不同行业人数就是表 5-3 中的结果 4。

表 5-3　按行业分层抽取各类职业青年的占比及人数

行业	结果 1 (87.8%)	结果 2 (100%)	结果 3 (200%)	结果 4 (200 人)
1. 制造业	18.6	21.2	42	40
2. 电力、燃气及水的生产和供应业	2.2	2.5	5	7
3. 建筑业	3.9	4.4	9	9
4. 交通运输、仓储和邮政业	7.0	8.0	16	16
5. 信息传输、计算机服务和软件业	4.2	4.8	10	10
6. 批发和零售业	12.4	14.1	28	25
7. 住宿和餐饮业	6.7	7.6	15	15
8. 金融业	1.8	2.1	4	6
9. 租赁和商务服务业	4.2	4.8	10	10
10. 居民服务和其他服务业	11.4	13.0	26	22
11. 教育	5.2	5.9	12	12
12. 卫生、社会保障和社会福利业	3.5	4.0	8	10
13. 文化、体育和娱乐业	1.6	1.8	4	6
14. 公共管理和社会组织	5.1	5.8	12	12

　　其次，在每个城市抽取单位。具体方法是：从每个城市的电话黄页中，按照 14 种职业类型，从每一职业类型的全部单位名单中等距抽取 3～9 个单

位（虽然实际调查时可能只会用到 1~3 个单位，但考虑到有些单位规模较小，可能没有足够多的符合要求的青年职工，以及其他一些不适合调查的特殊情况，故抽取 3~9 个单位，将后面的单位作为候补）。实际调查时，如果抽取的第一个单位可以提供足够数量的调查对象，就只在第一个单位调查；如果不够，则再到第二个单位调查；如果还不够，就再到第三个单位调查。

最后，从单位中抽取在职青年。具体方法是：如果能得到单位青年职工的名单，且符合要求的青年职工人数比较多，则采取间隔抽样的方法进行抽取；如果符合要求的青年职工人数较少，则采取整群抽样的方法进行抽取；如果无法得到单位青年职工的名单，则由被调查单位按调查的要求协助进行抽取。（此环节由于客观条件限制，没有做到严格的随机抽样，仅在被调查单位的抽取不存在系统偏差的前提下，可被近似地看作随机抽取。）

> **点评：**
> 　　这次抽样设计除了保留第三次抽样在城市选取上的随机性外，还在不同行业的调查对象的抽取上有了更为科学的依据，抽样设计的结果对城市在职青年的代表性也明显增加了。只是在从单位中抽取在职青年这一层面还存在不足。

从上述四种抽样设计中可以看出研究者一次又一次的进步。虽然最终的抽样设计可能还不是最完美的方式，但研究者的确是在依据现实情况和自己的资源与条件不断进行改进，不断提高样本对总体的代表性的。从中我们也可以看到，在抽样设计过程中，研究者要考虑的不仅仅是抽样的方法问题，还要考虑抽样时会面对的现实困难和实施抽样的可能性问题。研究者的任务就是要不断地克服困难，让样本更好地接近客观现实。

三、概念测量与问卷设计

如果说抽样解决的是调查对象的选取问题，那么问卷设计解决的就是

第 5 章 调查研究设计

资料收集工具的制作问题。因此，在调查研究的设计中，将抽象概念操作化为具体指标，并将这些指标设计成调查问卷中的具体问题，是研究者除了抽样设计之外另一个重大的设计任务。

1. 概念操作化

作为一种对社会世界的经验探索，社会科学会遇到比其他科学更多的障碍和关卡。其中最经常发生的问题是：研究者无法在实践上操作化和推进理论上所需要、所表述的各种概念和过程。这是因为，研究者在理论上所使用的主要是思想的工具，其中最基础的就是被称作理论大厦砖石的"概念"。而研究者在经验研究中能够处理的，必须是可以测量、易于操作的具体现象和行为。从理论的天空到经验的大地，概念的测量或概念操作化的过程就成为研究者无法回避的关键一环。笔者曾将这种变抽象概念为具体事物的操作化过程称作经验研究的"瓶颈"，就是想说明其困难性及重要性。

举例来说，假设我们要采用调查研究的方法来对独生子女与非独生子女青少年的社会化结果进行比较和分析，那么对"社会化结果"这一概念进行操作化并进行具体测量就是我们进行这一调查研究的"瓶颈"。如果我们不能将"社会化结果"这一概念操作化为可以在现实中测量的具体指标，我们就无法开展研究，我们的调查研究目标也就不可能达到。

那么，我们该如何对这一概念进行操作化的设计呢？为了便于读者实际经历这一操作化过程，请你先暂停阅读，把自己当作这位研究者，仔细思考一下该如何进行操作化和测量，并将你的设计结果写下来，然后再接着往下阅读。

按照研究方法教科书上介绍的程序，你首先要做的是对这一概念的内涵进行界定。有的教科书上把这一工作叫作"给出概念的名义定义"，即用文字叙述这一概念指的是什么。然后，给出这一概念的"操作性定义"，即指出在现实社会中如何测量这一概念。或者说，如何将这一抽象的概念"分解为""转化为"那些具体的、可测量的现象。下面我们来看看实际研究中这位研究者是如何对这一概念进行界定和测量的：

> 社会化结果是指个人通过基本的社会化过程，在生活技能的掌

握、社会规范的学习、人格特征的形成、价值观念的内化、生活目标的确立、社会角色的认同等方面的发展程度或达到的水平。在本研究中,将其操作化为研究对象在性格与行为特征、生活技能、社会交往、生活目标、社会规范、角色认同、自我认识等方面的发展状况。

性格与行为特征。这是青少年社会化状况的最基本体现。本研究根据现有研究的结果并结合青少年的实际情况,选取了10个基本的方面作为指标进行测量。测量方式是要求调查对象在成对的性格和行为特征中选择自己更接近的一个。

生活技能。根据人的社会化的理论,青少年时期社会化的一项重要内容是学习和掌握一定的生活技能,以适应成年后独立参与社会生活的需要。这种生活技能可以从两方面来理解:一是基本的生活自理能力,二是初步的谋生技能。其中第一方面更为基本。在本研究中,我们将分析的重点也放在这一方面。测量指标包括独自去医院看病、独自去理发等;对小学生则包括自己穿衣、自己洗澡等。

社会交往。社会交往既是个人实现社会化的一条渠道,同时也是个人社会化发展状况的一个衡量指标。本研究根据研究对象的实际情况和所处的环境,尝试用与同学的关系、好朋友的数目、是否有孤独感、对新环境的适应等来对此进行测量。

生活目标。基本社会化阶段的成果之一是个人逐渐明确未来生活的目标。对于中学生来说,这种未来生活的目标集中地体现在他们对自己所要达到的受教育程度和希望选择的职业上。本研究正是用教育期望和职业期望这两个指标来对此进行测量。

社会规范。社会规范是用以指导和调整社会中人们行为的各种文化的和制度的规定,其内容十分丰富,涉及社会生活的各个领域。本研究主要结合中学生学校生活的特点,选取了遵守纪律、讲究文明礼貌等指标进行测量。

角色认同。社会成员的角色是个人基本社会化过程的最终产物。对于即将走向成年的中学生来说,成人角色具有重要的意义。在本研究中,我们主要采用间接的方式,通过询问青少年的自我感受和心理状态,对他们所具有的成人意识进行了测量。

自我认识。自我认识是指人们对自我特点的认识及其对自我形象的评价等。在本研究中,主要用学生对自己在父母、老师、同伴等"重要他人"眼中形象的认识,学生对自己在行为表现、智力发展、基本素质和能力等方面的主观评价来进行测量。①

上述的第一段文字先是对"社会化结果"这一概念的内涵进行了界定,然后将其操作化为(分解为)七个"子概念"。由于这些子概念依旧是概念,因而研究者在后面的每一小段中,同样先对这些子概念的内涵进行界定,再分别对它们进行操作化,即给出具体的测量指标。有了这些具体的指标,研究者就可以在调查问卷中设计出具体的问题了。

此时,你可以拿出你自己的设计,将其与这位研究者的设计进行比较。你的操作化结果与这位研究者的相同吗?有哪些不同?各有什么优缺点?

2. 概念操作化过程中的借鉴

概念操作化过程中的一个错误做法是研究者独自一人冥思苦想,闭门造车。事实上,无论我们研究的问题是什么,在对概念进行操作化、对测量指标进行选择和确定的时候,都应先通过文献回顾看看以往的研究者是如何对这一概念进行操作化的,看看前人是采用什么指标来进行测量的。通过这种系统回顾,可以发现前人的操作化或者测量指标中有哪些是可以借鉴的,有哪些是不合适、不恰当的,还有哪些指标是可以补充的。

举例来说,如果我们希望探讨夫妻权力与妇女家庭地位之间的关系,那么对"夫妻权力"以及"家庭地位"两个概念的测量必不可少。在自己动手进行操作化和设计测量指标之前,通过查阅相关文献会发现:"关于夫妻权力的概念,众多的研究都将其界定和操作化为夫妻在家庭中对各种家庭事务所具有的决策(决定)能力(Blood & Wolfe, 1960; Centers, et al., 1971; 雷洁琼, 1994; 徐安琪, 2005; 郑丹丹, 2004; 潘鸿雁等, 2006)。从最早由布拉德等人基于美国社会文化提出的有关家庭决策的8条指标,到森特斯等人在此基础上补充构成的14条指标,一直到我国台湾

---

① 风笑天. 独生子女青少年的社会化过程及其结果. 中国社会科学, 2000 (6): 118-131.

地区学者和大陆学者在此基础上结合各自的社会文化特征提出的其他指标，基本上是采取多维度的方式，并且大都涉及相同或相似的几个方面。"①

当我们了解和熟知了以往的研究者对这一概念的操作化方式及测量指标后，就可以决定在自己的研究中如何进行测量了。通常的情况有两种：一种是以往的学者使用的都是大体相同的操作化方式，采用的都是大体相同的一套测量指标。这时研究者就可以借鉴前人的做法。这种情况往往发生在早期的研究十分经典，同时后继研究者与以往的研究者所探讨的主题和领域完全一样的情形中。比如关于人们的社会经济地位与其成就获得之间的关系的探讨，研究者往往会参考或者直接采用美国社会学家布劳和邓肯的操作化方式和测量指标。另一种是自己的研究领域或主题相对较新，前人的操作化方式和测量指标又互不相同的情形。此时研究者往往很难完全借鉴和采用前人的方式和指标，只能自己进行设计。另外，即使是参考或借用以往研究者的操作化方式和测量指标，也往往需要根据我国的国情和社会文化背景进行相应的调整和补充。比如，笔者在使用前人有关"夫妻权力"的测量指标时，结合我国社会中的实际情况和研究对象的特殊性质增加了若干指标进行补充：

> 此外，本研究中除了沿用传统的指标外，还增加了另外三个方面的指标作为一种补充，即通过询问"谁管钱？""家务事谁做得比较多？""过年去谁的父母家吃年夜饭？"来进行另一些侧面的测量。首先，夫妻经济收入的管理权对于现阶段中国社会中的普通夫妻来说，应该是一个相对重要的衡量指标。或者说，财产权在夫妻权力中占有相对重要的分量。因此，笔者单独将其作为一个指标。其次，很多研究将夫妻做家务事的状况也作为夫妻权力的一个指标。本研究中也考虑到了这一因素。但不同的是，本研究并没有统计夫妻在具体家务事类别上承担的多少。因为如果将家务事分别列出进行统计的话，则会像家庭事务决策权那样，容易受到具体家务事项的内容、数量以及中

---

① 风笑天. 已婚独生子女身份与夫妻权力. 广西民族大学学报（哲学社会科学版），2011（5）：2-9.

国社会传统规范等因素的影响。因此,本研究中笔者改为用直接询问"你们夫妻两人相比较而言,谁承担的家务更多一些"的概括方式进行测量。同时需要说明的是,即便如此,本研究分析的焦点也不是看丈夫和妻子谁承担的家务事更多或更少,而是着眼于将夫妻的独生子女身份与承担家务事多少的状况进行比较。最后,"过年去谁的父母家吃年夜饭"是以往研究中没有、本研究中专门增设的一个新指标。从表面上看,这一问题似乎与夫妻权力不太相关。但实际上,每年面对这一客观的难题,夫妻双方在心理上总会有很大的纠结。对这一问题的具体回答除了受传统文化因素的影响外,夫妻之间权力的大小也可能具有一定的影响。[①]

如果研究者不注意回顾前人的研究,不注意借鉴与参考前人的研究经验,则往往会造成对同一概念的操作化结果不一样,测量指标也各不相同。这样一来,不同的研究结果相互之间就缺乏比较,研究结果就缺乏累积性。比如,笔者在2013年时曾对2003—2012年十年间大学生就业研究的状况进行过回顾与分析[②],发现众多研究都探讨了人力资本、社会资本与大学生就业的关系,但这些研究中能够借鉴的前人方法和测量指标比较少,结果造成不同研究中对同一概念的操作化互不相同。无论是对人力资本的测量指标,还是对社会资本的测量指标,已有研究之间的差别都比较大。详情可见表5-4:

表5-4 2003—2012年大学生就业研究中对人力资本和社会资本的测量指标

研究者	人力资本指标	社会资本指标
郑洁	—	父亲职业;母亲职业;父亲文化程度;母亲文化程度;家庭收入
闫凤桥等	—	你认为你家庭的社会联系是否广泛;你认为你个人的社会联系是否广泛;参与各类社团组织和拥有成员资格的数量

[①] 风笑天. 已婚独生子女身份与夫妻权力. 广西民族大学学报(哲学社会科学版),2011 (5):2-9.

[②] 风笑天. 我国大学生就业研究的现状与问题:以30项重点经验研究为例. 南京大学学报,2014 (1):60-69.

续表

研究者	人力资本指标	社会资本指标
秦永等	—	父母的最高职务；父母的最高受教育程度；是否为党员
谢勇等	学习成绩；学校的声望；专业类别；专业对口情况	家庭收入；家庭所在地；人情支出；就业信息获取渠道
郑晓涛等	是否参加党团组织、学生会、班委会、社团或协会	个人讨论网
陈海平	受教育程度；学校等级；资格证书；个人素质；健康状况	春节拜年网
陈宏军等	—	网络规模；网络差异；网络顶端；父母社会地位；亲属社会地位；关键人社会地位；与关键人熟悉程度；与关键人联系频率；关键人数量
黄敬宝	高校；学科专业；政治面貌；学习成绩；英语水平；计算机水平；其他证书；发表论文；学生干部；实习；奖学金	生源地；城乡分布；父母职业；家庭收入；利用社会关系；性别
陈成文等	学习成绩；专业；工作经历；工作能力；应聘技巧；政治面貌；学校；生源地；外貌；性别	学校就业指导中心；父母社会地位；亲属社会地位；网络规模
胡永远等	—	学校类型；党员；学生干部；家庭所在地；父母最高文化程度；父母工作性质
赖德胜等	学习成绩；英语四级；英语六级；专业英语；托福等英语；职业资格证书；党员；学生干部；奖学金；兼职	社会关系规模；联系强度；亲近程度；帮助者职位；帮助力度

从上表可以看出，不同研究者在测量同一个变量时，采用的指标不仅没有完全相同的，有的相互之间差别还相当大。正是由于这些研究相互之间缺乏比较和借鉴，结果造成同样的研究所用的测量指标各不相同。它在一定程度上反映出一些研究者往往是在申请到课题后自己做自己的，不注意系统回顾和了解同一领域中前人研究的状况。这样造成的结果是，各项研究所得出的不同结果无法与前人研究的结果进行比较，研究者的研究结论自然就变成自说自话了。这一状况对于促进大学生就业研究领域的发展来说，显然是一个很大的障碍，值得今后的研究者注意。

第 5 章 调查研究设计

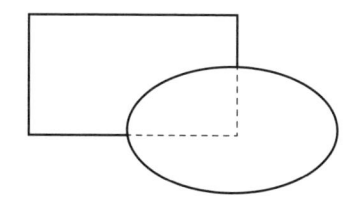

3. 操作化及测量的质量

操作化及测量的质量问题首先体现在效度上。一般来说，调查中的测量往往可以达到较高的信度，但测量的效度则不太容易达到较高的水平。这主要是由于概念往往比较抽象，其涵盖的内容比较广泛且复杂，很难在现实生活的经验层面找到相应的具体指标，特别是很难只用少数几个指标来反映其内涵。而"效度较低的实质是，许多社会调查中的测量并不总是在测量它真正想要测量的东西。可以说，这是社会调查所面临的最为严重的挑战之一"①。

与调查研究中测量的效度和信度问题相关的，还有一个如何客观看待操作化结果及其测量指标的相对性和多样性的问题。笔者曾经指出，测量方法及测量指标的"效度和信度都是一种相对量，而不是一种绝对量，即它们都是一种'程度事物'。对于同一种对象，人们常常会采用各种不同的测量方法，常常会采用各种不同的测量指标。也许这些方法和指标都没有错，但它们相互之间一定会在效度和信度这两方面存在程度上的差别"②。如果将我们希望研究的某一概念用图 5-1、图 5-2、图 5-3 中的矩形来表示，将三名研究者采取的三种不同的操作化方式和测量指标用图中的椭圆形来表示，那么操作化及测量的效度，特别是操作化及测量指标的相对性和多样性就可以用图 5-1、图 5-2、图 5-3 来简单表示。

图 5-1 操作化及测量的质量结果 1

---

① 风笑天. 论社会调查方法面临的挑战：社会学方法问题探讨//中国社会科学院社会学研究所. 中国社会学年鉴：1995.7～1998. 北京：社会科学文献出版社，2000.
② 风笑天. 社会研究方法. 6 版. 北京：中国人民大学出版社，2022：97.

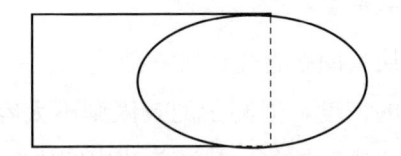

图 5-2　操作化及测量的质量结果 2

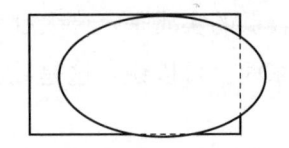

图 5-3　操作化及测量的质量结果 3

从上图中我们可以看到：首先，三个图中的椭圆形都覆盖了矩形的一部分，说明对概念的三种测量都具有一定的效度，即三者都测量到了概念的一部分内涵；从覆盖矩形的面积大小（有效性）来看，图 5-3 表示的有效性最大，图 5-2 次之，图 5-1 最小。其次，三个椭圆形覆盖到的矩形的部分有所不同，图 5-1 中覆盖到的只是矩形的右下角，图 5-2 中覆盖到的是矩形的右边一半，图 5-3 中覆盖到的则是矩形右边的绝大部分，说明三种测量方式分别测量到了这一概念内涵中的不同内容。这一结果揭示出操作化和测量指标所具有的多样性特征。最后，三个椭圆形都有一部分落在矩形外，说明三种测量都包含不属于概念内涵的内容；从落在矩形外的面积大小（无效性）来看，图 5-3 表示的无效性最小，图 5-2 次之，图 5-1 最大。所以，综合来看，图 5-3 表示的操作化及测量的效度最高，图 5-2 次之，图 5-1 最差。

4. 研究目标与问卷设计

调查问卷的设计是一项非常具体的工作，笔者在有关著作和教材中已经做过非常详细的介绍[①]，此处仅补充一点有关研究目标与问卷设计之间关系的认识。

初次设计调查问卷的研究生和研究者往往会采取一种直接从设计具体

---

① 风笑天. 社会调查中的问卷设计. 3 版. 北京：中国人民大学出版社，2014；风笑天. 现代社会调查方法. 6 版. 武汉：华中科技大学出版社，2021.

的调查问题开始的做法。实际上，这是一种错误的方式。正确的做法是反过来，从研究目标开始考虑，而不是急着设计具体的调查问题。无论是以描述为主的调查研究，还是以解释和验证为主的调查研究，在问卷设计上都应该从研究目标开始，从研究的核心概念开始。比如，在前面列举的独生子女与非独生子女青少年的社会化研究的例子中，研究者从研究目标，即"比较两类青少年的社会化结果是否有差别"开始，将注意力首先集中到研究中的核心概念"社会化结果"上，通过一层层的操作化，得到一批具体的测量指标，然后才进行问卷设计。其问卷设计的思路和过程可简单用图 5-4 来表示。

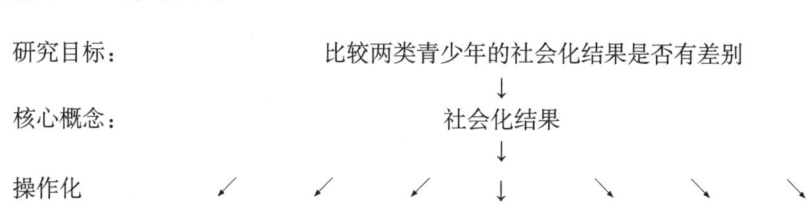

研究目标：　　　　　　比较两类青少年的社会化结果是否有差别
　　　　　　　　　　　　　　　　　↓
核心概念：　　　　　　　　　　社会化结果
　　　　　　　　　　　　　　　　　↓
操作化　　　　↙　　↙　　↙　　↓　　↘　　↘　　↘
维度：　性格与行为特征　生活技能　社会交往　生活目标　社会规范　角色认同　自我认识
　　　　　　　　　　↙　　↓　　↘
测量指标：　　　独自买菜　独自看病……　独自理发
　　　　　　　　　↓　　　　↓　　　　　　↓
调查问题：具体问题1　具体问题2　……具体问题5

图 5-4　问卷设计的思路和过程示意图

从测量"社会化结果"这一核心概念开始，通过概念的操作化过程，先将概念操作化为七个维度（即第一层），然后在每一个维度中列出测量指标（上图中仅列出了"生活技能"一个维度的具体指标），最终达到将抽象的概念转化为具体的测量指标的目的。只有这一切都完成了，研究者才可以动手将这些指标逐一设计成问卷中具体的调查问题。

类似地，假定我们要调查大学生的社会资本对大学生就业质量的影响，那么也应该先从对两个核心概念"社会资本"与"就业质量"的界定和操作化开始，按照上述例子的做法，一步一步地到达具体的测量指标，然后再动手设计问卷中的调查问题。当然，在界定和操作化概念的过程中，需要先对前人研究中已有的界定和操作化方式进行回顾和分析，并做出取舍。不能像前面举的例子中那样，不管前人的做法，只顾埋头做自己的。读者可以把这个例子当作练习，尝试着设计出若干个测量大学生"社会资本"和"就业质量"的指标，并进一步将这些测量指标设计成问卷中的调查问题。

四、调查资料收集方法的设计

当抽取好了样本，也设计好了问卷后，下一个重要的设计工作就是决定采用哪种资料收集方法来实施调查。一般研究方法教科书中只是介绍了各种具体的方法，但研究者在真正面对一项实际的调查研究时，还需要将这些方法具体应用到研究中进行设计。

1. 调查资料收集方法设计的依据

虽然从大的方面来划分，调查资料的收集方法只有自填式和访问式两大类，但实际上每一大类中都有多种不同的具体实施方式，比如自填式大类中有邮寄问卷、集中填答等，访问式大类中有电话访问、入户访问等。而研究者对资料收集方法进行设计的实质，就是根据调查研究的目标、样本的性质，自己拥有的经费、人力、时间，以及各种资料收集方法的内在特点来进行综合考虑、合理选择和计划，以求达到收集高质量资料的目标。

首先，研究者要对每一种具体的资料收集方法的内在特点有清楚明确的认识。只有从本质上把握了每一种方法的特点，才可能将它们应用到合适的环境和调查课题中。这就好比研究者的工具包里有各种不同的工具，只有熟悉和了解每一种工具的性能，才能在遇到问题时正确选择合适的工具使用。举例来说，电话访问是一种常见的、相对便宜的、快速的调查资料收集方法，但是，如果不了解电话访问实施过程中普遍存在的大量的空号、大量的拒答、在白天上班时间大部分回答者通常是老年人等现象，以及只能询问很少的调查问题等特征，盲目地将电话访问的方法应用到不合适的调查项目中，则往往会遭遇调查的失败。

其次，研究者要对调查样本的性质和特征有详细的了解。调查资料的收集过程实际上也是在具体的社会现实中接触调查对象、同调查对象打交

第 5 章　调查研究设计

道的过程。调查样本中的调查对象具有什么样的社会属性，调查方式能不能方便地接触到调查对象，能不能给予调查对象一个没有压力的、合适的、便利的接受调查询问的环境，是调查资料收集工作能否顺利进行的关键。比如，要调查进城打工的农民工，我们能采用电话访问的方法吗？能采用网络调查的方法吗？能采用入户访问的方法吗？要调查他们，最可行、最合适的方法是什么呢？（这一问题留给读者思考。）在一定程度上，我们甚至可以说，调查对象的可接近性决定了调查资料收集的具体方法。

最后，研究者要对自己拥有的资源、资本以及局限有清楚的认识。这里所说的资源，主要指的是研究者在实施调查中具有的有利于接触调查对象、有利于开展调查询问的各种关系网络和客观条件。比如，研究生做调查，所能运用的关系网络可能主要是同学；老师做调查，可以利用的关系网络除了学生，还有同事、学术界的同行以及其他一些社会关系。所以，一般情况下，研究生做调查时在接近调查对象（特别是非学生的对象）方面受到的局限就相对比较大。这里所说的资本，主要指的是研究者能用于开展实地调查的时间、经费以及人员。比如，如果时间足够长、经费充足，研究者就可以采用面访的方法；如果时间短、经费也少，则只能考虑自填式问卷、电话访问等方法。

2. 实际资料收集过程中的质量控制

对调查资料收集方法的设计，目标是保证样本中的每一名调查对象都真实地向调查者进行了回答。这里包含两个最重要的指标：应答率和回答的真实性。关于应答率，比较好理解，一般来说，尽可能高的应答率是研究者应该追求的目标。所以，研究者在设计中应充分考虑影响应答率的因素，并通过合理的设计减少这些因素的影响。但应该认识到，高应答率只是衡量调查结果质量的一个指标，尽管是一个比较重要的指标。另一个更为重要，同时与应答率密切相关的指标则是调查对象回答的真实性。这种真实性需要调查实施过程的严格性来保证。

无论采用哪种资料收集方法，有一点都是一样的，那就是调查资料的收集过程始终是由人来完成的。而调查资料的质量正是与这些收集资料的人及其工作密切联系在一起的。所以说，资料收集过程中最为关键的一环是提高调查员的工作质量。实际上，当一项调查中的其他因素（比如调查的目标、调查的内容、抽样的方法、样本的性质、样本的规模等）确定后，真正会影响调查资料和结果的因素主要是建立在调查员的工作态度和工作能力基础上的调查员的工作质量。研究者之所以十分注意调查员挑选、培训、调查员报酬、调查过程督导和检查等工作，根本原因就是从不同的方面为提高调查员的工作质量做出努力。

除此之外，还有一个重要的因素值得注意，那就是调查员的工作量。调查员也是普通人，不可能超出某种生理的和心理的极限达到研究者所期待的工作量。笔者多次遇到过这样的情况：一些受过系统的社会调查训练、具有多次调查实践经验（即有很好的工作能力）、做事认真负责（即有很好的工作态度）的调查员，用自责和内疚的语气对笔者说："由于调查任务量实在太大，为了完成调查，后来只好马虎应付了。"这样的结果很可能是应答率保证了，调查资料的质量却下降了。因此，为了保证调查员的工作质量，必须在设计时就将调查员的日平均工作量以及在一项调查中的总工作量都限定在一定的范围内，从生理和心理上保证调查员的工作质量。

笔者提出的调查员的日平均工作量标准是：一般规模的问卷（半小时左右的访问工作量），调查员每天完成的数量最好定在 4～6 份的范围内。调查员在一项调查中的总工作量标准是：对于一般中小规模的调查来说，最好限制在 30 份问卷的范围内，对于较大规模的调查则最好限制在 50 份问卷的范围内。无论是超出了日平均工作量，还是超出了调查的总工作量，都有可能带来调查资料质量的下降。

由于受到调查员的日平均工作量和总工作量两个因素的限制，所以，研究者在研究设计中，要以这两个因素为基础，对调查的时间和调查员规模进行相应的计划和调整。具体做法是：研究者先根据调查的样本规模和上述调查员的日平均工作量，计算出一项调查所需要的总的工作日数量；然后，结合上述调查员的总工作量标准来决定合适的调查员规模以及集中调查的时间长短。

假设一项调查的样本规模为 1 500 人，那么按人均日工作量 5 份计算，共需要 300 个工作日。对于这 300 个工作日如何分配调查员规模和集中调查的时间，又会有多种不同的选择。比如可以用 10 名调查员做 30 天，或者用 20 名调查员做 15 天，也可以用 30 名调查员做 10 天，还可以用 60 名调查员做 5 天，等等。在其他条件相同的前提下，比较可取的方案是第三种，而第一种、第二种和第四种都不可取。原因是：第一种方案不仅集中调查的时间太长（这样会给调查员带来严重的生理疲劳和心理疲劳），更重要的是每名调查员的总工作量太大（每人为 150 份，大大超出上述标准，即超出了普通人的生理和心理极限）；第二种方案虽然在时间上有所缩短，但每名调查员的总工作量（每人为 75 份）仍然大大超出上述标准；第四种方案虽然调查的时间最短，每名调查员的总工作量也最小（每人为 25 份），但会因所需的调查员人数过多而带来一系列新的问题，如组织与管理的难度加大、调查员能力差别控制的复杂性增加等，以致从另一个方面大大增加了调查的偏差。

3. 对调查资料收集方法局限性的认识

正如前面所指出的，无论采用哪种调查资料收集方法，本质上都依靠调查对象的自我报告。因此，研究者在设计中始终应该对这种自我报告方式的局限性保持警惕，并尽可能设法避免。这种局限性主要体现在以下方面：

首先，社会调查常常是在调查对象知道自己正在接受别人的调查的情况下进行的。因而，有众多的因素影响着、阻碍着他们真实地回答调查者的询问。换句话说，现实生活中有许多因素客观上总是在削弱着、动摇着自我报告方式的这一根本前提。比如，自填问卷法具有的一大特点是匿名性高，这是这种资料收集方法比起当面访问法来说具有的一大优点。但实际上，这种匿名性是一把双刃剑：一方面，它有利于减轻调查对象的心理压力，便于调查对象真实填答问卷；但另一面是，它同样"有利于"减轻"社会规范"对调查对象填答问卷行为的约束。正因为自填问卷是匿名的，所以调查对象更容易掩盖、隐藏其真实情况。这种匿名性也同样"有利于"他们将编造的、不真实的回答提供给调查者。已有的社会心理学实验也表明，在匿名的情况下，人们往往更容易做出"失范"的行为。

其次，即使调查对象真实地回答了问题，自我报告方式得到的资料与实际情况之间依然有可能存在一定的距离。这是因为自我报告方式的使用隐含着另一个潜在的假定或前提：对于任何一项调查研究来说，回答者都具有充分的共同词汇、共同概念和语言，或者具有共同的衡量标准，因而向他们提出对他们每一个人都具有同样含义的问题是可能的。然而，这一假定对实际社会调查中的有些问题是不成立的。举个简单但十分普遍的例子：当我们问"你们家的住房条件怎么样？"给出的答案是"（1）非常好；（2）比较好；（3）一般；（4）比较差；（5）非常差"。也许，一些选择"一般"的回答者，其实际住房条件比那些选择"比较好"的回答者的实际情况还要好。这是因为每个人心中的衡量标准并不一致。如果说这种缺陷还可以通过一些客观的指标，比如"你们家的住房共有几间？""总面积有多少平方米？""是单独厨房还是公共厨房？"等测量来印证和弥补的话，那么对于像"你们夫妻之间的感情如何？"这样的问题，回答者给出的回答与他们实际情况之间的差别就难以估计了。不同的人对同一问题的理解很可能有差异，他们对同一问题的衡量标准也会有差异，而他们的回答正是在有种种差异的情况下做出的。也就是说，调查者得到的回答是一回事，调查对象的实际意思或者实际情况则可能是另一回事。越是概念较抽象、含义较广泛、界限较模糊、指称较笼统的问题，这种差别就越大。

最后，作为特殊事件的调查访问本身会对调查对象的心理和行为产生一定的影响。对于结构式访谈这种口头报告的形式，调查对象从一开始就是以一种"特殊的"心情、"特定的"思想准备进入调查访问过程中的。因为调查访问毕竟不是人们日常生活中的普通事件，人们在日常生活中与熟人之间的闲谈、交往，和他们接受陌生的调查员的询问，是两种有着内在差别的"社会情景"和"社会经历"。人们对它们做出的反应必然是很不一样的。此外，研究者在调查资料收集过程中还应该记住，调查对象在自填问卷中以及在电话访问、当面访问时所"说的"，和他们在现实生活中实际"做的"之间，常常有可能不一致。尤其是当我们询问一些类似"在……情况下，你将怎么做？"这样的问题时，或者是当涉及个人利害关系时，就更是如此。

五、调查研究设计的一个例子

最后,我们以一项有关二孩生育意愿问题的研究设计,作为调查研究设计的一个例子。

研究背景:经过了长达 30 多年实行"独生子女"政策后,国家分别从 2013 年和 2016 年开始实施"单独二孩""全面二孩"政策。此时围绕二孩政策的实施,一孩育龄夫妇的二孩生育问题很快吸引了全社会的普遍关注。当时已有的研究结果表明,育龄人群中希望生育二孩的比例大约在 30%~50%的范围内。[①] 这同时也意味着,可能有超过一半的育龄人口不愿意生育第二个孩子。如果客观现实的状况与这些调查的结果相符合,那么国家现有的二孩生育政策显然达不到提高生育率水平的预期效果。因此,深入探讨和分析育龄人群不愿意生育二孩的原因,并在此基础上为建立促进二孩生育的配套措施提供有针对性的政策建议,无疑是一项重要的研究课题。

研究问题:一孩育龄夫妇为什么不愿意生育第二个孩子?

1. 设计思路

在进行研究设计时,研究者注意到两个方面的特征和状况:一方面,全国的城市 30 多年来一直执行的是"一孩政策"(独生子女政策),而全国大部分省份的农村实行的则是"一孩半政策"(第一孩为女孩的育龄夫妇可以按政策合法地生育第二个孩子),因而城市现有的育龄人口中,符合二孩政策的人口比重相对来说会比农村更大;另一方面,城市居民意愿生育子女的数量却始终低于农村居民。正是这两个方面的特征和状况对于"全面二孩"政策的实施效果构成了一个严峻的挑战:占比相对较高的城市育龄人口有着相对较低的二孩生育意愿。因此,研究者首先决定在研究设计中将探讨重点放在城市一孩育龄人群身上。其

---

① 姜玉,庄亚儿. 生育政策调整对生育意愿影响研究. 西北人口,2017(3):33-37,44;风笑天. 从两个到一个:城市两代父母生育意愿的变迁. 南京大学学报(哲学社会科学版),2017(4):74-87;风笑天. 二孩生育意愿:从"假设"到"现实"有多远. 新疆师范大学学报(汉文哲学社会科学版),2018(1):115-123.

次，考虑到两项二孩生育政策分别针对的是两类不同属性的一孩育龄夫妇（即单独一孩夫妇和双非一孩夫妇），因此，研究者决定分别于2015年和2016年进行两次相同内容的调查，用两次调查的资料来进行分析、比较和相互印证。

2. 调查对象的确定

根据研究问题，该研究的调查对象为全国城市现有的一孩育龄人群。根据城市大部分女性结婚、生育年龄的一般状况，并兼顾到实地调查的可行性，研究者将调查对象界定为"目前城市中在上幼儿园、小学及初中的儿童的父母"。根据这种界定，预计儿童的年龄为3～15岁，其父母主体的年龄大致在24～49岁。（国家卫生健康委2014年对全国580多万单独一孩夫妇的调查结果表明，其第一个子女的年龄在15岁以下的比例达到95%[1]；广州市对2 099对"单独二孩"父母登记人群的调查同样表明，其第一个子女的年龄在15岁以下的比例达到99%[2]。这些都说明本研究选取子女最大为15岁的父母为调查对象的思路是合适的。当然，由于缺少0～2岁幼儿的父母，因此本研究中的样本结果对年轻父母的代表性会有所降低。）

3. 样本抽取设计

调查样本的抽取采取的是多阶段随机抽样的方法，即按照"城市—城区—学校—年级—班级"的步骤来进行。其中，城市样本的抽取采用的是研究者曾在2004年、2007年进行的两次调查中的抽样方法[3]，按地区分布（东部、中部、西部）和城市类型（直辖市、省会城市、大中城市、县级市）两个维度共抽取12个城市，以尽可能涵盖不同经济发展水平、不同人口规模、不同社会文化的城市类型。2015年，研究者抽取的调查城市名单如表5-5所示。

---

[1] 刘鸿雁，黄匡时. 全国"单独两孩"政策实施效果研究. 中国人口科学，2015（4）：23-31.
[2] 唐运革，李飞成，韩立薇. 广州市"单独二孩"登记群体特征分析. 中国工程科学，2015（6）：82-85.
[3] 具体抽样方法参见：风笑天. 第一代独生子女婚后居住方式：一项12城市的调查分析. 人口研究，2006（5）：57-63.

表 5-5 2015 年调查城市类型及名称

	东部地区	中部地区	西部地区
直辖市	上海市	北京市	重庆市
省会城市	南京市（江苏）	长春市（吉林）	兰州市（甘肃）
大中城市	厦门市（福建）	新乡市（河南）	桂林市（广西）
县级市	四会市（广东）	汉川市（湖北）	简阳市（四川）

2016 年，对调查城市的抽取因受到时间、经费等客观条件限制，研究者决定在湖北省进行。根据城市规模和性质，选取了省会城市武汉市、重工业大城市黄石市、轻工业大城市荆州市、县级市仙桃市以及云梦县城关镇。

调查对象的抽样方法是：先从每一个样本城市的全部城区中，按简单随机方式抽取 3 个城区；然后在每个被抽中的城区中，依据该城区内所有学校、幼儿园的名单，采用简单随机抽样方式，抽取幼儿园、小学和初中各一所。在抽到的每所幼儿园中，采取整群抽样的方法，抽取大班、中班、小班的幼儿各 20 名左右，加起来共 60 名左右。3 所幼儿园总共抽取 180 名左右的幼儿，他们的父母就构成幼儿父母样本。在抽到的 3 所小学中，先分别简单随机抽取一个低年级（1~3 年级）和一个高年级（4~6 年级）。比如，第一所小学抽到的是 2 年级和 6 年级，那么第二所小学就从剩下的四个年级中抽两个，假设抽到的是 1 年级和 4 年级，那么最后一所小学就抽取 3 年级和 5 年级。这样，从 3 所小学中总共抽取 1~6 年级各一个。然后在每个被抽中的年级中，简单随机抽取一个班（50 名左右的学生）。这样总共抽取到 6 个年级 6 个班的共 300 名左右的学生，他们的父母就构成小学生父母样本。在抽到的 3 所初中学校中，先按简单随机方式一次抽取一个年级。比如，第一所学校抽中的是初三年级，那么第二所学校就从初一和初二两个年级中抽一个，第三所学校就抽取最后剩下的那个年级。然后在每个被抽中的年级中，简单随机抽取一个班。这样，3 所初中学校的初一至初三年级共抽取到 3 个整班大约 150 名左右的学生，他们的父母就构成初中生父母样本。最终，2015 年的调查在 12 个城市总共抽取幼儿父母、小学生父母以及初中生父母 8 687 名，2016 年的调查在 5 个市镇总共抽取三类学生父母 1 762 名。

4. 调查方法设计

调查采用自填问卷的方法进行，具体实施由大学里社会学及相关专业的教师组织研究生或高年级本科生作为调查员完成。调查员在幼儿园和中小学教师的配合下，将问卷发给家长或让学生带回去交给家长，家长填答后再交回给老师。2015年的调查实际发出问卷8 687份，收回有效问卷7 778份，有效回收率为89.5％。2016年的调查发出问卷1 762份，收回有效问卷1 528份，有效回收率为86.7％。

由于两项调查采取的是通过孩子抽取父母的方式，因而样本中儿童母亲的年龄有些已经超出了生理生育年龄的上限（49岁）。同时，考虑到本研究所关注的二孩生育行为发生的前提条件，故仅选取了两项调查样本中那些"调查时有一个孩子，且母亲年龄在22～45岁"的调查对象。因此，本研究实际用到的两个样本规模分别为5 201人和958人。

5. 变量测量设计

本研究的主要变量是一孩育龄夫妇不想生二孩的原因。为尽可能准确、全面地反映调查对象不想生育二孩的原始想法，研究者在参考以往研究的同时，结合自己在初步探索阶段所做的个案访谈结果，从主观和客观两方面总共列出了10项具体原因（另加上一项其他原因）供调查对象选择回答。这11项原因如下：（1）我们觉得一个孩子就很好；（2）事业和工作太忙，没有时间和精力；（3）双方父母年龄都大了，不能帮忙带孩子；（4）抚育孩子成本太高，经济压力大；（5）妻子的年龄大了，再生有一定风险；（6）身体不好，不适合再生育；（7）第一个孩子对我们生二孩非常抵触；（8）我们结婚时就计划只要一个；（9）生育和养育孩子太辛苦；（10）不愿意家庭生活水平下降；（11）其他原因（请写明）_____。

6. 调查资料的分析和研究结果

根据研究目标，研究者主要对不同属性的研究对象不愿意生育二孩的原因进行了分析，并对其分布进行了描述统计和比较。研究结果表明，"我们觉得一个孩子就很好""抚养孩子成本太高，经济压力大"以及"事业和工作太忙，没有时间和精力"，是城市一孩育龄人群不想生育二孩的

第 5 章　调查研究设计

最主要原因。而社会舆论和大众传媒中提及的"没有人帮助带孩子""第一个孩子非常抵触""不愿意家庭生活水平下降"等原因，实际上所占的比例都非常低，即都不是导致他们不想生育二孩的主要原因。同时，当"双非"一孩育龄人群可以合法生育二孩时，真正由于"妻子的年龄大了，再生有一定风险"而不想生二孩的比例也没有他们在假设情境下表达的那么高，即相对而言这一点也不是他们不想生育二孩的主要原因。此外，"抚育孩子成本太高，经济压力大"虽然是城市一孩育龄人群不愿生育二孩的十分重要的原因，但不是首要的、比例明显最大的原因。"我们觉得一个孩子就很好"才是他们不生育二孩的最主要的原因。这一研究结果与许多采用多元统计分析方法探讨二孩生育意愿影响因素的研究所揭示现象相一致。该研究结果最后形成了一篇论文[1]，发表在 2018 年第 6 期的《河北学刊》上，读者可以对照阅读。

最后，关于调查研究的设计问题，希望读者能从下面这段话中受到一定的启发："重要的是，运用社会调查方法的研究者一方面要清楚地意识到自己的调查在各种挑战面前做出了哪些让步和妥协，从而在看待和陈述调查结果时保持客观、清醒的头脑，留有充分的余地；另一方面，则要通过科学的设计、周密的实施和精确的分析，来努力克服社会调查方法面临的各种挑战，尽可能减少实际运用中的让步和妥协，尽可能地提高社会调查结果的质量。在这种努力的过程中，最为关键的四个环节是：（1）如何根据现实社会生活的客观条件，严格贯彻样本抽取的随机性原则；（2）如何通过科学的操作化程序，提高社会测量及问卷设计的效度；（3）如何巧妙地设计和控制资料的收集过程，克服自我报告方式存在的弊端；（4）如何利用多种统计分析方法和同一时点的横切资料，将相关分析推向因果分析。"[2]

---

[1]　风笑天.为什么不生二孩：对城市一孩育龄人群的调查与分析.河北学刊，2018（6）：180-187，199.

[2]　风笑天.论社会调查方法面临的挑战：社会学方法问题探讨//中国社会科学院社会学研究所.中国社会学年鉴：1995.7～1998.北京：社会科学文献出版社，2000.

推荐阅读

[1] 福勒. 调查研究方法. 孙振东, 龙藜, 陈荟, 译. 重庆: 重庆大学出版社, 2004.

[2] 风笑天. 独生子女青少年的社会化过程及其结果. 中国社会科学, 2000 (6): 118-131.

[3] 风笑天. 社会调查中的问卷设计. 3版. 北京: 中国人民大学出版社, 2014.

[4] 风笑天. 论社会调查方法面临的挑战: 社会学方法问题探讨//中国社会科学院社会学研究所. 中国社会学年鉴: 1995.7~1998. 北京: 社会科学文献出版社, 2000.

[5] 风笑天. 高回收率更好吗?. 社会学研究, 2007 (3): 121-135.

[6] 风笑天. 再谈样本规模和调查回收率. 社会学研究, 2007 (6): 195-212, 245.

[7] 风笑天. 社会调查中的无回答与样本替换. 南京大学学报, 2010 (5): 102-111, 160.

第 6 章

定量文献研究设计

在社会科学研究方法中，文献研究实际上是一个很容易引起误解和误读的概念。许多初学者往往将文献研究错误地理解为"通过查阅、归纳和定性地分析现有著作和论文等文献资料"，甚至只是"引用相关文献资料"而得出研究结论的方法。这种理解在许多研究生的开题报告、学位论文中，以及在一些社会科学研究者撰写的各类社会科学基金课题申请书中经常会看到。但实际上，本章所介绍的定量文献研究指的是包括内容分析、二次分析、现存统计资料分析等在内的"各种利用文献资料进行的、系统的，且主要是量化的研究方式"的总称。这种定量文献研究的方式就像调查研究、实验研究、实地研究的方式一样，具有特定的程序以及很强的系统性、经验性特征。之所以在"文献研究"前面加上"定量"的限定，是因为有些文献中还有定性的研究方式，比如叙事分析等。本章中，我们将分别介绍和讨论内容分析、二次分析以及现存统计资料分析这三种定量文献研究方法的设计问题。

一、内容分析的设计

1. 内容分析方法的基本特点

为了在实际研究中有效地进行内容分析的设计，研究者需要对内容分析方法的基本特点有清楚的认识,即首先要明白内容分析是一种什么样的研究方法。研究者对这种方法的认识越明确,他就越能知道什么时候,或者在什么情况下适合使用这种方法。概括地说,内容分析方法主要有以下几个重要的特点:

一是主要以各种信息的载体,也就是以各种形式的文献和媒介作为研究的材料。这种材料与研究者在调查研究中通过询问收集到的资料,以及在实地研究中通过观察和访问收集到的资料有着明显的不同。简单地说,内容分析方法中所使用的资料主要是文字、数字、符号、图片、图像声音信息等形式的各类文献。而这些信息的载体,比如书本、报纸、杂志、歌曲、信件、电视、网络、短视频等,则是内容分析方法最经常应用和研究的对象。

二是对人类对象的无反应性,即这种研究方法不会对其研究的社会群体、社会成员产生任何影响。换句话说,内容分析方法对人们的社会行为、社会态度、社会认知等,既无干扰性,也无刺激性。这是因为,在进行内容分析研究的过程中,研究者不会与他所研究的社会群体、社会成员之间发生任何接触和互动,其研究行为也不会和社会成员发生直接联系。在研究中和研究者打交道的全部都是那些业已存在的各种形式的信息及其载体。

三是需要对各种文献的内容进行系统的编码处理,以使这些文献转化成可以进行定量统计分析的数字。编码这一环节的重要性与调查研究中的操作化环节有些类似(当然二者不是一回事),可以说是内容分析方法中最为关键的环节,也可以叫作内容分析过程中的"瓶颈",往往一项内容分析设计的难点也在于此。关于这一点,我们将在下面重点说明。

四是相对来说非常省时、省力、省钱。从事内容分析研究既不需要像调查研究那样抽取大量的社会成员开展询问,也不需要像实地研究那样长时间深入社会生活实地进行观察。其需要的唯一条件是研究对象(文献或者信息载体)存在并可得。所以,内容分析一方面可以在相对短的时间内完成,另一方面也不用大量的调查费用和调查员,往往研究者一个人就可以从头至尾独立完成研究。

第6章 定量文献研究设计

五是可以研究过去相当长一段历史时期中的社会现象,这或许是内容分析方法优于其他几种研究方法的另一个突出特点。当然,前提同样是必须要有关于这些社会现象的系统文献材料存在。因此,从另一个角度来看内容分析的这一特点,也可以说是这种方法的一个局限,即它的应用受制于业已存在的文献材料的可得性、系统性以及可靠性。

正是因为内容分析方法具有上述特点,因而它非常适合用来研究那些跨越一段历史时期的社会现象,只要有关于这些现象的相对系统的文献记载资料。同时,内容分析方法也特别适用于对不同时期中某一社会现象的变化进行描述,或者进行不同时期状况的比较。此外,内容分析方法还十分便于定量地探讨社会生活中人们的社会行为、社会心理等方面的问题,尤其是可以用来探讨和研究在各种大众传播媒介中有着大量记载、反映和传播的社会现象和社会问题。

2. 内容分析的设计要点

内容分析方法在设计上与调查研究有些类似,重点主要集中在抽样和测量两大方面。当然,无论是它的抽样设计还是测量设计,都与调查研究中的情景有所不同。在内容分析的抽样设计方面,特别需要注意区分研究的分析单位与抽样中的抽样单位问题;在测量设计方面,则需要注意编码的对象、方式和编码的质量等方面的问题。

第一,关于内容分析的抽样设计问题。抽样设计应该围绕研究的分析单位来进行。只有当研究者清楚地认识到自己研究中的分析单位是什么,他才能更好地围绕分析单位进行抽样设计。虽然在调查研究中,分析单位、抽样单位以及调查对象之间有时会存在一定的重叠,比如存在个人既作为研究的分析单位,又作为抽样中的抽样单位,同时也是实际调查中的调查对象的情况,但一般来说,对三者进行区分还是相对比较容易的。然而,在内容分析中,由于研究的分析单位和抽样单位容易与各种文献的类型、层次甚至内容等发生一定的混淆,因此,研究者在抽样设计中区分研究的分析单位可能会相对困难一些。

举例来说,一位研究者准备采用内容分析的方法,通过定量地分析国内 10 个省会城市的不同报纸上有关物价波动的社论,来考察市民的心理反应。那么，他的这项内容分析研究中的分析单位是什么呢？我们给读者以下几个选择答案，读者可以先考考自己：

A. 物价

B. 省会城市

C. 报纸

D. 社论

E. 市民

F. 心理反应

你选择的答案是什么？你答对了吗？正确答案是 D，即社论。

而在他的抽样设计中，可能又会涉及不同的抽样单位。比如，一种常见的抽样设计中，就可能涉及三个抽样单位，即"省会城市""报纸"和"社论"。这种抽样设计是：先从全国 27 个省、自治区的省会城市中，随机抽取 10 个城市（此时的抽样单位是"省会城市"）；然后，在被抽中的每个城市的全部报纸中，随机抽取若干份报纸（此时的抽样单位是"报纸"）；最后，从被抽中的报纸中随机抽取若干篇社论（此时的抽样单位为"社论"）。从这一例子中我们可以了解到，只有当研究者清楚认识到"社论"是自己研究中的分析单位时，他才能更好地进行抽样设计。

由于内容分析的对象和信息形式多种多样，因此分析单位的具体形式会各不相同，抽样设计时可以采用的具体方法也就有所不同。作为研究者，一方面要事先充分了解和熟悉这些对象与材料的分布情况，以及各种信息类型和层次之间的隶属关系；另一方面要清楚自己研究中的分析单位是什么，以便于根据研究目标和围绕分析单位来选择并设计合适的、可行的抽样方法。

第二，关于内容分析的编码设计问题。所谓内容分析的编码，实际上就是"依据一定的标准，将分析单位所包含的特定信息进行识别和分类，并用不同的数字将其表示出来"的过程。如果用测量的语言来陈述，内容分析的编码就相当于依据一定的法则（识别和分类的标准），将研究对象（分析单位）的某种特征（所包含的特定信息）用数字表示出来（测量结

第6章 定量文献研究设计

果)。编码的对象是前面所说的分析单位,即针对分析单位来制定相应的法则,收集用于描述和分析这种分析单位的资料。这也就是为什么我们要特别强调明确识别和区分内容分析中的分析单位的原因。而编码的方式则与概念操作化的逻辑和方法十分相似,即先根据研究目标,确定分析和研究所依据的基本变量,然后针对信息载体的具体类型、形式和内容,制定对这些变量进行判别的具体指标,以及分类和赋值的标准,并按此标准对样本中的全部材料进行统一的编码。

为了更好地介绍内容分析的编码过程及其设计,我们需要对信息载体(或者说媒介)的显性内容和隐性内容进行一些说明。所谓显性内容,即信息载体(或者说媒介)外在的、可见的、表面的内容。比如一份报纸或者一本杂志中的文字、词语、插图,或者一段电视广告中的人物、画面、广告词等,这些都属于显性内容。文献的显性内容往往是可以直接地、简单地进行辨识和计数的。比如,一篇报纸社论中出现的"腐败"这个词语,就属于显性内容,我们可以十分容易地对这一词语出现的次数进行辨识和统计,并且可以通过分析和比较一段时期的报纸社论中这一词语出现次数的急剧增加来判断社会舆论或政府对腐败现象的重视程度。而信息或媒介的隐性内容,指的是信息所具有的内涵或实际含义。比如一段文字的含义、一篇文章的含义,或者一句电视广告词的含义、一段电视广告画面的含义,等等。这种隐性内容往往需要人们经过相对复杂的主观分析和理解,才能进行判断。

与调查研究中的变量测量一样,内容分析的编码中同样存在着信度和效度的问题。这里所说的信度,指的是在对同一份信息材料重复进行编码时,所得的结果一致性的程度。比如,上面所举的例子中,无论是统计一篇社论中"腐败"一词出现的次数,还是统计一段电视广告画面中人物的性别和数量,都是一件十分容易的事情。因为"腐败"这个词语、人物的性别和数量都是明确、具体且客观的。因而无论由谁来对这一信息内容进行辨识和统计,得到的结果往往都十分一致。也就是说,这种显性内容的编码往往会具有比较高的信度。而隐性内容的编码的信度往往会比较低,即不同研究者在对同一份材料进行编码时出现不一致的可能性比较大。

（这主要是因为不同的研究者对同一份材料的理解和判断会不同，会出现"仁者见仁，智者见智"的情况，导致编码的结果不同。）内容分析中编码的效度，指的是编码得到的结果真正反映了研究者所希望反映的现象的程度。相对来说，显性内容编码的效度往往比较低，即是对那些外显的、表面的、简单的信息的统计，可能并不能很准确地反映研究者希望测量的内容。比如，一部小说中出现"爱""性""拥抱""接吻"等词语的频数多少，并不一定能很好地反映这部小说所具有的"色情"程度。相反地，隐性内容编码的效度往往会比较高一些。这主要是因为对隐性内容进行编码依靠的是研究者的主观理解。注意到了这些特点，我们就可以在内容分析的编码中努力提高测量的质量。

与内容分析编码的质量相关的另一个问题是不同编码员之间的一致性问题。理论上，内容分析中对文献的编码工作可以由研究者一人独立完成。笔者第一次做内容分析研究时，就是自己一人独立完成的。但是，在有些情况下，需要进行编码的文献数量和内容往往比较多。比如，几百本杂志，上千条电视广告、网络消息，数千篇报纸文章，等等。如果由一名研究者独自完成，那么不仅要花费很长时间，而且对研究者的耐心、韧性也是一个考验。现实研究中常见的做法是，选择不止一名编码员进行编码。在这种情况下，就可能出现不同编码员的编码标准和编码结果不一致的问题。

一般来说，对于文献的显性内容，或者客观性问题，不同编码员之间一般不会出现不一致。但是对于文献中的隐性问题，或者一些相对主观性的问题，比如一篇新闻报道中的主人公的主要事迹属于哪一类，一篇新闻报道中对独生子女的评价属于正面、负面还是中性等，不同编码员之间就有可能出现差别。避免这种情况的方法是在正式编码之前，先拿出几份信息材料让几名编码员共同对它们进行编码，然后比较和讨论那些编码不一致的结果，由研究者给出正确的编码答案。这样反复练习几次，以达到不同编码员对编码方式和方法的统一性。在开始正式编码后，要求每一名编码员在遇到含义不清楚、不好归类的材料时及时进行讨论。

第6章 定量文献研究设计

3. 内容分析设计的实例解析

为了更好地帮助读者掌握内容分析设计的方式和方法，我们下面对两个研究实例进行解析。

实例1是对重大风险事件中短视频的共情传播效应的研究。[①] 随着智能手机的普及，以及抖音等平台上短视频的广泛传播，研究者开始利用它们进行社会研究。这里介绍的就是其中的一个例子。

研究背景与研究问题：2022年8月中下旬，重庆迎来自1961年起最严重的极端高温天气，重庆森林火灾成为全网关注的焦点：重庆涪陵、江津、铜梁等多地发生山火，造成重大社会影响和生态环境损失。自8月20日以来，与"重庆山火"相关的话题获得广泛关注，并于8月22日和8月24日两次达到舆情高峰。在此次事件中，有关"重庆山火"的舆情主要来自抖音平台，抖音短视频起到了灾情通报、志愿援助、汇聚民意的作用。具体而言，抖音短视频将重庆山火救援现场画面全面展现在大众视野中，并通过人物形象、背景音乐、符号文字等短视频传播策略进行情感动员。基于此，研究者设计了一项研究，聚焦于社会重大风险事件的典型样本——重庆山火，使用内容分析法探究短视频共情传播的策略及效果，以便为重大风险事件中的短视频传播以及舆论治理提供一些有价值的理论与实践依据。

该研究的内容分析设计如下：

(1) 研究样本。

研究者首先选取了国内主流短视频社交平台抖音，用来搜索与"重庆山火"相关的词条和关键词。因为研究聚焦于"重庆山火"事件，因此，研究者决定选取2022年8月17日（重庆市涪陵区荔枝街道所辖的大梁山和江北街道所辖的北山坪相继发生火灾的时间）至2022年9月5日（"重庆山火"热度逐渐消散趋零）期间的短视频作为分析样本，共计14 586条。按照点赞量降序排序短视频并进行统计。已有研究表明，社交平台上

[①] 郭小安，周子琪，李泽源. 重大风险事件中短视频的共情传播效应及反思：基于"重庆山火事件"1 063条抖音短视频的内容分析. 传媒观察，2023 (8)：73-81.

的非内容线索如帖子的点赞量、转发量、用户信息等，会刺激网络参与并影响网络情感的点燃和传染。抖音上可量化的传播效果指标包括点赞量、转发量、评论量和收藏量。转发量反映短视频传播的扩散度和影响力，评论量强调用户的参与度，点赞量和收藏量体现用户的态度与接受、认可程度。研究者参照前人相关研究的方法，以短视频的点赞量作为衡量短视频共情传播效果的具象指标，以选取情感较为饱满、共情传播效果较好的短视频。研究者认为：短视频点赞量超过1万表明受众有较好的情感参与，对短视频的认可程度较高，更有可能产生情感交流、互动与共振。因此，该研究所选研究对象满足以下条件：第一，短视频文本与画面具有明显的情感色彩。第二，短视频点赞量超过1万。经过对短视频数据进行清洗，研究者最终获取了1 063条有效短视频，这些短视频构成了内容分析的样本。

（2）编码类目和信度检验。

内容分析的一个关键环节是对媒介内容进行编码。在该研究中，研究者遵循详尽无遗并且相互排斥的原则，经过反复观看、多次探讨之后，根据"重庆山火"事件中产生共情效应的短视频的传播属性，建立了由四级指标构成的类目系统作为编码表。编码表主要包含发布属性、内容属性与剪辑属性三个维度的七类指标（见表6-1）。这一工作相当于对抽象概念"传播属性"进行操作化处理，将其变成可以具体测量的观测指标。

表6-1 产生共情效应的"重庆山火"抖音短视频传播属性编码表

一级指标	二级指标	三级指标	四级指标
发布属性	发布主体	0. 非官方媒体账号 1. 官方媒体账号	—
	标题句式	1. 陈述句 2. 感叹句 3. 疑问句	—
内容属性	内容主题	1. 领导指挥 2. 灭火过程 3. 物资输送 4. 动员招募 5. 志愿者行动 6. 市民支援 7. 胜利欢庆 8. 市民欢送 9. 其他	—
	视频主要人物	1. 政府官员 2. 消防战士 3. 武警官兵 4. 志愿者 5. 重庆市民 6. 记者 7. 其他 8. 混合	—

续表

一级指标	二级指标	三级指标	四级指标
剪辑属性	视频声音	背景音乐	0. 无 1. 激昂 2. 欢快 3. 紧张 4. 感动 5. 柔和 6. 其他
		同期声（现场音）	0. 无 1. 有
		配音	0. 无 1. 有
		多音效混合效果	0. 无 1. 有
	视频封面	设计风格	0. 无 1. 现实图 2. 动漫图
		封面文案	0. 无 1. 事实导向 2. 抒情导向
	视频时长	1.0～30s 2.31～60s 3.60s 以上	

虽然有了明确的编码系统，但是由于实际的编码过程都是由研究者或者研究助理进行的，这一过程中人的主观认知上的差别会导致编码的差别，因此必须检查和衡量编码的质量。该研究中，研究者设计的是由两名编码员对 1 063 条短视频进行编码。在正式编码前，先对两名编码员进行操作化培训，然后让两名编码员分别独立对 1 063 条短视频进行编码，最后根据霍尔斯蒂公式计算编码信度。编码信度检验结果如下：内容主题的 Kappa 值为 0.87，视频声音的 Kappa 值为 0.88，视频主要人物的 Kappa 值为 0.91，视频封面的 Kappa 值为 0.93，发布主体、标题句式、视频时长的 Kappa 值均为 1。这表明编码结果的一致性程度较高。研究者主要对编码后的数据进行了描述统计和分析。

通过对 2022 年"重庆山火"事件中产生共情效应的 1 063 条抖音短视频进行内容分析，研究者发现：此次重大风险事件中，官方媒体和自媒体在"质"与"量"上各自扮演着不同的角色。官方媒体发布短视频数量较少、速度较慢，但在舆论引导、价值建构、社会动员方面发挥着重要作用；自媒体发布短视频数量较多，通过平民化视角和贴近性报道获得关注，但产生共情效应的比例偏少。二者相互影响、相互补充，议程的媒介间互动现象较为明显，共同推动了民众参与灭火行动，实现了线上、线下社会动员。

在对研究结果进行分析的基础上，研究者指出：在重大风险事件中，短视频平台如何兼顾官方引导与民间表达以及对内传播与对外传播的差异性和协同性，将成为新时代风险传播的重大议题。同时，在社会重大风险事件尤其是突发性灾难事件中,媒体报道不仅要重视客观事实的传达,还应注重情感的传递。官方媒体需将情感适度融入理性的报道中,在尊重事实、客观阐述事实的同时满足受众的情感诉求,营造积极正向的社会情感和舆论环境。

实例 2 是笔者对全国青年研究发展状况的研究。[①] 青年研究是中国社会改革开放以来最早兴起并快速发展的社会科学研究领域之一。在社会学领域内,青年研究与家庭研究一样,也是最早被社会学界重视、最早发展的研究领域。到 2011 年时,中国社会的改革开放已经走过了 30 多年。伴随着改革开放成长起来的"80 后"一代以及更年轻的"90 后"一代开始成为我国青年的主体。系统回顾 30 多年来我国青年研究领域中经验性研究的状况,定量地分析和总结其在不同时期的发展趋势与变化特征,对于促进我国青年研究更好、更快的发展具有十分重要的意义。

笔者在进行文献回顾后发现,学术界已有一些学者对近 30 年或者其中某一段时期的青年研究状况进行过总结。但现有关于青年研究的概况描述和总结要么主要是综述式的描述和定性分析,研究者的个人主观性较强;要么涉及的时间跨度相对有限,涵盖的青年研究刊物较为单一,或者仅从某个方面进行总结分析。总之,对于从总体上客观概括和描述近 30 年来经验性青年研究的发展状况来说,现有研究都存在不足。正是在这种背景下,本研究希望以定量的方式,对多种青年研究刊物自创刊以来发表的经验性青年研究论文进行系统的分析,达到从整体上对近 30 年来国内经验性青年研究的现状、特征及变化趋势进行系统描述和总结的目的,以弥补目前这一领域中存在的缺陷。

本研究的具体问题是:近 30 年来我国的青年研究,特别是经验性青年研究的状况发展得如何?不同时期中青年研究的发展趋势与变化特征是什么?

由于青年研究的状况突出地表现在学术刊物所刊载的研究论文上,因

---

① 风笑天. 三十年来我国青年研究的对象、主题与方法:对四种青年期刊 2 408 篇论文的内容分析. 青年研究,2012(5):54 - 63.

第 6 章 定量文献研究设计

此本研究的思路是通过对青年研究刊物上发表的论文的系统分析，来定量地描述和总结近 30 年来学术界青年研究的发展状况。为此，笔者决定采用内容分析的方法，即通过选择有代表性的青年研究刊物，从中抽取反映这些刊物上所发表的经验性青年研究论文的随机样本，经过对论文的编码和统计分析来进行定量的描述和概括。研究设计思路可以简单表示为："内容分析—青年研究刊物样本—期号样本—论文样本—编码测量—统计分析"。具体的设计过程如下。

第一，选择有代表性的青年研究刊物样本。目前国内青年研究类的学术刊物有很多，笔者通过查阅相关资料和分析，选取了《青年研究》《中国青年研究》《当代青年研究》以及《青年探索》四种刊物作为代表。选取这几种刊物的理由是：《青年研究》由中国社会科学院社会学研究所主办，是改革开放以来我国青年研究领域中创办时间最早、办刊时间最长、刊物质量最好、学术影响最大的期刊；《中国青年研究》由中国青少年研究中心、中国青少年研究会主办，同时也是中国青少年研究会的会刊；《当代青年研究》由上海社会科学院社会研究所主办；《青年探索》由广州市穗港澳青少年研究所主办。四种期刊较好地代表了目前国内青年研究刊物中的最高水平，所以，选取这四种期刊作为研究对象，可以很好地反映国内青年研究的整体状况和发展过程。

第二，对从四种期刊中抽取部分期号的设计。因为本研究要总结和描述的时间跨度是 30 年，加上四种期刊，每一种期刊在每一年都会发表几十篇论文，所以这些期刊上发表的论文的总量是很大的，会达到几千篇。考虑到论文总量特别是编码的工作量，笔者决定从中抽取一个样本进行研究。首先是从四种期刊的全部期号中抽取一个随机的期号样本。笔者设计了系统抽样的方法，决定从每种期刊每年的总期号中抽取三分之一，即从每年 12 期中抽取 4 期（个别期刊在个别年份为 18 期，则抽取 6 期）。具体抽样方法是以每年年份的个位数字为起点，每隔两期抽取一期。比如，对于 1982 年的期刊，年份的个位数字为 2，则抽取第 2、5、8、11 这四期；对于 1983 年的期刊，年份的个位数字为 3，则抽取第 3、6、9、12 这四期；同理，对于 1984 年的期刊，则抽取第 4、7、10、1 这四期；以此

类推。

第三，对被抽到的期号中的论文样本进行筛选。由于本研究主要关注近 30 年来经验性（也可称为实证性）青年研究的发展状况，所以在抽取了期号后，对每一期中的论文又根据经验性研究的界定进行了筛选。在具体筛选时，笔者将经验性研究操作化为"采用各种社会科学研究方法（比如调查研究、实地研究、文献研究以及实验研究等），收集经验性资料开展的研究"。根据这种界定，那些纯粹的青年理论探讨论文、无经验材料的泛泛论述文章，还有各种工作总结性、工作报告性的文章，以及一些有关青年工作探讨的文章，如此等等，均不在研究统计分析的样本范围中。最终得到的论文样本为 2 408 篇。

第四，研究变量的设置及测量。根据研究目标，本研究所要描述的核心概念是"青年研究状况"。研究者对这一概念进行了操作化处理，主要设置了三个基本变量来对这一概念进行经验测量。这三个基本变量是：研究对象、研究主题、研究方法。具体测量与编码方式如下。

对于研究对象，笔者先根据初步阅读和现实情况，列出了青年工人、青年农民、青年军人、青年知识分子、大学生等常见的青年类别进行编码，同时在具体阅读研究论文的过程中，对新发现的研究对象增加新的编码类别。最终共得到包括前述几类对象以及青少年、城市青年、农村青年、全体青年、外国青年在内的 15 类研究对象。

研究主题是比研究对象更加复杂一些的概念，因而在操作化过程中，除了同样先根据初步阅读和现实情况列出若干主要的主题类别（比如职业就业、婚姻家庭、生活方式、思想观念、青年文化、失范行为等）外，还对其他更为广泛的研究主题保持着一种更为开放的态度，随时将新的主题增加到编码类别中来。最终共得到包括上述几类主题以及社会参与、心理健康、社会保障等在内的 13 类研究主题。

研究方法的编码本来应该是最简单的，但实际阅读和编码结果恰恰相反。笔者原计划依据常见的调查研究、实地研究、文献研究、实验研究四种方式进行编码。但是，编码员在阅读中发现，除了较常见的调查研究、实地研究方法外，许多研究并没有采用上述四种方式中的任何一种，而是

第 6 章 定量文献研究设计

在论文中直接引用他人已经发表的论文中的数据结果、资料表格等经验材料，将其作为自己分析和论证的依据。从严格意义上说，这种方法并不符合我们关于研究方法的定义和类型划分。这类研究甚至不应该被归入经验研究的范畴中。但为了更好地反映青年研究的现实状况，本研究暂且将采用这种方法的研究作为"引用文献"的方式（编码员在实际编码中，将少量采用内容分析、二次分析、现存统计资料分析方法的研究也并入了此类，虽然这有些不合适，但因这类研究的数量非常少，因而影响不大）。

除上述三个基本变量外，本研究还对四种不同的期刊以及论文发表的年代这两个变量进行了编码统计，以便于进行不同刊物和不同时期的分析。

由于编码是内容分析中的关键环节，为了保证不同编码员之间的编码一致性以及编码工作的质量，笔者先让三名研究生共同对《青年研究》上的论文进行编码，在他们熟悉并基本统一了编码方法后，再分别对另外三种期刊上的论文进行编码。编码员有疑问的时候，随时与笔者以及其他编码员进行讨论，以达到认识上的一致。

本研究采用内容分析的方法，对 1982—2011 年 30 年间国内最具代表性的四种青年研究刊物上的 2 408 篇经验性青年研究论文进行了研究。研究结果表明，近 30 年来，国内青年研究在研究对象的分布上，体现出以各类在校学生（大学生和青少年）为研究对象的比重较大、以各类在职青年为研究对象的比重较小的特点；在研究主题上，有关青年就业与职业、思想观念、教育与成才、失范行为、婚恋与家庭五个方面的研究最为集中，其比例达到全部研究的 60%，其他主题的研究比例都很小；在研究方法上，调查研究是最主要的研究方式，其比例超过总体的一半，实地研究的方式只占总体比例的七分之一，实验研究的方式更是少到可以忽略不计，而相对不太科学的直接引用文献的方式却占到了总体的三分之一左右，这反映出青年研究在研究方法上存在一定的问题。

研究结果还表明，不同时期的青年研究在研究对象分布上有较大差别，主要表现为大学生的比例随时间推移明显上升，特别是最近十年中其比例占到了总体的三分之一，成为目前青年研究中最重要的研究对象。与此相反的是，对青年工人的研究比例则明显下降，从第一个十年中的第二位，下降到第三个十年中几乎可以忽略不计的地步。同时，对农村青年的研究比例也在下降，但对农民工的研究比例则在上升。在研究主题上，三个不同时期的青年研究并没有表现出大的差别。在研究方法上，三个时期的状况有一定的差别，第三个十年相对更好。此外，不同刊物的青年研究的状况之间也存在一定的差别。

二、二次分析方法的设计

1. 二次分析方法的实质与特征

二次分析方法实质上是利用现有的调查研究数据进行新的分析，这种现有的调查研究数据通常是由其他的研究者为着其他的研究目标而收集的。换句话说，二次分析方法就是对由他人采用调查研究的方法收集到的、通常已经被使用过的原始数据资料进行新的分析，来研究自己的新的问题。所以，从本质上说，二次分析——正如其名字所显示的，更像是一种统计分析方法，而不是通常意义上的研究方法。

正是因为二次分析方法与调查研究数据资料密不可分，因此，二次分析方法的形成和发展，与社会调查的发展特别是大规模社会调查数据库的形成和发展有着非常紧密的关系。在社会科学研究中，正是随着大规模社会调查数据库的形成和开放，二次分析方法才越来越受到研究者的重视。比如在美国，一方面存在着像 GSS（General Social Survey）这样的专门供社会科学研究者使用的大型调查数据库，另一方面，还有许多由关于婚姻、家庭、人口、移民、青年、公共卫生、犯罪等主题的众多社会科学研究课题形成的调查数据库（国外一般要求获得基金资助的研究课题在完成两年后必须将其调查数据公开），所以二次分析方法的运用在学术界十分普遍。特别是在美国各所大学，社会学专业以及相关社会科学专业的研究生在做学位论文时，采用最多的方法往往是二次分析法，其所用的资料基本上来自上述各种大型数据库，研究生们很少亲自去收集第一手资料。

在我国，虽然自社会学恢复重建以来学术界开展过许多的调查研究，但是由于这些调查研究项目常常是研究者各自为政，因此一项调查课题结

第 6 章　定量文献研究设计

束、调查报告或研究论文发表后，原始数据往往就被束之高阁或者随手一扔，几年后不知去向，既浪费了宝贵的数据资源，同时也阻碍了二次分析方法的运用和发展。近些年来，国内一些大学和研究机构开始进行这种原始调查数据库的建设工作。目前已有中国人民大学与香港科技大学合作建立的"中国综合社会调查"（CGSS）数据库、北京大学与美国密歇根大学合作建立的"中国家庭追踪调查"（CFPS）数据库、中国社会科学院社会学研究所建立的"中国社会状况综合调查"（CSS）数据库等。正是随着上述大学和研究单位相继开展全国范围的大型社会调查项目，建立并向学术界开放了调查数据库，二次分析方法的运用随之开始增加。

　　二次分析方法具有哪些基本特征呢？首先，二次分析方法是一种定量的研究方式。这意味着当研究者希望采用二次分析方法进行研究时，他将主要和调查数据打交道，将运用统计分析方法来分析资料、得出结论。这一特征实际上指出了统计分析方法在二次分析中占有的重要地位。其次，二次分析方法所用的资料是现存的原始调查数据。这里的关键是调查数据是"现存的"同时又是"原始的"。在上一章介绍的调查研究中，研究者所用的资料虽然同样是"原始的"调查数据，但并不是"现存的"，而是研究者自己"创造的"。因此，采用二次分析方法的研究者可以被形象地描述成"借用别人的调查数据来做自己的研究"的人。与上节介绍的内容分析方法在所用资料的形式上显得相对多样化、相对不确定相比，二次分析方法在所用资料的形式上就显得非常单一、非常明确了。这也是二次分析方法的一个特征。最后，正是上述"现存的"和"原始的"特征，导致实际研究中要采用二次分析方法必须具备一个基本的前提，那就是现实中必须存在合适的原始调查数据，同时研究者能够找到和获得这种原始调查数据。

　　2. 二次分析的设计要点

　　一般来说，研究者在进行二次分析的设计时常常处于下面两种情形中：一种情形是研究者通过前期的阅读文献和理论思考，头脑中已经有了相对明确的研究问题，甚至围绕这一研究问题已经提出了具体的理论假设。此时，他们进行研究设计的任务就是从各种原始调查数据库中寻找可以验证假设、回答研究问题的数据资料。另一种情形是研究者的头脑中只有一个初步的研究主题，或者一个问题范围，而没有明确的研究问题和具体的理论假设。此时，他们的任务首先是在浏览各种数据库的资料的过程中发现和形成自己的研究问题，然后在明确研究问题的基础上进一步选择和寻找合适的数据资料。

无论是哪一种情形，最终都会落实到寻找、选择合适的调查数据资料上。所以，要很好地运用二次分析方法，一个基本的前提就是能获得足够的，同时与其研究目标相关的原始数据资料。无论这种数据资料是来自其他研究者个人，还是来自相关研究机构或政府部门。因而二次分析设计中的首要任务，就是去发现、找寻、获得这种数据库。研究者首先要考虑并回答：用于回答研究问题的原始数据资料是否存在？如果存在，那么这种数据资料是否可得？只有当这两个问题的回答都是肯定的时候，二次分析方法才是可行的。

比如，假设有一名研究生对目前我国社会中的教育分层现象感兴趣，希望对中学生的家庭背景与他们中考分流状况之间的关系进行研究。如果他缺少研究经费，不能通过亲自进行这一问题的调查研究来获得数据，那么他只能寄希望于以往有研究者曾进行过类似调查，存在相关的数据资料。如果正好某城市教育部门进行过对全市中学毕业生的抽样调查，调查的内容也正好符合他的研究需要，那么他能否通过关系找到该市教育部门相关负责人并说服其让他使用这一数据，就成为他能否进行二次分析的关键所在。

对于缺少各种社会资源的研究生来说，要运用二次分析方法开展研究，可以从哪里寻找既方便获得又可以使用的原始调查数据资料呢？从目前的情况看，大家可以通过以下两条途径寻找。

第一条途径是从现有的社会调查数据库中寻找。比如，前面介绍的 CGSS 数据库、CFPS 数据库、CSS 数据库等正式开放的社会调查数据库。对于这些向学术界开放的数据库，研究生一般可以通过申请和注册获得使用数据的资格。比如，对于中国人民大学的 CGSS 数据库，研究生就可以通过登录该数据库网站，进行申请、登记和注册。一旦申请注册成功，就可以浏览、下载和使用该调查数据库中的原始数据了。北京大学的 CFPS 数据、中国社会科学院的 CSS 数据也都已经向公众开放，也可以通过类似的申请注册程序使用。

当然，研究生有时也可以通过从指导教师那里获得原始数据来撰写毕业论文，特别是随着研究生越来越多地参与到指导教师的社会科学研究课题中，利用指导教师已完成的研究课题的数据资料撰写自己的毕业论文成为一种常见的途径。比如，笔者从 20 世纪 90 年代中期开始，不仅多次承担过国家社科基金、教育部社科基金、美国福特基金、国家移民管理局基金、湖北省社科基金、湖北省软科学研究项目、教育部重大课题攻关项目等重要的社会科学研究项目，也承担过中美、陆港联合研究项目，还承担过湖北省总工会、湖北省妇联、湖北省科学技术协会、湖北省家庭教育研究会、湖北省司法厅、团市委等部门的横向研究项目，积累了大量的原始数据资料。这些项目的主题多种多样，有关于独生子女社会化的、电视媒介社会功能的，有关于三峡农村移民社会适应的、城市居民生活质量的，还有关于下岗职工再就业的、城乡居民科技素养的、妇女社会地位的，如此等等，内容十分丰富。因此，笔者所指导的研究生中，有相当一部分人的硕士学位论文都是使用笔者的各种研究项目所积累的那些原始数据完成的。从研究设计上说，他们都是采用二次分析方法完成自己的研究的。

在获得数据库使用许可后，我们首先要仔细了解数据库的内容，特别是要获取与调查数据相对应的原始问卷、编码本以及有关整个调查的调查对象、总体、抽样设计等方面的说明。在此基础上，研究者最重要的工作是从数据库中寻找适合自己研究目标的那些关键变量。一旦确定了这些关键变量，研究者就可以像对待自己的调查数据那样运用各种统计分析方法来进行分析了。

3. 二次分析方法设计的实例解析

我们同样通过两个研究实例，来了解和说明二次分析方法及其设计。其中，实例 1 是利用中国人民大学 CGSS 数据进行的，实例 2 是利用中国社会科学院 CSS 数据进行的。

实例1是关于初婚年龄的影响因素的研究。有研究者对我国城乡居民初婚年龄的变化趋势及社会经济原因这一问题感兴趣，希望通过研究来集中"考察三个方面的问题，即个人教育和职业对初婚年龄有何作用，家庭背景对个人初婚年龄有何影响，以及上述自致性和先赋性因素对初婚年龄的作用是否存在性别差异和户籍差异"[①]。

研究者发现，CGSS2006调查数据中收集了大量关于受访者及其家庭成员的教育经历、职业经历与婚姻经历等方面的信息。比如，受访者获得第一份工作或劳动前的最高受教育程度、受访者18岁时其父母的最高受教育程度、他们第一次结婚时本人与父亲的户籍及职业情况等。这一调查数据中的这些发生在受访者初婚前的信息，对研究者所关注的"研究对象的教育、职业和家庭的社会经济特征对初婚年龄的影响"这一核心问题来说，无疑是很有意义的资料。因此，研究者决定采用二次分析方法来对这一问题进行研究。

研究者先在理论分析的基础上建立了若干研究假设，然后利用调查数据确定了研究的各种变量：研究的因变量是调查对象的初婚年龄；研究的主要自变量包括调查对象的性别、户籍、受教育程度、职业、家庭背景等；研究的控制变量包括调查对象的民族和出生年代。研究的数据分析由两部分组成，第一部分是描述统计分析，旨在描述平均初婚年龄的变化趋势，以及不同性别、不同出生年代、不同受教育程度和城乡户籍的调查对象之间进入初婚的风险函数的差异；第二部分使用事件史的分析方法，来估计教育、职业和家庭的社会经济特征对初婚年龄的影响。

通过统计分析，研究者发现："教育、职业和家庭的社会经济特征对初婚年龄有着显著的影响，并表现出性别和户籍差异。受教育程度对女性初婚年龄的推迟效应大于男性，高等教育对农村户籍女性初婚年龄的推迟效应大于城市户籍女性，技术类职业相比非技术非管理类职业，对农村户籍男性居民的初婚年龄有着显著的提前效应。在城市户籍居民中，父母的

[①] 王鹏，吴愈晓. 初婚年龄的影响因素分析：基于CGSS2006的研究. 社会，2013（3）：89-110.

第6章 定量文献研究设计

受教育程度越高，子女的初婚年龄越晚；兄弟姐妹越多，初婚年龄越早。对城市和农村户籍居民而言，父亲从事管理类职业对儿子的初婚年龄均有显著的提前效应，而且对农村户籍居民的影响要高于城市户籍居民。"①

实例 2 是关于中国青年就业状况变化趋势及影响因素的研究。② 进入 21 世纪以来，中国青年劳动人口规模处于不断缩小的趋势。与此同时，中国高等教育规模不断扩张。处于劳动年龄的青年人口规模不断缩小和接受高等教育的青年规模不断扩大，意味着中国青年人口变动出现了"量减质升"的态势。同时，在青年就业领域存在着一对明显的矛盾，一方面是青年人口的"量减质升"，他们受过更好的教育，在获得更高质量岗位的竞争中更具优势；另一方面是在危机面前，他们的脆弱性暴露出来，反而成为最容易受到负面影响的就业人口。那么，在当前青年劳动人口失业率偏高的情况下，应当如何判断这种突发情况，是需要研究者深入分析的议题。正是在这种背景下，该研究将探讨中国青年人口就业状况的中长期变化情况及原因问题。

在设计思路上，虽然该研究以青年人口为分析重点，但研究者也意识到，青年人口就业状况是与中国社会人口就业状况的变化紧密联系的。因此，分析过程中需要对青年人口的就业状况与其他劳动年龄人口的就业状况进行比较，如此才能真正分析出青年人口就业状况的变化趋势、特点以及变化背后的规律性。因而，在研究设计上，研究者首先将青年人口的就业状况与全人口的就业状况进行比较分析；其次是对不同类型青年人口就业状况进行分析；再次是对不同时期青年人口就业质量的变化进行分析；最后对青年人口就业质量的影响因素进行分析，并在此基础上提出政策建议。

在数据的选取上，研究者考虑到若从中长期的研究视角对青年人口就业状况进行分析，就需要使用具有连贯性的调查数据，因而选择使用

---

① 王鹏，吴愈晓. 初婚年龄的影响因素分析：基于 CGSS2006 的研究. 社会，2013（3）：89 - 110.

② 郭冉，田丰，王露瑶. 量减质升：青年就业状况变化及分析（2006—2021）：基于 CSS 的调查数据. 中国青年研究，2022（11）：110 - 119，78.

2006年至2021年中国社会科学院CSS调查的数据进行分析。经过数据清理，研究者共获得35岁及以下青年人口的样本7 994个。考虑到CSS调查是多期横断面调查，调查本身并非针对青年人口就业的专项调查，因而该样本并不能完全涵盖青年人口就业各个领域的问题，研究者在数据处理过程中又根据人口普查公布的数据调整了抽样方案。这样，在样本量相对有限的情况下，青年人口就业的相关数据尽管会出现一些波动，但不影响用数据分析结果来反映中长期的变化趋势。

在对该研究的核心变量进行测量方面，研究者认识到就业质量是一个具有多维度内涵的变量。因此，首先需要界定就业质量的具体内涵和测量维度。研究者借鉴多维就业质量指数（Multi-dimensional Job Quality Index，包括六个维度：工资、非标准形式的就业、工作环境和就业保障、技能、职业发展、集体利益代表）的构建思路，并根据已有的针对中国就业质量的研究设计，选用工资水平、工作强度、工作稳定性和工作保障四个维度作为就业质量指数的测量体系。在具体操作中，用平均月收入代表工资水平，用每月工作小时数代表工作强度，用是否签订劳动合同测量工作稳定性，以养老、医疗、失业、工伤、生育等社会保险作为工作保障的测量维度。

在分析方法设计上，研究者主要采用描述性分析方法对青年人口就业的状况和趋势进行比较分析。研究者首先使用2006年到2021年之间八轮调查数据分析全人口、青年人口和劳动年龄人口的工作情况；其次，在青年人口与全人口、劳动年龄人口就业状况的比较的基础上，按照以往研究的经验，主要使用性别、学历、户籍和婚姻状况等个体层次变量对青年人口内部就业状况进行分析，以说明不同类型青年人口就业状况；再次，以时间变量来分析不同时期青年人口就业质量的变化趋势；最后，选择性别、年龄、受教育年限、工作部门、劳动技能、政治身份、婚姻状况和户籍状况等变量，用一般线性回归分析的方法，来分析影响青年人口就业质量的各种因素及其边际作用。

研究结果表明，青年就业出现了与以往截然不同的局面：一方面是青

第6章 定量文献研究设计

年人口的劳动参与率不断下降，另一方面是青年人口的就业质量持续提高。造成这种看似矛盾的现象的最重要的原因是，随着经济发展和社会富庶，就业不再是青年人生活中的唯一选项。能够看到，在没有就业的人口中，既有相当数量的宅男，也有比例较大的全职主妇。这说明青年人对就业有了选择的权利，他们更倾向于高质量的就业岗位，对于传统的质量不高的就业模式，如务农，就业人口比例下降的幅度是特别大的。由此可见，青年失业率出现新高的原因，既有客观环境带来的短期冲击，也有青年就业"量减质优"中长期变化趋势的影响。因此，降低青年人口失业率、提升青年劳动参与率的关键是提供高质量的就业岗位。通过回归分析方法对就业质量的影响因素进行分析，该研究发现，2015年及之前青年人口就业质量提高的原因能够被人力资本要素变化解释，2017年之后则更多是制度红利和选择性就业的结果，劳动力市场分割的体制性、机制性因素依然存在，并据此提出了相关的政策建议。

从上述两个例子中可以看到，二次分析方法的设计和实施，关键在于前述的两个方面：一是能从他人的数据中寻找到适合自己研究主题和目标的变量及其测量指标；二是要建立起合适的统计分析模型以及善于运用统计分析方法。

虽然二次分析的数据主要是其他研究者所收集的原始调查数据，而这些数据通常是抽样调查数据，但有时，研究者也可以利用人口普查结果这样的原始调查数据来进行二次分析研究。比如，李强教授在研究中国社会的阶层结构时，就采用二次分析方法，通过对2000年全国人口普查的原始数据资料进行统计分析，很好地揭示出当时我国社会阶层结构的"倒丁字型"特征。当然，他进行这一研究的一个前提，就是能够获得全国人口普查的原始数据（现实中，研究者往往是很难获得的）。笔者在访问美国时了解到，美国的研究者通常是可以通过申请获得全国人口普查原始数据做研究的。（当然不是全部数据，而是随机抽取的5%的数据。希望在不久的将来，我们国家也能做到这一点。）只有在得到这种数据资料后，他的研究设计才是可行的。除了可以获得全国人口普查的原始数据资料外，研究者在分析前还需要对原始数据进行一些处理，比如说要进行抽样，因为全国人口普查数据资料的容量往往太过庞大。李强教授在他的研究中，就采用了从总的数据中进行抽样的方法，"所使用的数据来自 2000 年第五次全国人口普查的抽样数据，采用系统抽样方法从全国总数据中抽取，抽样比为 0.95‰，样本人口为 1 180 111 人，然后取其中的 16～64 岁人口，共为 641 547 人"[1]。即使是抽样后的样本，也达到了一百多万人的规模，这是非常庞大的。如果不进行抽样，那么处理起来是很不方便的。

三、现存统计资料分析的设计

现存的各种统计资料通常有两个主要的用途：一是为研究提供某种背景；二是直接作为研究的资料。正是由于现有的统计资料客观上能够勾画出社会宏观结构的各种分布状况，因此在研究者提出问题、发现问题、形成问题的过程中，各种政府的、行政的统计资料常常起着重要的作用。即使是在个案研究的方式中，各种官方的和半官方的统计资料也常常是研究者用来描述和说明这一个案的特征和意义的背景材料。我们这里则集中讨论现存统计资料的第二种用途，即直接将现存统计资料作为研究资料来开展研究有关的设计问题。

1. 现存统计资料分析的设计思路和关键点

从资料运用和分析方法上看，现存统计资料分析还可进一步细分为两种不同的形式。一种可以说主要是对现存统计资料的直接应用，其方法主要是通过对统计资料进行若干改造后加以利用，比如对现存统计数据进行重新组合、合并、转换等；另一种则是将统计资料作为类似于调查研究中的那种原始数据进行统计分析，其方法是先将统计数据输入计算机，然后利用统计分析软件进行统计分析。这种情况就像在调查研究中先将原始数据输入计算机，然后进行统计分析一样。

现存统计资料分析的设计思路和关键点可以简单概括成：研究问题—研究变量—现存数据—统计分析与比较—得出结果。即首先是确定研究问题；然后从研究问题中导出或确定研究的关键变量，这种确定变量的思路

---

[1] 李强．"丁字型"社会结构与"结构紧张"．社会学研究，2005 (2)：55-73，243-244．

与我们在其他定量研究（比如调查研究）中探讨变量之间关系、分析自变量对因变量的影响时做的一样；再然后是收集（更准确地说是寻找）相关的资料；接下来是利用收集到的数据资料对变量之间的关系进行比较分析或进行统计分析；最后得出回答研究问题的结论。当然，这种思路和过程是最一般的情形。有时也有另一种相反的情形："研究者在发现有些资料可用后，便发挥创造力，把现有资料重新加以组织，转变成某个研究问题的变量。"[①]

现存统计资料的主要来源是各级政府部门编撰的各种统计数据、统计摘要、统计年鉴等，当然还有些是各种行业协会、学术团体、研究机构等编撰的各种类型的资料。因此，对于社会学及相关专业的研究生来说，在进行现存统计资料分析的研究设计前，应该对这些基本的统计资料的来源、内容、形式等有一定的了解。特别是要对历年的《中国统计年鉴》以及各种更为专门的统计资料来源，比如《中国人口统计年鉴》（2007 年改名为《中国人口和就业统计年鉴》）、《中国城市统计年鉴》等有比较清楚的了解。

在现存统计资料分析的设计中，研究者应该特别注意分析单位的特点。由于一般情况下，现存统计资料都是个体数据的集合和汇总。或者说，现存统计资料分析中的资料通常是集合性的。比如，非常多的统计资料都是以频数、比率等形式，或者是以类似"独生子女领证率""计划生育达标率""犯罪率"等百分比的形式出现的。因而，在利用这种资料进行研究时，研究的分析单位通常不可能是个体，而常常会是某种群体的或社区的单位。比如特定的年龄群体、职业群体，或者国家、省、市、县等。这是研究者在研究设计中应该特别注意的一个方面，也是他在确定研究问题、选择研究方法、得出研究结论的过程中始终应该清楚的一个问题。

此外，研究者在研究设计中还应该特别注意利用现存统计资料进行变

---

① 纽曼. 社会研究方法：定性和定量的取向：第 5 版. 郝大海，译. 北京：中国人民大学出版社，2007：402.

量测量时的效度问题，即现存统计资料中的某个指标是否真的能够代表研究者所希望探讨的研究变量的问题。举例来说，如果研究者的研究中需要了解不同年份中独生子女人数的增减状况及发展趋势，那么他要设立一个"独生子女人数"的变量并在现存统计资料中寻找相应的测量指标。而在《中国计划生育年鉴》中，正好有一项"独生子女领证人数"的统计指标。如果研究者不加以仔细分析和了解，直接将每年的"独生子女领证人数"作为每年的独生子女人数进行统计和分析，那就会出现问题。因为该年鉴中统计的每年"独生子女领证人数"针对的只是0~14岁的人口，对于超过14岁的独生子女人数，这一指标中就反映不出来。因此，如果不弄清楚现存统计资料中各种指标的具体含义和相关界定，研究就可能产生错误的结果。

2. 现存统计资料分析设计的实例解析

下面我们通过两个研究实例来看看现存统计资料分析的方法和步骤。实例1是侯佳伟等人利用中国知网上的现存统计数据，对学术论文关注程度及其影响因素所做的研究。① 这项研究的方法是将现存统计数据作为类似调查数据那样的原始数据，通过计算机软件进行统计分析。该研究内容简单，设计思路清晰，其中的操作化也十分明确，十分适合作为实例进行解析，读者可以从中受到一些启发。

实例1研究希望探讨的问题是：在学术期刊发表论文方面，是否存在着"马太效应"？即是否"在声誉较高的学术期刊上发表的论文更容易受到认可和追捧，而在声望低的学术期刊上发表的论文关注度则会相对较低"？在实际研究中，研究者将这一问题概括为一个具体问题："哪些论文更容易受到关注？"为了回答这一问题，研究者提出了下列三个研究假设：

"假设一：期刊声望对论文关注度有正向影响作用。"

"假设二：高知名度作者比低知名度作者的论文更容易受到关注。"

"假设三：热点论文比非热点论文更可能受到关注。"

---

① 侯佳伟，黄四林，刘宸. 学术论文的"马太效应"：基于2009年度CSSCI人口学期刊的分析. 人口与发展，2011（5）：96-100. 第一个例子中的引用部分均来自这篇论文。

第6章 定量文献研究设计

为了验证这三个假设,研究者很好地利用了中国知网上的现存统计数据。根据中国知网上统计数据的特征,他们首先将"论文关注度"操作化为论文的"下载频次"和"被引频次"(二者形成了两个因变量),将"期刊声望"操作化为"期刊影响因子"(在一年之内,某种期刊近两年来发表的论文被全部源刊物引证的次数,与该刊近两年来发表的全部源论文数之比),然后将"作者知名度"操作化为"作者发表论文数量"。而中国知网上正好存在着这几项指标的统计数据。(实际上,各种各样的统计数据总是客观地存在于某个地方,关键要看我们是否有独到的眼光发现它,是否有巧妙的设计利用它。)于是,研究者利用这些统计数据进行了定量的统计分析,较好地验证了假设,得出了"期刊权威性、作者知名度和主题热点性都对其论文的关注度有正向的影响作用",学术论文的确存在"马太效应"的结论。

我们可以将研究者的研究思路和具体设计框架展示如下:

研究的中心问题:在学术期刊发表论文方面,是否存在着"马太效应"?

↓↓

研究的具体问题:哪些论文更容易受到关注?

↓↓

提出研究假设:"期刊声望与论文关注度"假设;"作者知名度与论文关注度"假设;"主题热点性与论文关注度"假设。

↓↓

概念的操作化:论文关注度——论文下载频次、论文被引频次;期刊声望——期刊影响因子;作者知名度——作者发表论文数量;热点问题——专家评判结果。

↓↓

数据资料来源:中国知网上的现存统计数据。

↓↓

统计分析方法:因变量1——下载频次(连续变量)——多元回归分析;因变量2——被引频次(二分变量——有被引、无被引;连续变

量)——Logistic 回归分析、多元回归分析；自变量 1——期刊影响因子（连续变量）；自变量 2——作者知名度（二分变量——高知名度、低知名度）；自变量 3——是否热点问题（二分变量——是热点、不是热点）；控制变量 1——论文发表的时间长短（连续变量）；控制变量 2——研究方向。

↓↓

假设检验结果：三个假设在模型中都得到了验证，自变量和因变量均呈现出正向相关关系。

↓↓

回答研究的具体问题：论文发表期刊的质量越高、论文作者的知名度越大、论文研究的越是热点问题，论文的受关注程度都越高。

↓↓

回答研究的中心问题：在学术期刊发表论文方面，的确存在"马太效应"。

从这个实例中我们可以看到，研究的方式既与研究问题有关，也与资料的性质有关。由于研究问题是关于期刊论文的，所以研究者要收集与期刊论文相关的数据资料。而中国知网上的现存统计数据正好可以满足研究者的这种需要。当然，我们也应该看到，现存统计数据也不可能在所有方面都正好符合研究的需要，现实中常常会出现现存统计数据中没有我们所需要的指标的情况。比如，该研究中，研究者要验证第三个假设，则需要对"主题热点性"进行操作化，但这一变量不像"下载频次""被引频次"等变量那样容易操作化为具体可测量的指标，并且中国知网上的现存统计数据中也没有这样的指标。因此，研究者不得不想出其他方法进行处理。（相对来说，专家主观判定的方法显然不如"下载频次""被引频次"这样的指标客观。可以说，研究者采用专家评判的方法是不得已而为之。）

正如前面我们提到的，现存统计资料分析方法相对较多地在人口学、经济学等学科中被采用，一个重要的原因是在这两个专业领域中存在着大量的、正式的、大规模的、涉及整体的、连续的官方统计数据。而在社会

第 6 章 定量文献研究设计

学等其他社会科学领域中,这种类型的统计数据相对较少。当然,这并不是说社会学或其他社会科学的学者因此就不能采用现存统计资料分析方法进行研究,恰恰相反,社会科学研究者要尽可能地从各种人口的、经济的、教育的、文化的官方统计中寻找合适的变量和数据,为自己的社会科学研究目的服务。下面是一个利用现有的人口统计资料进行研究的实例,我们来解析一下研究者是如何提出问题、如何制定研究思路、如何利用现存统计数据回答研究问题的。在这个实例中,研究者既采用了通过重新组合、合并、转换等直接比较现存统计数据的方法,也采取了将现存统计数据作为原始数据进行新的统计分析的方法。

生育问题是人口学者、社会学者关注的重要现象和研究领域之一。一方面,生育问题既涉及人们的生育意愿、生育决策,也涉及政府的生育政策,还涉及与人们的生育意愿、生育决策以及政府的生育政策直接相关的社会整体生育率水平和作为二者后果的社会人口规模的变化。这可以说是任何一项与生育问题相关的研究所具有的大的背景。另一方面,人们的生育行为又总是在一定的社会文化背景下进行的,一个社会的文化传统、价值观念乃至风俗习惯等,始终都在影响着人们的生育行为。这同样是研究者在考察生育现象和生育问题时不应该忽视的另一种背景。正是在上述两种背景的共同影响下,研究者选取了我国社会中人们追求吉庆、吉利的文化现象,将它放到生育问题的研究中,形成了一个虽然并不十分宏大但是非常特别、很有创新的研究问题——生肖文化与生育行为的关系。

我们知道,中国传统文化中不仅有一些直接与生育相关的内容,比如讲究"多子多福""传宗接代""养儿防老"等观念和习俗,也有众多并不直接与生育相关的其他方面的观念、心理和习俗。比如,在时间上将 12 年作为一个轮回,并用 12 种不同的动物(包括龙这种神话中的动物)作为生肖来代表。同时,中国传统文化中还特别讲究和追求吉利、吉祥和吉庆。从人们选车牌号码要选择"6""8"等大吉大利的号码,到婚丧嫁娶要选择"黄道吉日"等,无一不反映出这种文化的观念和心理。

社会科学研究设计

　　研究者发现，社会上似乎出现了一种"吉年生吉子"的心理和潮流。"从2000年的'千禧龙宝宝'到2004年的'猴宝宝'，再到2007年所谓的'金猪宝宝'，人为选择特定生肖年份进行生育的现象似乎愈演愈烈，已酝酿成一个新的社会问题。然而，根据特定的生肖选择生育是否是中国社会的群体性社会现象甚至是社会问题，抑或只是个别地方、个别人群的特殊现象，并未波及全国？我们似乎不能只根据直观的感受或一些新闻报道来判断。是特定的生肖还是特定的社会事件影响着人们的生育决策，进而造成出生人口规模突变的宏观后果？社会是否将在这种人为选择生肖进行生育的影响下迎来第四次出生高峰？为了探求这些疑问的答案，本文将利用新中国成立60年来的出生人口数据，并结合多种年龄准确性检验指数来验证我国的生育生肖偏好是否存在，探究这种偏好究竟只存在于人们口口相传的生育迷信中，还是客观地存在于现实生活中，判断在一些特定年份出生人口规模异常增加或减少究竟是生肖偏好的影响还是其他因素作用的结果。"[1]

　　要回答以生育偏好为代表的传统文化与人们生育行为之间的关系，首先需要界定什么是生育中的"生肖偏好"与"生肖回避"。在没有现成的、通用的定义的时候，研究者自己必须对研究的核心概念（变量）进行界定。比如，在这项研究中，研究者指出："目前对于人为选择生肖进行生育的这样一种生肖偏好并没有一个明确的界定，因此本文将生肖偏好界定为：人们根据民间相关民俗或迷信的说法，认为出生在特定生肖所对应年份的婴儿将享有某些特殊的好运，因而选择在某些生肖对应的年份生育自己的孩子。""与之相对应，生肖回避则指人们由于认为某些生肖会给孩子带来厄运，而刻意选择不在某些生肖对应的年份生育孩子。"[2]

　　研究者的研究思路是：如果人们具有生肖偏好和生肖回避的心理和行为，那么人口总体的统计上就会出现有些年份（大吉大利的生肖年份）出

---

[1] 马妍. 吉年生吉子？中国生肖偏好的实证研究：基于1949～2008年出生人口数. 人口研究, 2010 (5): 104-112.

[2] 同[1].

第6章 定量文献研究设计

生人口的规模激增，而有些年份（不好的、有厄运的生肖年份）出生人口的规模骤减的现象。因此，要证明或检验人们存在着生肖偏好和生肖回避的观念与行为，只需证明下面两个相关联的研究假设即可。（实际上，研究者心目中是有着、或者说应该有着这样两个相关联的假设的，遗憾的是研究者并没有明确地表示出来。）

假设1：在具有某些特殊的好运的生肖所对应的年份，出生人口的规模将因人们普遍选择生育而激增。

假设2：在遇到某些特殊的厄运的生肖所对应的年份，出生人口的规模将因人们普遍选择不生育而骤减。

根据上述研究思路，特别是当研究者有了上述两个研究假设后，研究设计的目标就变得相对明确了。研究者的任务就是利用现有的官方人口统计资料，去考察各个不同年份出生人口的状况和变化特征。正如研究者所说："本文将从十二生肖的整体层面来看待和检验这个问题，同时多纳入几个轮回的数据来参与计算，能够从一定程度上排除数据随机波动的影响，唯其如此，才能避免真实情况被偶然性掩盖，使我们尽可能科学地判断生肖偏好的存在性。"同时，研究者对所利用的现存统计资料及其质量也进行了如下说明："本文所使用的数据主要来自国家统计局编制的《中国人口统计年鉴》及其官方网站公布的历年统计公报……基于国家统计局所公布数据的相对权威性，以及相关研究表明的出生数据质量仍比较可靠的判断，我们认为使用国家统计局公布的数据对本研究的结论不会有质的影响，所以本文使用的1949—2008年的出生人口数据均是没有进行调整的官方公布数据。"[①]

研究者利用现有人口统计数据，分别从60年中按12生肖排列的五个轮回的统计进行对比、60年中12个生肖对应年份的总体出生人口统计进行对比以及利用三种人口学特定方法进行统计分析检验等多个方面，对研究问题进行了探讨。研究结果表明："在人口结果上，我国并不存在生肖

---

① 马妍. 吉年生吉子? 中国生肖偏好的实证研究：基于1949～2008年出生人口数. 人口研究, 2010 (5)：104-112.

偏好。我国出生人口规模的波动更多是由于人口惯性的影响，这符合人口规律。我们不应仅凭媒体片面的报道就认为'金猪宝宝'和'奥运宝宝'会带来我国的第四次出生高峰。事实证明，这些年份的出生人口并没有显著增加。"[①]

这个实例最基本的思想是：如果说吉年生吉子的话，那么在龙年、猪年或者千禧年、奥运年等被认为是吉年的年份，出生人口会明显增加；相反，在羊年等被认为是厄运的年份，出生人口会明显减少。但实际上，一个社会中总体出生人口数量分布和变化的成因是多方面的，它通常是这个社会的政治、经济、人口、文化等众多方面的原因，甚至天灾人祸方面的原因共同作用的结果。

推荐阅读

[1] 风笑天. 社会研究方法. 6版. 北京：中国人民大学出版社，2022.

[2] 风笑天. 变迁中的女性形象：对《中国妇女》杂志的内容分析. 社会，1992（7）：14-19.

[3] 马妍. 吉年生吉子？中国生肖偏好的实证研究：基于1949~2008年出生人口数. 人口研究，2010（5）：104-112.

[4] 郭小安，周子琪，李泽源. 重大风险事件中短视频的共情传播效应及反思：基于"重庆山火事件"1 063条抖音短视频的内容分析. 传媒观察，2023（8）：73-81.

[5] 侯佳伟，黄四林，刘宸. 学术论文的"马太效应"：基于2009年度CSSCI人口学期刊的分析. 人口与发展，2011（5）：96-100.

[①] 马妍. 吉年生吉子？中国生肖偏好的实证研究：基于1949~2008年出生人口数. 人口研究，2010（5）：104-112.

[6] 李强."丁字型"社会结构与"结构紧张".社会学研究,2005(2):55-73,243-244.

[7] 王鹏,吴愈晓.初婚年龄的影响因素分析:基于CGSS2006的研究.社会,2013(3):89-110.

[8] 郭冉,田丰,王露瑶.量减质升:青年就业状况变化及分析(2006—2021):基于CSS的调查数据.中国青年研究,2022(11):110-119,78.

第 7 章

实地研究设计

在介绍实地研究设计之前,有必要对有些初学者和研究生头脑中存在的一种错误认识进行一定的讨论。一些研究生对实地研究等定性研究方式存在一定的误解,认为实地研究方式似乎比调查研究等需要进行统计分析的定量研究方式相对容易一些。比如,笔者经常会遇到一些博士研究生不好意思地对笔者说:"风老师,我的数学基础比较差,掌握定量的统计分析方法十分吃力。所以,我的博士论文就只好采用定性研究方式来做了。"

对于这样的看法,我想有两点应该说明:第一,一项研究采用什么方式方法,并不应该由研究者个人的喜好或能力特点决定,而应该由研究问题决定(当然,研究者个人可以选择研究或者研究某一种类型的问题)。正如著名学者米勒和萨尔金德所指出的:"定量研究方法与定性研究方法不是回答同一问题的不同方法,相反,这两种方法构造不同的途径来回答不同类型的问题。"[①] 第二,如果认为掌握定量的统计分析方法很困难,而实地研究等定性研究方式只需要做做访谈、进行观察,会相对容易,那

---

① 米勒,萨尔金德. 研究设计与社会测量导引:第 6 版. 风笑天,等译. 重庆:重庆大学出版社. 2004:132.

第 7 章 实地研究设计

就大错特错了。笔者倒认为,在某种意义上,不容易做的或许并不是定量研究,恰恰相反,而是各种类型的定性研究。因为从总体上说,定量研究有着相对明确的程序规则、相对具体的操作方法和相对固定成熟的研究工具,特别是建立在概率论基础上的统计分析方法,在越来越方便的计算机分析软件的辅助下,可以帮助研究者发现和证实研究结论。但在定性研究中,研究设计和研究程序不是固定不变的,资料的结构往往不是事前组织好的,而是在研究的过程中发展出来的;研究方法是灵活多样的;研究工具更多靠研究者自己;资料的分析和研究结论的获得,也在相当大的程度上依靠研究者的"顿悟"。所有这些都意味着,定性研究在研究设计和研究实施过程中比定量研究更加困难。所以,在本章开头,笔者提醒读者,千万不要有"定性研究容易做"的误解。

与定量研究只有相对固定的几种方式(如实验研究、调查研究、文献研究)相比,定性研究的方式则显得更加多样化。正如有学者所指出的,定性研究的方式"确实多到了难以选择的地步"[①]。有的研究者认为定性研究的方式有 18 种,有的则认为有 25 种。可以说,定性研究就像一棵枝繁叶茂的大树,或者犹如有的学者所总结的,定性研究是"一个伞状的词汇"[②],其具体的研究方式和方法多种多样,互不相同。要详细介绍每一种具体的定性研究方式,显然大大超出了本书的目标。对定性研究方式感兴趣的读者,可以参看由著名学者邓津(Denzin)和林肯(Lincoln)组织编写出版的《定性研究手册》[③]。在这部百科全书式的著作中,作者们对各种定性研究的方式和方法都有详细深入的介绍。而在本章中,我们将主要讨论实际研究中最常用的一种定性研究方式,即实地研究的设计问题。

---

① 米勒,萨尔金德. 研究设计与社会测量导引:第 6 版. 风笑天,等译. 重庆:重庆大学出版社. 2004:133.

② Punch K F. Introduction to social research: quantitative and qualitative approaches. London: Sage Publications Ltd., 1998:139.

③ Denzin N K, Lincoln Y S. Handbook of qualitative research. 2nd ed. London: Sage Publications Ltd., 2000. 该书 2007 年由重庆大学出版社组织翻译,分为四册出版,分别是《定性研究:方法论基础》《定性研究:策略与艺术》《定性研究:经验资料收集与分析的方法》和《定性研究:解释、评估与描述的艺术及定性研究的未来》。

一、实地研究及其相关的概念

实地研究是一种什么样的研究方式？实地研究具有哪些重要特征？这种研究方式特别适合探讨什么样的研究问题？实地研究与参与观察、民族志、个案研究等又有什么关系？这是在介绍实地研究设计之前，读者首先需要弄清楚的问题。在本节中，我们先对实地研究的概念以及与实地研究密切相关的几种定性研究方式进行简略的介绍，以明确实地研究及其在定性研究方式中的位置，并与几种相关研究方式进行一定的区分。

1. 什么是实地研究？

我们这里所讨论的实地研究，指的是在英文文献中被称作"field research""field study"或"field work"的研究方式。实地研究方式在定性研究中的地位，可以用两位学者的话来概括："实地研究是定性研究方法论中最重要的资料收集策略"[1]。从许多研究方法教科书中也可以看到，实地研究方式往往与调查研究、实验研究、文献研究一起，构成最常见的四种研究方式，并且它是这四种方式中唯一的一种定性研究方式。

然而，对于实地研究究竟是一种什么样的研究方式，不同的学者给出了略有不同的定义。比如，巴比教授认为，实地研究指的是"有时被称为参与观察、直接观察和个案研究的所有研究方法"[2]。纽曼教授认为，"实地研究，有时也被称为民族志、参与观察的研究。在这种定性研究类型中，研究者在事情发生时以自身的文化背景直接观察和参与一个小规模的社会场景"[3]。贝利（Bailey）教授认为，实地研究是指"在自然背景中进行，（大多数情况下）采用参与观察的方法，并且观察者很少对背景的结构施加影响。相反地，观察者试图成为他正在研究的文化或亚文化中的一部分。'实地研究'一词几乎总是与术语'民族志研究'或'民族志'同

---

[1] Frankfort-Nachmias C , Nachmias D . Research methods in the social sciences. 6th ed. New York：Worth Publishers, 2000：257.
[2] 巴比. 社会研究方法. 邱泽奇，译. 北京：华夏出版社, 2000：354.
[3] 纽曼. 社会研究方法：定性和定量的取向：第 5 版. 郝大海，译. 北京：中国人民大学出版社，2007：459.

第7章 实地研究设计

时运用"①。笔者在另一本研究方法著作中,将实地研究定义为"一种深入研究对象的生活背景中,以参与观察和无结构访谈的方式收集资料,并通过对这些资料的定性分析来理解和解释现象的社会研究方式"②。

从上述不同学者的定义中可以看到,这些定义虽然不完全一样,但都包含了一些共同的东西,比如,都强调了实地研究发生在自然背景中,都强调了参与观察方法的运用,有的还强调了文化的因素。同时,我们也注意到,这些学者对实地研究下的定义中,还分别涉及了参与观察、个案研究、民族志等不同的概念。因此,我们下面对这些概念进行一些探讨。

2. 与实地研究相关的概念

上述定义表明,实地研究是一种与参与观察、个案研究、民族志等密切相关的研究方式。更准确地说,实地研究与参与观察、个案研究、民族志,是定性研究中几种相互联系、相互渗透,有时甚至被看作同一回事的研究方式。这些概念相互之间存在着某些联系,它们所指称的事物之间也常常存在一些交集,即存在一些相互交叉的地方。因而,同一项研究在不同的学者眼里,也常常被看作不同研究方式的例子。比如,威廉·富特·怀特教授著名的研究《街角社会:一个意大利人贫民区的社会结构》,在有的研究方法著作中被作为参与观察的例子③,而在另一些研究方法著作中则被作为个案研究的范例④。类似地,艾略特·列堡教授著名的研究《泰利的街角:一项街角黑人的研究》,在有的研究方法著作中被作为民族志的例子⑤,而在有的研究方法著作中又被作为参与观察的例子⑥。

为了更好地使这几种方式有所区分,我们分别对这几种方式略做介绍。先来看看参与观察(participant observation)的概念。著名的定性方

---

① Bailey K D. Mehtods of social research. 3rd ed. New York:Free Press,1987:245.
② 风笑天. 社会研究方法. 6 版. 北京:中国人民大学出版社,2022:293.
③ 乔金森. 参与观察法. 龙筱红,张小山,译. 重庆:重庆大学出版社,2008:38.
④ Punch K F. Introduction to social research:quantitative and qualitative approaches. London:Sage Publications Ltd.,1998:151-152;殷. 案例研究:设计与方法:第 3 版. 周海涛,李永贤,张蘅,译. 重庆:重庆大学出版社,2004:5;德沃斯. 社会研究中的研究设计. 郝大海,等译. 北京:中国人民大学出版社,2008:231.
⑤ 巴比. 社会研究方法. 邱泽奇,译. 北京:华夏出版社,2000:357.
⑥ 同③.

法学者邓津认为:"参与观察可以被定义为一种同时结合了文档分析、访谈受访者与信息提供者、直接参与和观察以及进行自我省察的实地策略。"① 学者洛夫兰德夫妇则将参与观察定义为一种过程,"在这个过程当中,调查者和一个群体之间在其自然构成的状态中建立起一种多边的、相对长期的关系,以促进对这一群体的科学理解"②。这两条定义可从说在很多方面与实地研究的定义十分相似。同时,它们从两方面刻画了参与观察这种方式的重要特征:一是从资料收集与分析方式的角度,说明了参与观察并非只是用眼睛看,而是包括其他多种不同的方式;二是强调了研究方式必须依据的自然背景以及调查者与实地研究对象之间相对长期的关系。事实上,参与观察是与实地研究最为相似的一种研究方式,以至于一些研究方法教材中(在本该介绍实地研究方式的地方)专门介绍的定性研究方式并不是实地研究,而是参与观察。

再来看看民族志(ethnography)的概念。民族志是来源于文化人类学的一种研究方法,主要是指"对一群有共享文化模式的人"进行的研究,"它描述和解释一个文化或社会群体,研究这一群体可被观察和学习的行为模式与生活方式"③。与实地研究相同的是,民族志研究也要求研究者深入实地,对所研究的群体进行相当长时期(一般在半年或一年以上)的观察,通常也是进行参与观察;它还特别要求"研究者融入研究对象的日常生活,或进行一对一的访谈,了解他们日常行为的意义、语言以及他们与其他文化群体的互动"④。有的学者指出,民族志研究是要"通过收集资料尤其是观察性的资料来研究一个历经岁月沧桑其文化风貌却完好无损的文化群",并且,这种研究过程是灵活的,"是典型的结合背景逐步探索现场遭遇到的鲜活的现实"⑤。同时,还有学者特别提示,民族志

---

① 弗里克. 质性研究导引. 孙进,译. 重庆:重庆大学出版社,2011:183.

② Punch K F. Introduction to social research: quantitative and qualitative approaches. London: Sage Publications Ltd., 1998:139.

③ 米勒,萨尔金德. 研究设计与社会测量导引:第6版. 风笑天,等译. 重庆:重庆大学出版社. 2004:145.

④ 同③.

⑤ 克雷斯威尔. 研究设计与写作指导:定性、定量与混合研究的路径. 崔延强,译. 重庆大学出版社,2007:11.

第 7 章　实地研究设计

研究往往"强调满足两个条件：（1）研究者近距离地、详尽地观察自然世界；（2）极力避免被任何事前设定的理论框架束缚"[1]。

从上述对民族志的定义中我们可以看到，研究具有特定文化的群体，是民族志研究的根本目标和本质特征，其研究方式同样强调深入实地，同样采用参与观察等方法。但有所不同的是，这种深入实地的时间往往更长。当然，也有的学者认为，"'民族志'这个词的涵盖范围要大于'参与观察法'这个词，参与观察法可能是民族志的一个方面"[2]，而且"社会学家常常更喜欢使用'参与观察法'一词来指称人类学家传统上的所谓民族志"，两者"之间的差别很细微"[3]。实际上，无论是民族志研究还是实地研究，除了其他方面的相似外，二者都将参与观察作为主要的资料收集方式，这是它们最相似的地方。因此，也可以说，参与观察是构成实地研究或民族志研究的最基本元素。然而，实地研究虽然也像民族志和参与观察一样要深入实地，要进行观察，但它收集资料的方式除了参与观察外，在很大的程度上更依赖于深入的、正式的或非正式的无结构访谈。这或许是实地研究与参与观察和民族志研究有所差别的地方。

最后来看看个案研究（case study）的概念。对个案研究的概念进行界定似乎最为容易。如有学者认为，所谓个案研究，"就是一个个案（也或许是一个小数目的个案）被详细地研究，使用看起来合适的任何方法"[4]。还有学者以更为简明扼要的方式对个案研究进行了如下界定："个案研究是对具体'单位'的深入研究。这里所谓的'单位'可能是个人、组织、事件、节目或社区。"[5]

仅从定义上看，个案研究方式似乎与实地研究以及参与观察、民族志并无多大联系。但实际上，由于许多著名的个案研究（如前述的《街角社

---

[1] 殷.案例研究：设计与方法：第3版.周海涛，李永贤，张蘅，译.重庆：重庆大学出版社，2004：7.
[2] 戴维，萨顿.社会研究方法基础.陆汉文，等译.北京：高等教育出版社，2008：106..
[3] 同②81.
[4] 庞奇.社会研究导论：定量与定性的路径.风笑天，等译.重庆：重庆大学出版社，2023：236.
[5] 同②116.

会》《泰利的街角》等）都是采用实地研究方式或者参与观察方式、民族志方式进行的，或者说，许多著名的实地研究、参与观察、民族志研究的研究对象都是一个单独的个案，因而造成了个案研究方式与这些方式之间的紧密联系。巴比教授关于实地研究的定义中就涉及实地研究与参与观察和个案研究的关系问题。在巴比教授看来，实地研究可以说是参与观察与个案研究的统称。笔者的理解是，如果从研究的特征和方式，特别是从资料收集方法的角度看，实地研究更多地指的是参与观察；而如果从研究对象的角度看，实地研究则较多地采用的是个案研究方式。因此，也可以说，实地研究就是指将参与观察方式应用在对一个（或有限的几个）个案进行的研究中。

对于个案研究与实地研究特别是与参与观察、民族志、深度访谈等方式之间的关系问题，德沃斯教授指出："个案研究经常被等同于定性方法，尤其是参与观察法和非结构化的深度访谈法。毫无疑问，这种判断部分是由于一些早期的、具有影响力的个案研究（如《街角社会》和《中镇》）采用了参与观察法。与此类似，社会人类学中的大多数民族志个案研究也采用了参与观察法，因而民族志和个案研究有时也被看作一回事。在其他情况下，个案研究也被等同于非结构化的深度访谈……"然而，"假如我们把个案研究与某一种特殊的资料收集方法等同起来，那我们就误解了个案研究设计"[1]。根据他的看法，我们应该认识到，尽管在具体方式上个案研究与这几种方式有些相似，但个案研究始终是一种独立的研究方式。同时，也不能把个案研究与定性研究相混淆。[2] 学者殷也认为，"在收集任何数据之前建构理论假设"，是个案研究与定性研究中的其他相关方法如民族志方法或扎根理论方法的不同点之一。因为"一般来说，在采用这些相关研究方法进行研究之前，一定要刻意避免存在特定的理论假设"[3]，而个案研究则与此不同，不仅不用刻意避免，反倒要在收集资料之前建构

---

[1] 德沃斯. 社会研究中的研究设计. 郝大海，等译. 北京：中国人民大学出版社，2008：231.
[2] 殷. 案例研究：设计与方法：第3版. 周海涛，李永贤，张蘅，译. 重庆：重庆大学出版社，2004：17.
[3] 同[2]32.

第 7 章 实地研究设计

理论假设。用殷的话说，不管个案研究"是提出理论或验证理论，在研究设计阶段进行理论建构都是极为重要的"。当然，殷所说的这种理论建构，主要指的是初步形成和提出有关为什么甲现象会导致乙现象，或者为什么丙现象不会导致乙现象的理论假设。正是这种初步形成的理论假设，指引着研究者在个案研究中去收集和分析相关的资料。

由于实地研究与参与观察、民族志研究这两种方式的紧密联系和更多的相似性，而个案研究方式则相对特殊，因此，本章中将省略参与观察和民族志研究这两种方式的内容，主要介绍实地研究方式的设计问题。在下一章中，我们再介绍个案研究方式的设计问题。

二、实地研究的基本特征及适用范围

1. 实地研究的基本特征

恰当选择和合理运用一种研究方式的基本前提是了解并熟悉这种研究方式的本质特征和研究程序。对实地研究来说同样如此。同样地，在介绍实地研究的设计问题之前，了解一下实地研究作为一种典型的定性研究方式具有的几个基本特征，会对我们设计和实施实地研究有某种指导性作用。概括地说，实地研究的几个基本特征是：

第一，深入实地，身临其境，成为环境的一部分，在自然情景中开展研究；

第二，研究者自身是研究工具，主要依靠观察、体验、感受和移情理解；

第三，没有先入为主的观点和理论，更多地遵循着归纳的思维逻辑；

第四，主要着眼于了解和分析事物或现象的内部结构及变化过程。

以下我们分别进行说明。

（1）深入实地，身临其境，成为环境的一部分，在自然情景中开展研究。

实地研究一词的英文是 field research，在社会人类学中，它被称作"田野工作"（field work）。这种称呼或许更能直接地体现出这种研究方式的基本特征。它意味着，实地研究者的研究工作必须是在田野、在实地、在社会生活的真实现场进行的。如同那些身穿白大褂的实验人员，他们的

研究工作主要是在摆满了各种仪器、各种设备、各种材料的实验室中进行的一样，这种对"实地"、对"现场"的强调，可以说是实地研究方式的第一个重要特征。

在各种研究方式中，调查研究和一部分实验研究方式似乎也需要到实地去。但有所不同的是，调查研究中的"实地"，只是研究者在进行实地抽样、问卷发放或者结构式访谈过程中的一种"临时的现场"。调查研究者到这种现场的目的只是找到样本中的调查对象，将问卷成功地送到调查对象手中。即便是采用结构式访谈法，到现场（比如居民家中）与调查对象进行面对面访谈，研究者或调查员也只是短暂地、相对正式地接触调查对象，十分短暂地停留在社会生活的实地场景中。它和实地研究中的那种相对长时期地、完全地"投身于""沉浸于"社会生活场景，以及那种全方位、长时间、相对非正式地与研究对象进行日常接触是完全不同的。在某些实验实验中，研究者也会在真实的"实地"开展研究，但一方面实验研究者在实地的时间同样十分短暂，另一方面由于需要控制的因素较多，这种"实地"的规模、范围往往也相对较小。

更为重要的是，实地研究方式将研究者所深入日常社会生活的社会背景，以及将研究者与作为社会背景一部分的人们之间的关系，作为理解社会生活现象以及人们行为的关键因素。正如有学者所指出的，"研究者必须成为环境的一部分，只有这样才有可能理解那些生产文化的人们的行为"[1]。因此，研究者与社会背景的完全融合、研究者自身成为其所研究的社会背景的一部分，就成为实地研究这种研究方式的一种标志，同时这也是实地研究得以顺利进行的重要前提。

（2）研究者自身是研究工具，主要依靠观察、体验、感受和移情理解。

从方法的本质上说，实地研究是一种直接感知、直接体验、直接感悟型的研究方式。正如有的学者所指出的："为有助于理解社会现实，我们还必须直接体验这种现实。"[2]

---

[1] Punch K F. Introduction to social research: quantitative and qualitative approaches. London: Sage Publications Ltd., 1998: 137.

[2] 同[1]140.

第 7 章 实地研究设计

当研究者进入实地，投身于研究对象具体的生活环境中后，他对社会现象及人们行为方式的研究，就被限制在更多地依靠直接的观察和询问、更多地依靠自身的主观体验和感受、更多地依靠"移情理解"上了。实地研究者尽管也可以收集和利用现存统计资料和其他文字资料，但主要依靠的资料，是他们通过自身的感官以及思考收集到的那些具体的、生动的、活生生的，但同时又是凌乱的、此时此地的经验材料。实地研究方式一方面导致了研究者必须通过自己的耳闻目睹、现场经历、亲身体验来获得直观的感受；另一方面还导致了一种对现实社会场景的依赖，导致了一种对日常生活中人们的行为、态度进行移情理解的依赖。"重要的是，要参与到社会关系中去，在一个被观察的背景的语境中去理解人们的行为。"[1] 而要完成这样的感知，要完成这种特定的理解，更多地将研究者自身作为研究工具就成为必需的条件之一。

（3）没有先入为主的观点和理论，更多地遵循着归纳的思维逻辑。

与许多定量研究方式的研究显著不同的是，实地研究中的研究者不需要带着某种已有的观点、假设或理论进入现场。一切抽象的结论、理论的解释都来源于实地经验观察。批评家坚持认为，与把问卷作为工具的社会调查者总是假定他们已经知道了重要的事物相反，参与观察的研究者"不会对重要的事物做出断然的假定。然而，这种方式鼓励研究者们将自己沉浸于他们试图理解的人们的日复一日的活动当中。与检测观点（演绎）相反，它们也许可以从观察（归纳）中发展而来。也就是说，他们会将在寻求理解中所使用的方法和阐释结合起来"[2]。

理解和解释始终是研究的根本目标，这对实地研究来说也是如此。但是，实地研究要达到这一目标的理想之路却与大部分的定量研究方式有所不同。从逻辑推理的角度看，实地研究基本上遵循着归纳的路径，即从现场的观察、访谈收集到的大量具体的、经验的材料中，抽象出对现实事物的理解和解释。

---

[1] Punch K F. Introduction to social research: quantitative and qualitative approaches. London: Sage Publications Ltd., 1998: 137.

[2] 同[1]136.

(4) 主要着眼于了解和分析事物或现象的内部结构及变化过程。

不同的研究方式都有其特别"擅长"的地方，就像实验研究特别擅长探索现象之间的因果关系、调查研究特别擅长描述总体的现状和趋势一样，实地研究特别擅长描述和分析事物或现象的内部结构及变化过程。

前面我们说过，实地研究来源于人类学。正是人类学家企图了解其他社会中人类文化现象的需要催生了实地研究方式。从早期人类学家马林诺夫斯基、布朗，到后来美国芝加哥学派中的社会学家帕克等，都为这种研究方式的形成与发展做出了努力和贡献。实地研究也逐渐从研究外民族文化现象扩展到研究研究者所属社会的文化现象，扩展到研究本民族社会内部的各种群体、结构及其变化过程。在这一发展过程中，实地研究的方式和具体技术在不断完善，而着眼于了解和分析各种社会事物或社会现象的内部结构、着眼于社会现象的变化过程的特征则始终如一地被贯彻了下来。这也成为研究者采用实地研究方式的一个重要的原因。

2. 适合采用实地研究方式进行研究的议题

正因为具有上述特征，所以实地研究对于那些不适合采用调查研究等定量研究方式进行研究的议题来说无疑是一个很好的选择。实际上，实地研究还特别适合下列一些研究议题：一是与自然情景中人们的态度和行为有关的议题，特别是与自然、社会背景下人们之间的互动有关的议题；二是与那些经历相当一段时间的社会事件和社会过程有关的议题；三是与某些特定的社会群体或组织的内部结构有关的议题。

洛夫兰德夫妇提出了几种适合实地研究的社会生活因素或议题，其中包括：实践（主要指各种行为）、情节（包括各种事件）、邂逅（现实情境中的互动）、角色、关系、群体、组织、聚落、社会世界、生活形态或亚文化等。[①] 认真分析起来，他们所提出的这些议题具有这样一些共同特点：多为微观的、小规模的、内部性的、互动的。

对于这一点，纽曼教授给出了进一步的解释："实地研究法一般适用于研究涉及体会、理解或描述某个互动中的人群的那些情况。实地研究最

---

① 巴比. 社会研究方法. 邱泽奇, 译. 北京: 华夏出版社, 2000: 360.

第 7 章 实地研究设计

适合处理以下问题:社会世界中的人们是如何办到 Y 这件事的呢?或是,X 这个社会世界是什么样的呢?当其他方法(像调查研究、实验研究)不适用时,例如,研究街头帮派,就是实地研究的适当时机。"[1] 他还建议初学者和研究生"从一个相对比较小的(30 人左右或者更少),而且其成员都是在相对固定的背景下(例如,一个街坊、教堂、酒吧、美发沙龙或棒球场)互动的团体开始,着手研究"[2]。他在书中介绍说,他的学生完成了一些短期的、小规模的实地研究,包括美容院、日间托儿所、面包店、赌场、保龄球馆、教堂、咖啡馆、自助洗衣店、报警办公室、私人疗养院、文身店和减肥中心等。本书的读者和研究生们同样可以在我国社会类似的场景中进行这种小规模的实地研究。

三、实地研究的设计要点

上述对实地研究所具有的几个本质同时也是其区别于其他研究方式的基本特征,以及适合采用实地研究方式的研究议题的介绍,对于我们掌握实地研究设计中的关键点十分重要。由于实地研究方式具有较少的结构性、较多的灵活性,因而,在设计方面也像调查研究等定量研究方式一样更加具有弹性。一般的研究方法教材中都对实地研究的步骤有所介绍。我们这里主要强调实地研究的设计工作中要特别注意的几个方面,作为对读者在设计实地研究时的一种提示、建议或提醒。

1. 明确实地研究方式与研究问题、研究内容、研究环境条件之间的合适性

研究者首先应该考虑的是,对自己选择的研究问题来说,实地研究方式是不是用来寻找其答案的最合适途径。不同的研究问题,会使研究具有不同的目标。而研究方式的选择,就如同选择通向研究目标的道路。一种研究方式,往往更适合用来探讨和回答某种类型的研究问题,而不适合用来探讨和回答另一类型的研究问题。只有研究问题、研究目标和研究途径相互协调,才有助于取得好的研究结果。当研究问题属于

---

[1] 纽曼. 社会研究方法:定性和定量的取向:第 5 版. 郝大海,译. 北京:中国人民大学出版社,2007:460.

[2] 同[1].

前面介绍的几类议题，属于适合实地研究进行探讨的问题时，采用实地研究方式才是最为合适的选择。而当研究问题是诸如某一群体的行为或态度现状如何、某一现象的总体特征及分布如何、来自某一理论的假设在新的总体或现实中是否成立等时，就不太适合选用实地研究方式。

研究者其次应该考虑的是，对自己研究中的研究内容来说，实地研究方式是不是最为理想的方式。尽管各种具体内容都会涉及社会中人们的行为、人们的态度以及人们的特征等，但是，人们不同的社会行为和社会态度所具有的社会特征不同，特别是敏感性程度不同。因此，有些方面的研究内容相对容易通过结构式访谈的方式、现有文献分析的方式，或者通过间接观察、局外观察的方式获得；但也有些方面的研究内容则往往更适合，甚至只适合采用深度访谈、直接观察特别是参与观察的方式获得。比如，如果研究者希望研究的主题和内容是有关农村基层选举的，那么通过到农村基层进行参与观察，亲身参与和体验现实社会中农村基层居民和村干部在民主选举新的村一级领导的过程中的各种行为、各种表现，就比那种仅仅通过问卷调查来进行研究的方式更能深入了解和切实把握现实社会中发生的一切，也能更加准确地分析和解释人们这么行为、这么表现的各种深层次原因。

此外，研究者还应该考虑的是，对自己的研究环境条件来说，实地研究方式是不是最合适的方式。开展实地研究的前提之一是研究者要深入实地，既要进入并参与研究对象生活于其中的自然环境和社会场景，还要作为正常人与研究对象接触和互动。因此，这种外在的研究环境与实地研究的合适性同样至关重要。在进行研究设计时，研究者应该对实地研究过程中自己所面临和接触的各种外部环境条件有所考虑，特别是作为外来者，要努力使自己的角色、自己的出现、自己与研究对象的互动等，都能与研究对象的现实生活场景相适应、相协调、相符合，并尽可能少地干扰到、刺激到、影响到研究对象的正常生活。

2. 恰当选择实地研究的地点

研究地点的选择也是实地研究设计中一项重要的任务。怎样选择一个合适的实地研究地点呢？毫无疑问，研究地点的选择首先应该针对研究所

第 7 章 实地研究设计

要探索和回答研究问题的需要。更具体地说,所选择的研究地点对于回答研究问题来说,应该具有某种典型性,即选择最能够直接为探讨和回答研究问题提供经验的和逻辑的证据的社会场景。

除此之外,研究者在实际选择过程中还应该考虑一些什么因素呢?有学者给出了下列建议:"选择实地研究地点有三个相关的因素要注意:资料的丰富性、不熟悉的程度和合适性。"[①] 这里所说的资料的丰富性,指的是研究者所选择的研究地点应该比其他地点更能够为研究提供各种社会关系、各种社会活动、各种社会实践的事实,以形成可供研究者探索和分析的丰富、生动、详细的资料。这里所说的不熟悉的程度,指的是研究地点的社会特征,特别是社会背景与研究者自身的社会背景和生活经验之间差别的大小。该学者建议初学者选择自己不太熟悉的研究地点,也就是说,选择与自己的成长环境、个人生活经验相差较大的研究地点。这样更便于研究者发现现实中有意义的行为方式、文化特质、背景事件和社会关系。至于合适性,则主要指的是研究者在选择研究地点时,要注意尽量避免选择那些和个人社会背景条件相冲突,特别是会对研究者的实地参与产生某种限制和负面作用的地点或社会场景。除此之外,实地研究地点的选择还应该考虑将来进入实地的容易性这一个因素。在其他条件相同的前提下,研究者应选择那种较少客观障碍、有合适的"关键人物"帮助联系和介绍、可较容易进入开展观察访问的研究地点。

3. 资料收集方法的设计以及进入田野前的准备

在实地研究中,虽然研究者也会收集当地相关的档案资料、统计资料、人物传记等文献资料,但研究者更多依赖的资料主要是实地观察的资料和实地访谈的资料。因此,实地研究设计中最重要的资料收集方法的设计主要是对参与观察法和无结构访谈法的设计。与这两种方法相关的问题涉及众多方面,研究者既要考虑到实地研究中各种可能的资料来源以及资料的性质,同时也要考虑到具体的观察方法、访谈方法、观察者的角色以

---

① 纽曼. 社会研究方法:定性和定量的取向:第 5 版. 郝大海,译. 北京:中国人民大学出版社,2007:470.

及记录的方式等。特别重要的是，无论是采用观察方法还是访谈方法，研究者事先都要有所考虑和准备。

对于观察方法，研究者最重要的考虑是自己参与实地生活场景的程度以及与之密切相关的观察者的角色问题。这也即是说，研究者要考虑自己在实地生活场景中，是主要作为"观察者"，还是主要作为"参与者"；是以研究者的公开身份进入实地、参与研究对象的现实生活，作为"外来人"进行观察，还是隐藏研究者的真实身份，以其他的假身份"混入"研究对象的生活场景中，作为"内部人"悄悄地、"暗地里"进行观察。毫无疑问，这两种观察方式都有各自的优势，也都有各自的局限和风险。研究者在设计时，既要考虑到采用何种观察方式可以更方便地获得真实、可靠、详细、丰富的资料，又要考虑到每一种观察方式在实地生活场景中进行观察的可能性和可行性。同时，在进入实地之前，研究者还要适当进行细心观察、定期记录的技能技巧练习和训练。

对于访谈方法，研究者最重要的考虑是对正式访谈和非正式访谈两种方式的选择、计划和对访谈的准备。实地中的正式访谈是研究者根据研究目标和资料收集的要求，有目的、有计划、有针对性地选择访谈对象，并在预先确定的特定场景中（比如办公室、咖啡馆、家中等）进行的。而非正式访谈则是在实地参与的过程中，在事先没有计划和准备的情况下，在偶然发生的场景中进行的，这种访谈更接近于日常生活中人们的一般交谈。

正式访谈是实地研究中主要的访谈方式，因此研究者要对访谈对象进行认真选择。选择的标准包括符合研究目标的要求、有典型性、可接近性等。正式访谈除了掌握必要的访谈技巧外，十分重要的一点是要做好访谈前的准备工作。这种准备工作包括了解访谈对象的基本情况，考虑和选择合适的访谈角色；提前约定访谈的时间和地点；更为重要的是，在进入实地之前，研究者一定要对研究问题有相对深入的思考，并准备好一组访谈提纲或者一打准备询问的关键问题。这种思考也会为进入实地后的参与观察和非正式访谈提供一种框架。当研究者在实地中偶然遇到研究对象并开始一段非正式的访谈和交谈时，这种事前的思考就会发挥出意想不到的作用,让研究者在不经意的交谈中,有意识地朝着研究目标和研究问题收集丰富生动的资料。尽管正式访谈往往是实地研究中研究者所依赖的主要的访谈方式,但有了由这种深入思考形成的框架的帮助,非正式访谈也常常会给研究者提供意想不到的有用资料。

4. 对进入实地的方式、进入后的适应以及对建立关系和伦理问题的考虑

进入实地的方式是实地研究设计中一项值得注意的内容。以什么方式进入？以什么身份和角色进入？以什么样的形象进入？这都是研究者应该思考和回答的问题。合适的进入方式既与研究者所选择的实地研究场景、实地中要观察和接触的研究对象有关,也与研究者进入实地后所采取的观察角色有关。因此,研究设计中,研究者首先要对所选择的实地研究场景和研究对象有比较详细的了解,明确研究场景或研究对象对进入方式可能形成的障碍,思考需要采取什么应对措施,特别是需要利用什么样的关键人物。同时,研究者还应该对自己的先赋特征(比如性别、年龄、城乡背景、大学生或研究生身份等)、自身的素质、能力和客观条件,与这种进入方式之间的合适性有清醒的认识。对自己所具有的身份、自己将采取的角色、自己与研究对象之间的关系等也应提前梳理清楚,最大限度地让自己在进入实地时的身份定位、外在形象以及言行举止,都符合所选择的实地环境及研究者角色的特点,顺利地进入实地。

研究者进入实地后的另一项重要任务是要尽快适应实地环境,自然地接触和结识各种研究对象,及早地被实地环境和研究对象接受,为顺利开展实地观察和访谈打下基础。在这一方面,研究者最重要的训练是要学会与人打交道,与实地环境中各种各样的人打交道。任何一个实地研究场景中,往往和研究者自身所生活的社会场景一样,有着各种性格、各种背景、各种态度的人。有的人可能开朗、直爽,容易交谈,易于接近;有的人可能谨慎、小心,话语不多,不太容易接触;还有的人则可能由于性格孤僻,甚至胆小怕事,因此很难接近。研究者在进入实地前,应对各种可能情况有一定的心理准备,也可以适当进行学习和训练,从恰当地介绍自己开始,从日常生活中与陌生人搭讪开始,培养自己与各种人打交道的能力,帮助自己在进入实地的初期,更好地融入实地环境、融入研究群体,

拉近自己与研究对象之间的距离。当研究者逐渐将自己"变成"当地人,"变成"研究对象中的一分子,并且可以从当地人的角度来看待实地中发生的各种现象,来理解和解释实地中发生的事件,来理解和解释当地人的言论和行动时,他的实地研究也就成功了一半。

相比于文献研究、调查研究等定量研究方式,实地研究方式还有一个十分特殊的地方,这就是它所面临的伦理问题往往更多,也更难处理。纽曼教授讨论了实地研究中的五个伦理议题:欺骗、保密、涉及越轨者、有权势的人和出版实地研究报告。[①] 其中最普遍的是前两个方面。所谓欺骗,主要涉及的是研究者的真实身份与虚假身份问题,以及进入实地的公开的目的与隐匿的目的问题。对于这一点,目前学术界的观点并不统一。笔者认为,可以采取的一个原则是无伤害原则,即无论研究者采取真实身份还是虚假身份,无论向其他人告知的是公开的目的还是隐匿的目的,一切都应以不会对研究对象造成伤害(包括身体上、心理上、名誉上、经济上等的任何伤害)为根本原则。所谓保密,则是指要保护研究对象的隐私。这涉及每个人的隐私权问题,不能有半点马虎。在实地观察和访谈中,所有观察记录和访谈笔记中的人名都应该用假名或代号表示,在最终形成研究报告时同样应该进行匿名处理。

有一点需要特别提醒,除了要考虑针对研究对象的无伤害原则、保密原则外,还有一条原则是针对研究者自己的,这就是研究者自身的安全原则。因为研究者进入的不是预先设计好、控制好的人工实验室,而是一种真实世界、真实社会的生活场景。这种真实的社会生活场景中会发生各种各样的事情。研究者在这种场景中只是一个外来的普通人,没有权力也没有能力控制实地环境中的各种生活事件和人们的各种社会行为。因此,研究者,特别是缺乏生活经验的年轻的研究生,要有安全意识和自我防范意识,要对可能出现的不安全因素保持高度警惕,以防止在实地研究过程中自身受到伤害。

---

① 纽曼. 社会研究方法:定性和定量的取向:第 5 版. 郝大海,译. 北京:中国人民大学出版社,2007:505.

第 7 章 实地研究设计

最后，关于实地研究设计，还有一条原则要特别强调，这就是在实际进行实地研究的过程中，研究者事前的研究设计随时有可能也随时可以被改变。换句话说，研究设计和研究过程的灵活性、弹性是实地研究的一个本质特征，也是实地研究区别于各种定量研究方式的最大的优势。

四、实地研究设计的实例解析

下面我们列举一个采用实地研究方式开展研究的实例[1]，来看看研究者是如何进行实地研究设计的。

1. 研究背景与研究问题

现代社会中，集休闲、健身、娱乐、游玩等于一体的公园，不仅是城市里的一种基础设施，也是城市中最重要的公共资源之一，满足着人们日常生活的多种需求。公园不仅体现着一个城市的审美、包容性和活力，也影响着人们在休闲健康、生活质量、社会福祉等方面的需求满足。那么，"人们在公园中的日常生活实践是怎样的？公园的使用者，尤其是公园的常客在公园里的日常言行举止如何？城市中的公园通过何种途径满足了人们什么样的需求？这些方面的研究结果对于公园管理和城市规划又具有什么样的启示？社会学的公园研究还需要面对哪些议题？"围绕着这些问题，有研究者以城市中的公园为田野，开展了一项实地研究。

2. 研究设计

在确定了上述研究问题后，研究者开始进行第一项研究设计工作，即选择开展实地研究的地点。对于这项研究来说，也就是选择研究者要进行田野调查的公园。两位研究者所在的城市是上海。作为国际大都市，上海有着众多的城市公园，这为他们以公园为研究对象开展研究奠定了基础。为了选择合适的公园，研究者先进行了对上海众多公园的初步考察工作。从 2017 年 9 月开始，研究者实地考察了上海市多处公园，"包括长宁区的中山公园，静安区的大宁公园（也被称为大宁灵石公园、大宁郁金香公

---

[1] 张敦福，高昕. 城市公园的日常生活实践、需求满足与社会福祉：上海市中山公园和大宁公园的实地研究. 中山大学学报（社会科学版），2020（1）：156-165. 此例中的引用部分均来自这篇论文。

园），闵行区的主要用于运动和慢跑的闵行绿道，黄浦区的以'相亲角'出名的人民公园、以老上海民间传统九子游戏为主题的九子公园，徐汇区的以植物引种驯化、展示、园艺研究及科普教育为主题的上海植物园（收费公园），以及静安公园、静安雕塑公园、长风公园、复兴公园、鲁迅公园等"。在对公园的规模、使用者数量、生物多样性和基础设施等方面进行综合考量后，研究者最终选择了中山公园和大宁公园作为开展实地考察和访谈的田野。"中山公园及其周边地区的历史文化遗迹比较丰富，经历的改造不大；而大宁公园规模更大、更新，经历组建，以人造景观为主。"研究者所选择的这两个公园各有特点，但也有一定的相似之处。比如二者都具有交通便捷、人流量大、周围居民区环绕、处于商业区周边等特点。更为重要的是，在上海众多公园中，这两个公园的知名度高、代表性强。

研究者的第二项研究设计工作是对实地研究方法的设计。与常见的实地研究设计十分相似的是，研究者在对公园的研究中也主要采用了参与观察法和半结构访谈法。在参与观察中，研究者"亲身游园，既是公园的使用者，又是观察研究者；有些时候，也参与到游园者的活动中，比如闲聊、健身、唱歌和跳舞"。在参与观察的过程中，研究者共拍摄了约200张照片和10个左右的视频，作为研究分析的资料。

研究者之所以采用半结构访谈法，是因为"半结构访谈有助于使访谈对象更好地围绕访谈提纲谈话，能够反映访谈对象的思想活动和情绪变化"。访谈对象是公园的使用者，尤其是经常逛公园的人。研究者参考迪·朱利奥等学者开发出的包括物质生活、个人发展、社区认同与社会介入在内的三类九大需求列表，进行了一些本土化的修订和解释，使其更好地被访谈对象理解，以此构成访谈框架。访谈工作从2018年11月开始直到2019年5月结束，历时半年。研究者"从26名公园使用者那里获取了有效的访谈资料。其中，中山公园14人，大宁公园12人。性别方面，男性16人，女性10人；学历方面，高中及以下学历3人，大专及本科学历15人，硕士及以上学历8人；年龄方面，39岁以下14人，40~59岁6人，60岁以上6人；职业方面，离退休人员7人，在校生3人，管理人员5人，专业技术人员11人；家庭年收入方面，15名受访者表示低于20万元，7名受访者表示在20万～50万元之间，1名受访者表示在50万～100万元之间，2名受访者表示超过100万元，另外1名受访者不愿透露家庭收入状况；居住地方面，23人常住上海，1人居住在上海和西安，1人居住在上海和河南，1人居住在上海和日本东京；从家到公园的时间方面，13名受访者耗时小于19分钟，6名受访者耗时为20分～39分钟，7名受访者耗时超过40分钟"。相比于参与观察得到的资料，半结构访谈得到的资料更为丰富，它构成了该项研究的主要经验材料。

3. 研究结果

研究者主要报告了两个方面的研究结果。

一是描述了公园里的日常生活实践与公园满足人们休闲、健康、交往、娱乐、认同等多方面需求的状况。

比如，"中山公园是上海市四星级公园，园内树木、花卉品种的数量以及草坪面积都位居全市综合性公园之首。周边居民和在附近工作的人构成了公园的主要使用者。中山公园内人们上午和下午的活动主要以广场舞、吹弹乐器、唱歌、练拳、棋牌为主；晚上的活动以广场舞、跑步、散步为主。公园内靠近外围的环形小路被人们用作慢跑的运动跑道，在夏天公园24小时开放时，晚上10点以后依然有一些夜跑者"。

而"相比于历史悠久的中山公园，大宁公园是一个'年轻'的公园，于2002年建成投入使用，是浦西最大的公共绿地。公园里有面积达7万平方米的人工湖，3 000多平方米的白色人造沙滩，位于公园北面的大型人造山也是上海人工假山之最。公园外还有一个面积较大的停车场，这是很多公园没有的"。"每年3月到4月的郁金香节，是公园游客最多的时候。种植郁金香的这片区域是公园里的'南国风光'景区，风车和奶牛的雕塑被布置在花田里，营造出荷兰风情。人工湖里可以划船，湖边的白沙滩非常受游人欢迎，尤其是带孩子的家庭，这里一到节假日便'人满为患'。白沙滩外围有一圈小亭子，这里是人们'争抢'的地盘。人们往往在这里铺开野餐布（大宁公园里禁止搭帐篷），摆放上一些食物和玩具，休息和纳凉。公园里另一个有特色的活动是钓鱼。垂钓区是一个固定的区域，根据钓到的鱼的重量付费。垂钓者大多年纪较大，全部为男性。早晨和傍晚的罗马广场是广场舞大妈们的'舞台',广场舞队伍往往有几十人。白天的罗马广场上有时能看到拍摄婚纱照的人。在公园中部区域的人工湖和假山之间的稀疏的树林中有一个非常活跃的管乐队（其在视频网络上的作品链接表明是'小树林乐队'）,主要以小号和萨克斯为主。"

研究结果也表明:"大多数人对公园的现状感到满意,包括自然景观、基础设施和公园里的各种活动和游人。相比较而言,公园的使用者更喜欢自然环境,而不是文化环境,比如人们更喜欢中山公园里的大草坪,而对凝聚力工程博物馆则很少关注。另外,经过观察和访谈可以发现,老年人的公园使用频率是最高的,他们是公园的常客。对老年人来说,公园不仅是一个锻炼身体的场所,也是一个能够与人（熟悉的或陌生的）交谈,保持已有社会关系或建立新的社会关系的地方。"

二是对公园的现有缺憾及对城市规划和公园管理的政策建议。

研究者指出:"在满足民众需求、增进公共福祉方面,上海的公园还表现出诸多缺憾和不足。首先,公园成为稀缺的公共资源,却未必受所有民众欢迎。面对上海地图,你所能看到的公园寥寥无几,绝大多数土地被更具有直接经济和实用价值的建筑覆盖。""游园者中老年人与年轻人之间的区分,是公园使用者群体差异的另一个重要话题。如同中国绝大多数公园一样,上海的公园也多半是年长者的天下。对于大部分老年人来说,来公园的首要目的是锻炼身体,他们可以参加跳舞、打太极拳、唱歌、乐队演奏、棋牌游戏等团体活动。随着中国人口老龄化加剧,越来越多的老年人需要像公园这样的公共空间,而上海的老龄化进程更使得银发一族成为占据公园时间和空间的主体。工作日期间,老年人是公园的主要使用者。对于年轻人而言,公园一方面是一个让人放松身心的好地方,另一方面也适合全家出游,只是他们因为工作和其他事情繁忙不常到公园游玩,他们不愿意与老年人竞争,也竞争不过老年人。虽然这种局面一时难以改观,但筹划和引进年轻人的集体活动、游戏活动和社会义务活动,提供免费的Wi-Fi,把公园环境氛围营造得更具青春活力和浪漫气息,或许可以吸引一部分年轻游园者。

"其次,应在规划和建设上突出公园之间的差异性,更关注公园使用者的需求。上海的公园虽然未达到所谓千园一面的地步,但并非有了山水、树木、花草、座椅、亭子就是一个高质量、多样化的公园,更谈不上什么个性。

"再次,公园需要为非正式的社会团体提供更多的空间和自主权。基于兴趣、爱好而聚集在一起的非正式的小团体,可以加强社会联系,促进人们之间的公共交往。

"最后,一些公园养护管理的细节问题也是不能忽视的。比如很多游客不满意公园厕所的卫生状况,公园里的小商店售卖的商品价格高、质量差也是一个普遍问题。"

4. 简短评价

从这一例子中可以看到,研究者通过实地研究设计,运用参与观察法和半结构访谈法,较好地描述了目前上海居民在公园里的日常生活实践,展示了公园在满足人们日常生活多种需求方面所具有的功能,并在解决这种实践中存在的问题以及改进管理的建议方面提供了有价值的参考。

从这一例子中我们可以得到以下两点主要的启示:首先,研究者采用实地研究方式的设计,既很好地适应了其研究目标的要求,也很好地适应了其开展研究的场景和客观条件。虽然对于"城市中的公园通过何种途径满足了人们什么样的需求"这样的问题也可以通过向城市居民开展调查的方式来获得,但是对于"人们在公园中的日常生活实践是怎样的""公园的使用者,尤其是公园里的常客在公园里的日常言行举止如何"这样的问题,直接的参与观察无疑是比调查研究更为恰当和有效的方式。其次,对参与观察和访谈的具体地点的设计,研究者的设计中也有两方面值得我们学习。一是先对上海城市公园的整体状况进行初步了解,为具体的选择奠定基础,而不是盲目地随意进行选择;二是注意到所选择的公园具有典型性和代表性,以尽量避免特殊性可能带来的偏差。

当然,该研究设计的有些方面也存在一定的问题。比如,对于访谈对象的选取标准和方法。由于研究者在论文中没有对如何选取访谈对象进行相关说明,因此我们无法判断研究所依据的这26名访谈对象的典型性、特殊性等，也无法判断访谈结果在多大程度上反映了公园使用者的一般情况。仅从上面研究者的介绍来看，似乎访谈对象中年轻的对象偏多，年龄大的对象偏少；文化程度高的对象偏多，文化程度较低的对象偏少；在职人员特别是专业技术人员、管理人员偏多，离退休人员偏少。这种访谈对象结构上的偏差无疑会影响到研究结果及其所反映的现实。如果在研究设计上充分注意到访谈对象的性质和特征，那么访谈得到的资料就会更有意义。

推荐阅读

[1] 乔金森. 参与观察法. 龙筱红，张小山，译. 重庆：重庆大学出版社，2008.

[2] 纽曼. 社会研究方法：定性和定量的取向：第 5 版. 郝大海，译. 北京：中国人民大学出版社，2007：第 13 章.

[3] 弗里克. 质性研究导引. 孙进，译. 重庆：重庆大学出版社，2011.

[4] 米勒，萨尔金德. 研究设计与社会测量导引：第 6 版. 风笑天，等译. 重庆：重庆大学出版社，2004：第三章.

[5] 庞奇. 社会研究导论：定量与定性的路径. 风笑天，等译. 重庆：重庆大学出版社，2023.

第 8 章

个案研究设计

个案研究也是学者们在研究中经常采用的一种特定方式。正如我们在上一章中所介绍的，个案研究与实地研究有些相似，但事实上，个案研究完全是一种独立的研究方式。本章将对个案研究方式的主要特点及其设计要点进行介绍。

一、个案研究方式及其特点

个案研究中的个案，指的是研究对象，这种研究对象既可以是个人，也可以是其他类型的分析单位，比如一个家庭、一所学校、一个社会团体、一个企业、一个政府部门、一个街区、一个村庄等。需要注意的是，由于许多个案本身是由不同层次或不同部分组成的——比如作为一个个案的企业中就包括不同级别的厂长经理等管理人员、不同职称的技术人员以及不同资历和经验的普通工人等——因此，有必要将那种整体性的个案与那种由多个层次或多个部分组成的个案区分开来。有研究者用"整体性"和"嵌入性"这两个概念来表达作为整体的个案与由不同层次、不同部分组成的个案之间的差异。

在研究作为"整体性"的个案中，收集信息时所用的变量与研究作为多层次、多部分"嵌入性"的个案时所用的变量是不同的。比如,将一个企业作为"整体性"个案来研究时,所用的变量往往只涉及企业的规模、所有制、产业类型、结构、企业文化、核心竞争力等。而当将这个企业作为一个多层级、多部分的"嵌入性"个案来研究时,我们就可以进一步从管理人员、技术人员以及普通工人那里获得有关经营理念、管理模式、价值观念、工作态度、奉献精神等更广泛、更丰富的信息和资料,对个案整体的描述和分析将会更加全面。正如有的学者所指出的:"一个良好的个案研究设计会避免只检验部分组成元素,它会通过广泛收集多个层面的信息来构建个案画面。与任何组成元素所能告诉我们的信息相比,最终的个案研究会告诉我们更多性质不同的信息。"[1] 与此相对应的是,在个案研究中,研究者往往需要针对不同的构成要素采取多种不同的研究方法,以此来收集描述社会生活的丰富性所需要的资料。

作为一种特定的定性研究方式,个案研究所具有的与其他研究方式明显不同的特征是:它的焦点特别集中,对现象的了解特别深入、特别详细;同时,它有多种资料来源和多种资料收集手段;并且它主要用来提出概念、命题和建构理论,同时也能检验理论;但研究结果往往难以进行概化和推论,这是其最大的不足。

由于个案研究通常只关注一个或有限的几个个案,因此,研究者可以对个案的前世今生、个案发展变化过程的来龙去脉、个案内部的各个部分、个案与外部环境的各种联系和互动等众多方面的内容进行深入且详细的了解,从而达到对个案以及同类现象相对全面的认识。

关于个案研究中的资料来源,殷认为:"个案研究中有六种证据来源,每一种都有各自的优势和缺陷。它们是:文件、档案记录、访谈、直接观察、参与观察和人工实物。但是,没有理由说个案研究不能包括通过问卷获取的定量数据。"[2] 实际上,个案研究中可以采用多种不同性质的资料,比如个人访谈资料、参与观察资料、现有统计资料、现有官方文献、问卷

---

[1] 德沃斯. 社会研究中的研究设计. 郝大海,等译. 北京:中国人民大学出版社,2008:221.
[2] 梅. 社会研究:问题、方法与过程. 李祖德,译. 北京:北京大学出版社,2009:160.

调查资料等。个案研究中也同样可以采取多种不同的研究方法，包括不同的资料收集方法和资料分析方法，如深度访谈、参与观察、现存统计资料分析等。因而，在一定意义上，个案研究不完全是一种定性研究方式，尽管其主要特征和大部分的个案研究都是相当定性的。

个案研究既可以用来建构理论，也可以用来检验理论。个案研究中的"理论检验取向与理论建构取向的不同之处在于：前者由一组非常明确的命题开始，看其与现实生活情景是否符合。而后者仅以一个问题或一个基本命题为开端，通过对真实个案的观察和测量，进而获得更为明确的理论或一系列命题"[1]。一般的情况是，个案研究用来检验理论时，往往只是对否定理论起到较大作用。即当个案研究的结果与理论不相符时，我们就有理由怀疑理论的正确性；而当个案研究的结果与理论相吻合时，也不能说理论得到了"证明"，而只能说理论得到了这个特定个案的"支持"。

个案研究所具有的深入、全面的特点是其明显的长处。而其最大的不足，或者说其最困难的一个方面，是如何发掘个案研究所具有的概括意义。或者说，个案研究最主要的不足就是个案研究的结果在推论与概化上存在明显的局限和困难。无论典型的个案还是极端的个案，其自身所具有的一些内在的特殊性都是始终存在的。一般来说，研究者开展对某一个案的研究，除了详细、全面地描述这一个案外，往往更希望能够从所研究的具体个案中，抽出一些有价值的命题，或提出一些具有深刻理论意义的研究结论，但个案的特殊性往往会阻碍研究者实现这一目标，研究者往往很难将个案研究中得到的结果进行推论。

二、个案研究的设计要点

一些学者指出："一项有严格科学性的个案研究和任何其他方法一样，在设计上要能回答所提出的问题。也就是说，研究者在选择场所、事件、参与对象、时间时心中要有明确的研究目的，并清楚自己的期望和偏见。所收集的数据通常应该有不同的来源，运用不同的方法，并由其他研究者

---

[1] 德沃斯. 社会研究中的研究设计. 郝大海，等译. 北京：中国人民大学出版社，2008：223.

所证实。不仅如此，对个案的叙述要利用原始证据并提供足够的细节，从而使读者能够判断结论的效度。"①

根据他们的看法，在进行个案研究的研究设计时，我们应该注意以下几点：

一是个案研究设计同样必须以回答研究问题为目标，即研究设计的出发点同样还是研究问题。个案研究方式本身只是研究者为回答研究问题采取的一种途径。正是研究问题决定了研究场景、事件、参与对象以及时间等一系列具体设计内容上的选择。换句话说，每一项具体内容之所以被选择，主要是因为它们可以很好地帮助研究者达到回答研究问题的目的。因此，在进行个案研究设计时，研究者首先要能够清楚地认识和说明采用个案研究方式进行研究的必要性，同时还要能够清楚地认识和说明开展这项个案研究的总的目的。只有目的明确了，指导思想才会有方向，研究设计的具体环节才会更加清晰。

二是要选择和决定研究所依据的个案。恰当的个案选择是研究得以顺利开展和取得预期效果的基础。研究者要事先确定并清楚说明选择个案的原则和标准，所选择的个案的特征和边界是什么，研究要考察的是一个个案还是多个个案，等等。同样应该记住的是，这种对个案的选择，除了其他方面的因素外，个案特征与研究目标之间的适合性、研究者接近和接触个案的可行性，无疑是最重要的标准。由于个案的选择在个案研究中具有重要地位，因此我们将在下一节中专门对此进行介绍。

三是个案研究中要尽可能运用多种不同的资料收集方法，并且要尽可能利用多种不同的资料来源。个案研究作为一种研究方式，既"可以基于定性材料，也可以基于定量材料，或者同时采用定性材料和定量材料。除此之外，个案研究也并不总是把直接的、详细的观察作为证据的来源"②，即并不一定非要通过民族志观察或参与观察来收集资料。在研究某些问题

---

① 沙沃森，汤. 教育的科学研究. 曹晓南，程宝燕，刘莉萍，等译. 北京：教育科学出版社，2006：99.
② 殷. 案例研究：设计与方法：第3版. 周海涛，李永贤，张蘅，译. 重庆：重庆大学出版社，2004：17.

第 8 章　个案研究设计

时，研究者甚至不需要离开图书馆。这也即是说，个案研究的资料收集过程既可以像民族志研究、实地研究、参与观察法那样通过深入实地、较长时间的参与和观察来达到，也可以完全不采用这些方法，只通过收集和分析文献档案资料来完成。总之，对多种方法的运用和多种资料来源的利用正是个案研究的一个重要特征。无论是现有档案资料、行政统计数据等文献资料，还是通过参与观察、开放式访谈等方法获得的以文字记录为主要形式的实地资料，都是个案研究中常用的资料。而个案研究中的资料收集方法也依资料来源和性质的不同而不同。因此，尽管我们将个案研究设计放在本章中进行介绍，但个案研究的这些特征是我们应该特别注意的。

四是在做出各种选择的时候，研究者同时也要十分清楚这种选择带来的或可能带来的各种局限。无论是对研究地点的选择，还是对研究对象的选择，个案研究设计中往往会有比定量研究更多一些的主观考虑，各种选择上的主观因素也会更多一些。因此，研究者在考虑如何更好地回答研究问题的同时，也要考虑到自己所做出的每一种选择和决定对研究对象、研究资料以及研究结果的各种可能的影响。

五是要以原始证据而非其他二手的或转述的证据为主，并提供能反映这些证据原始特性的足够充分的细节。原始资料的收集和展现，既是个案研究的一个特色，也是其得出研究结论的基础。强调资料的原始特性以及资料的细节，或许有两个方面的原因，一方面是通过这些细节来向读者表明证据所具有的客观性特征，即表明证据并非研究者个人的特别是主观的产物；另一方面是便于读者通过对这些原始证据的审查和检验来判断研究结论的有效性与可靠性。

读者在设计一项个案研究时，同样需要以研究计划书的形式将自己的设计和思考写下来。我们这里列出一位学者对一项个案研究的研究计划书里需要包括的内容给出的建议[1]，作为读者撰写个案研究计划书时的

---

[1] Punch K F. Introduction to social research: quantitative and qualitative approaches. London: Sage Publications Ltd., 1998: 156.

参考。

一项个案研究的研究计划书里需要包括：

清楚地说明个案是什么，包括对它的边界的识别；

清楚地说明对这个个案进行研究的必要性，以及这项个案研究的总的目的；

将总的目的转变成特定的目的和研究问题（这些问题会在早期的经验性工作中产生）；

说明这项个案研究的整体策略，特别是说明是一个个案还是多个个案；

表明将收集什么样的资料，从谁那里收集，以及如何收集；

表明将如何分析资料。

三、个案选择的设计

由于个案的选择在个案研究设计中具有相对重要的地位，因此，有必要对个案研究设计中的个案选择问题进行更为详细的说明。一般情况下，研究者在研究中选择个案的最重要依据，还是回答研究问题的需要，即研究什么样的个案、收集什么样的个案资料最有利于回答研究问题，就选择什么样的个案。下面我们对研究者在个案研究的具体实践中采用较多的几种个案选择方法略做介绍。

1. 选择典型个案

选择典型个案是研究者在个案研究中使用最多的个案选择方法。这种个案选择方法往往包含着一个潜在的假定，即典型个案对同一类型的个案具有较好的代表性。用定量研究的语言来描述，这种典型个案代表了某一类现象的典型值，其"典型性可以理解为在某一特定维度上的均值、中值或者众值"[1]。通俗地说，这种典型个案常常意味着一类现象的平均水平。采用这种方法的一个很好的例子是林德夫妇的《中镇》研究。他们

---

[1] 吉尔林. 案例研究：原理与实践. 重庆：黄海涛, 刘丰, 孙芳露, 译. 重庆大学出版社, 2017：69.

希望挑选一个尽可能代表美国当代生活的中等城市作为个案来展开研究。为此，他们列出了一系列标准，比如气候温和、足够快的发展速度、现代的工业文化、不存在显著的地方特色或严重的地方问题等。在考察和比较了许多城市后，他们最终认为印第安纳州的曼西市比其他美国中等城市更具代表性，或者说，更具典型性。当然，这种选择典型个案的方法在实践中也会有一定的局限。有些典型特征的判定主要依据主观分析，而像林德夫妇这样根据若干变量上的分布特征来进行选取的方式虽然相对客观，但也会由于不同个案在不同变量上的不同表现而变得难以取舍。比如有的个案可能在甲变量上符合标准但在乙变量上差距太大，而另一个个案则可能在乙变量上符合标准但在甲变量或者丙变量上差距太大，等等。

2. 选择极端个案

所谓极端个案，指的是在研究者感兴趣的变量上具有极值的个案。如果把研究者感兴趣的变量看成一个逐渐变化的连续体，那么极端个案就是这个连续体的端点。选择极端个案展开研究，往往是为了更好地凸显研究者所关注的焦点问题。比如，本书第 10 章中介绍的冯文博士在研究我国青少年在独生子女政策下成年的问题时，就选择了八个极端个案。她用"社会经济地位"和"学习成绩水平"建立了一个十字交叉的坐标系，而选取的八名学生分别是处于这个坐标系所构成的田字格四个顶点的人，其他青少年则全部处于四个方格之中。① 纵横两个坐标端点之间的是一种逐渐变化的状态，即无论是学习成绩水平，还是社会经济地位，都是一个有着不同程度的、逐渐变化的连续变量，而不是一个简单的二分变量。在两个坐标系所构成的田字格的四个顶点之内，存在着大量非极端的个案。研究者之所以选择处于四个顶点的极端个案，而不是选择更具"代表性"的典型个案，是因为这种反差更大的极端个案能更好地凸显出社会经济地位、学习成绩水平这两个变量对独生子女青少年的"主体性、体验、渴

---

① 冯文. 唯一的希望：在中国独生子女政策下成年. 常姝, 译. 南京：江苏人民出版社, 2018：35-37.

盼"的影响，且能够在与研究对象相关的社会现象上具有更清楚的解释力。

3. 选择反常个案

如果说极端个案是相对于在某个变量上的均值而言的话，那么反常个案往往指的是"相对于因果关系的某个一般模型而言"。"反常案例分析的目的通常是寻求新的——尚未被详细阐述的——解释。"① 一般来说，研究者选择支持自己的观点或理论的个案是相对容易的。但同时，这种个案的说服力也是相对差的。如果研究者选择一个与自己的观点或理论明显"相反"的个案，那么其得出的结论的说服力会更强，对理论的检验效果会更好，有时还可能因为意外的发现而产生出事先未曾预料的经验概括和理论命题。此外，研究者还可以通过分析反常个案，去寻找这个反常个案为什么会如此不同的原因，并进行解释，这也可能起到对已有理论进行修正或澄清的作用。还有学者认为："通过寻找相反的和类似的案例，一个狭窄的案例分析被拓展为对一个更大实体的解说。因此在最后的阶段，研究过程发展为对一个更大实体的探讨。"② 这也即是说，通过将相反的个案与相似的个案进行比较分析，往往可以得出更多的结果，能够解释的现象范围也会更大。

4. 选择拥有丰富信息的个案

在实际研究中，一些研究者也经常采取这样一种个案选择方法，即选择那些在研究现象中拥有丰富信息的个案，特别是对研究来说是关键信息提供者的个案。③ 这种个案选择方法考虑的主要因素是所选择的个案要拥有丰富的信息。显然，拥有丰富信息的标准对于满足个案研究所需要的深入、全面、详细的特征来说，特别重要。而那些关键的信息提供者往往比其他个案更了解和掌握着与研究者关注问题相关的信息。选择他们作为研究的个案，无论是在获得各种相关信息的数量上，还是在信息的重要性程

---

① 吉尔林. 案例研究：原理与实践. 黄海涛，刘丰，孙芳露，译. 重庆：重庆大学出版社，2017：79.
② 希尔弗曼. 如何做质性研究. 李雪，张劼颖，译. 重庆：重庆大学出版社，2009：115.
③ 高尔 M D，高尔 J P，博格. 教育研究方法：第6版. 徐文彬，译. 北京：北京大学出版社，2016：327.

度上，都会比选择一般的个案的效果更好，收效也更大。比如，如果要了解三峡移民搬迁、安置的动力机制和实施困难，在三峡库区移民大县中选取一名负责移民工作的乡镇长作为研究的个案就是一个很好的选择。因为他既作为贯彻落实国家移民政策，接受省、市、县等各级政府移民部门领导工作安排的关键人物，又作为当地移民工作主要负责人，具体组织、布置、实施移民搬迁、安置工作，联系各村干部并解决广大移民在搬迁、安置中各种矛盾和困难，可以为研究者提供丰富的、深入的和独有的信息。

5. 选择不同类型的个案

对于多个案研究，研究者在个案的选择上除了要依据回答研究问题的需要，按上述某种标准考虑外，往往还会考虑到另外一种因素，即个案之间要有利于进行比较。因此，在选择个案时往往会关注不同类型的典型。比如，在对农村地区的多个案研究中，研究者往往会根据研究问题选择经济发展好的、经济发展中等的、经济发展差的乡村，或者选择东部的、中部的、西部的乡村作为研究对象，以利于进行比较研究。有时研究者希望尽可能反映研究对象整体的状况，便会采用一种分类的选择方法，即先按一种、两种或多种标准将现象总体划分为不同的类型，然后在每一种类型中选择一个个案开展研究。前述冯文博士的研究中，她实际上是根据"社会经济地位""学习成绩水平"以及"性别"这三种标准对学生进行了分类。如果不是选择极端个案，而是从中选择典型个案的话，就可以更好地反映学生总体中各类学生的一般状况。

最后需要注意的是，无论所选择的个案是典型的、极端的、反常的还是其他类型的，研究者都必须对做出这样选择的理由给出清楚的说明和解释，并最好有其道理。同时，还要对个案的情况和可能的局限进行详细介绍，以便于对其研究感兴趣的其他研究者充分了解、认识其研究结论的意义，更合理地使用其研究结果和结论。

四、个案研究方式的应用与研究结果的推广问题

著名学者殷认为，个案研究"是探索难于从所处情境中分离出来的现

象时采用的研究方法"①。他的这种看法强调了情境的重要性、研究的困难性以及个案研究方式对解决这种困难的适用性。对于个案研究方式的应用问题，他认为，与其他形式的社会研究一样，个案研究也可以用于探索、描述和解释三种目的。探索性个案研究的"目的在于定义将要研究的问题或假设，或判断预定研究方案的可行性"，它常常被看作进一步的社会研究的前奏；描述性个案研究的目的是提供"对现象及其情境的完整描述"；而解释性个案研究的目的则是"提供因果关系的信息——解释事情是如何发生的"。② 他还按照个案的数目和研究目的这两个维度，进一步将个案研究划分为六种不同的类型，即单个案的探索性研究、描述性研究和解释性研究，以及多个案的探索性研究、描述性研究和解释性研究。单个案研究只关注一个个案，而多个案研究则在同一研究中包含两个及以上的个案。

个案研究的结果不仅可以为人们认识某一特定的社会现象提供丰富细致的描述，还可以为复杂的因果联系提供更多的证据。同时，它也可以用来发展新的理论、提出与现有理论不同的甚至是相反的假设。对一个特定群体或组织进行深入的个案研究，可以通过对这一群体或组织的构成、内部关系、文化规范等方面的丰富的描述，产生出解释特定行为或现象的合理假设。尽管在许多人看来，个案研究更适合于进行探索性研究，但实际上，同样有许多研究者采用个案研究方式进行描述性研究或解释性研究。只不过采用个案研究方式进行的描述性研究和解释性研究与采用调查研究方式或者实验研究方式进行的描述性研究和解释性研究，在资料性质、研究结果等方面有所不同罢了。比如，殷在其著作中，就列举了著名社会学家威廉·富特·怀特教授进行的"街角社会"研究。殷指出："这本书也是描述性案例研究的经典之作。它按时间顺序记录了人与人之间发生的各种事件，描述了一个前人未曾注意到的亚文化，并发现了一些重要现象——例如低收入家庭中青少年的职业发展、他们为挣脱街区社会关系而

---

① 殷. 案例研究：设计与方法：第3版. 周海涛，李永贤，张蘅，译. 重庆：重庆大学出版社，2004：11.

② 同①12.

第8章 个案研究设计

做出的努力与受挫后的无助感。"正是通过对科纳维尔这个意大利人贫民区的个案研究,通过详细的描述,怀特教授从中"归纳出了个人奋斗、团体结构与社区社会结构之间的关系"①。

个案研究方式在实际应用中最经常遭到的质疑和批评是,个案研究不能提供科学归纳的基础,即研究者不能从一个个案归纳出结论。比如,"你从这一个个案中得到的结论能说明什么?"换句话说,"从对单独一个个案的研究中得到的结果能被应用到更普遍的情形中吗?"对于这种质疑,有两点需要说明:第一,并非所有的个案研究都以推广为目的,即对于那些本身就不想将研究结果进行推广的个案研究来说,这个问题是不存在的。当一名研究者只是希望搞清楚某个特定个案内部的种种复杂性,或者只是希望弄清楚某一特定个案发展变化过程的来龙去脉,以及这一过程涉及的方方面面的因素,以了解和认识其独特性时,他就可以采用个案研究方式进行研究,而根本不用考虑能否推广的问题。第二,个案研究的推论与定量研究中通过大规模随机抽样获得数据进行的推论有很大不同。概括地说,定量研究中的推论是建立在概率统计原理基础上的或然性推论,而个案研究中的推论则主要依据的是事物内在的相似性推论。

如何从个案研究中得出可推广的结果或结论呢?学者们提出了几种不同的方法。有的研究者指出,从个案研究中得出的结果或结论,可能会通过两种方法产生出可推广的结果:"一种是通过概念化,另一种是通过形成命题"。所谓概念化,指的是"研究者发展出一个或多个新的概念来解释研究的某些方面"。"的确,要发展出这种新概念,可能要求那种只有在个案研究中才有可能做到的深入研究。"所谓形成命题,指的是"研究者基于所研究的个案,提出一个或多个连接个案内概念或因素的命题——这些命题也可以称作假设"。"在传统的定量研究中,我们常常始于命题或假设:它们是研究的输入。而在个案研究的过程中,我们结束于它们:它们

---

① 殷.案例研究:设计与方法:第3版.周海涛,李永贤,张蘅,译.重庆:重庆大学出版社,2004:6.

是研究的输出。"① 这也即是说，为了将个案研究的结果推广，应用到更广泛的情景中，研究者必须要在上述两件事上进行努力。还有的学者通过类比实验研究认为，可以通过对多个不同类型的个案的研究来达到推广的目的。他指出："科学发现极少是基于一个实验的，它们通常是根据在不同条件下进行的一系列实验得来的。案例研究也可以采用类型的方法，设计多案例研究，使其能够相互印证。"②

再回到个案研究的研究设计上来，依然是研究目的或研究目标决定着我们要进行哪一种类型的个案研究。应该明白，任何一个个案，往往既具有其独有的、在某些方面的独特性，也具有与其他个案之间在另一些方面的相似性。"问题在于我们究竟是希望聚焦于特定个案的独特之处，还是聚焦于它与其他个案的相似之处。"而"这实际上涉及指引一项个案研究的研究目标和研究问题。当推论是研究目标时，我们聚焦于个案中潜在的一般性因素。个案研究资料的分析必须被引导到一个足够抽象的层次。概念越抽象，就越能够推论。发展抽象的概念和命题使分析高于简单描述。通过这种方式，一项个案研究就能够贡献出有潜在推论能力的发现"③。回顾我们在第 1 章导论中谈到的理论检验的研究与理论建构的研究的内容，不难理解，作为定性研究方式之一的个案研究同样遵循的是一种理论建构的逻辑。其最终的目标就是从具体的经验现实中，抽象出、概括出、产生出能够解释和说明某一类现象的概念、命题和理论。

五、个案研究设计的实例解析

下面我们举一个运用个案研究方式开展研究的实例④，以具体说明个案研究设计的若干要点。当然，由于具体的个案研究在目的、类型、对

---

① Punch K F. Introduction to social research: quantitative and qualitative approaches. London: Sage Publications Ltd., 1998: 154.
② 殷. 案例研究：设计与方法：第3版. 周海涛，李永贤，张蘅，译. 重庆：重庆大学出版社，2004: 13.
③ 同①155.
④ 陈向明. 王小刚为什么不上学了：一位辍学生的个案调查. 教育研究与实验，1996（1）: 35 - 45.

第 8 章 个案研究设计

象、内容等方面的不同,因此其设计方式也会有一定的差别。这一项个案研究的类型及其设计也只是众多研究和设计中的一种。

1. 研究背景与研究问题

20世纪90年代,我国中小学生辍学的现象比较严重,特别是在农村、贫困地区,这一现象更为突出。教育界人士认为,辍学不仅造成了教育资源的浪费,影响了基础教育的发展和国家总体人口素质的培养,而且给辍学生本人带来了身心上的伤害。但当时对辍学现象的研究在中国教育界尚不多见。主要的研究有国家教育发展研究中心使用定量研究方式,对全国部分省和地区的辍学生数量、辍学的原因以及可以采取的对策等问题进行的统计分析,其他研究也主要采用的是定量研究的框架,多从研究者的角度对辍学问题进行因素分析和预测。虽然定量的方法对我们在宏观层面了解辍学现象很有帮助,但是不能在微观层面进行深入细致的描述和分析。同时,这些定量研究也没有再现辍学生的心理状态和意义建构方式。此外,当时对辍学现象的研究多停留在思考和呼吁的层次,没有对辍学的具体情境和过程进行详细探讨。根据上述情况,有研究者希望采用个案研究方式,深入了解和回答农村中小学生辍学的原因问题。

2. 研究设计及其实施

对个案研究来说,研究设计的第一项任务是对选择研究个案的设计。该研究的研究者采用的是目的性抽取个案的设计,即根据研究目的选择有可能为研究问题提供最大信息量的个案。首先是选择抽取个案的县。实际研究中,研究者选择调查的县是由省教科所决定的。省教科所的相关人员选择某县的原因是该县是一个贫困县,人均年收入低于全省平均数,因此,他们认为这个县的辍学现象相对其他县应该更多一些。此外,该县离省城较近,也便于研究者在时间紧迫的情况下能按时返回。然而,现实情况却与省教科所人员的选择大相径庭,该县辍学的学生并不多。原因是,该县经济虽然比较落后,但是有悠久的文化传统,人们普遍比较重视教育。而且,正是因为经济落后,乡镇企业不发达,该县没有像其他经济发达地区那样为童工提供打工的机会。从这里也可以看出常识和经验对现实形成的误判。研究者在县教育局的帮助下四处寻访,最后好不容易在四所学校（小学、中学各半）总共找到了六名辍学生。该研究主要是对其中一名学生的个案研究。这名辍学生是某所学校的三名辍学生之一，因为只有他在村里，所以他成了研究者研究的对象。从选择个案研究的对象来说，这项研究对"选择"的设计相对有限，仅仅实现了选择"辍学生"的目标，至于为什么选择的是研究中的"王小刚"而不是其他的辍学生，则主要是客观条件限制的结果，而非研究者主观选择的结果。

第二项任务是对收集个案相关资料的方法的设计。因为该研究的对象是一名辍学的学生，为了达到全面了解其辍学的经过以及相关原因的目的，研究者决定采用开放式访谈、非正式交谈和现场观察的方法。除了和作为研究个案的辍学生本人访谈了两次外，研究者还和他的母亲、中学时任校长、个案在小学时的班主任和小学校长各做了一次访谈。每次访谈的时间大约为一个半小时，地点是由学校指定的，通常是在学校一名男老师的宿舍里。每次访谈时，研究者都在征求了受访者的同意后用录音机录音，并同时记录下受访者的表情和形体动作以及自己对方法的反省。回到招待所后，研究者便立即对录音进行逐字逐句的整理，因方言而听不懂的地方，则请省教科所的人员帮忙翻译。如果谈话是非正式的、不能录音，研究者便过后在车上、走路时，或回到自己的房间以后凭记忆尽可能多地将谈话的内容记下来。此外，研究者还走访了该学生的家，向其同学及父母了解了一些有关的情况。

最后一项任务是对研究报告写作的设计。研究者在报告写作中不同程度地使用了定性研究常用的五种成文形式：(1) 现实的故事，即尽可能真实地再现当事人看问题的观点，从受访者的角度对个案辍学的情况进行描述和分析，尽可能使用他们的语言来描述研究结果；(2) 坦诚的故事，即介绍研究者使用的方法和在研究过程中所做的反省和思考，再现访谈情境和对话片段；(3) 印象的故事，即详细描写事件发生时的情境和当事人的反应以及表情动作；(4) 批判的故事，即从社会文化的大环境对个案的情况进行更深入的探讨；(5) 规范的故事，尽管研究者没有试图用研究结果去验证某一外在理论，但其研究设计和提问的方式反映了其头脑中先入为主的某种观念。

3. 研究结果和结论

通过围绕这个个案进行的多方面的访谈，研究者不仅了解到个案是一个 15 岁的男孩，父亲是瓦工，经常外出干活，母亲在家务农，姐姐初中毕业，没考上高中，已经嫁人，妹妹还在上小学；同时也了解到个案是在 13 岁读初中一年级时辍学的。研究结果表明：首先，个案辍学的原因可能有两个：一是他学习成绩不好，对学习失去了信心。对于这一点，所有受访者都持相同意见。二是他因老师体罚而退学，这一点只有个案本人可以作证。他自述辍学的主要原因是老师体罚，而他的老师、校长和家长却认为主要是因为他学习成绩不好。研究者认为，用目前仅有的材料很难判断哪个原因是真实的，或者说哪个原因是主要的。其次，个案辍学后的去向。个案辍学后便在家里帮助父母干活，也卖过几天冰棍。再次，个案辍学后的心情。个案不再念书以后心情不好，他说他觉得很"怄气""不好受""惭愧"。他想念同学，但又不想见到他们，因为看见他们自己心里不好受。最后，个案今后的打算。个案对今后的打算表现得很沮丧："现在没有太多的打算，走一步算一步。"对自己是否仍旧可以回去上学也没有打算，主要是怕老师不愿意。但是个案表示，如果老师愿意的话，他愿意回去上学。

4. 简短的评论

由于该研究的个案是一名辍学生，即该研究是以单个的个人为研究对象的，同时，该研究的目标主要是描述性的，因此该研究对于读者了解个案研究设计来说，既有一定的典型性，同时也有一定的局限性。研究者在与个案的接触、访谈以及对研究结果的表达等方面，均较好地体现了这种典型性，可以给我们一定的启示。但对于以群体、组织、社区、社会产品等为研究对象的个案研究来说，以及对于以形成扎根理论或者验证理论为主要目标的个案研究来说，该研究在研究设计上又具有明显的局限性，即并非所有的个案研究都是该研究的方式和样子。无论是在个案的选择，或者资料的收集和分析方面，还是在研究结果的表达方面，有些个案研究的设计都会与此有所不同。这也是我们应该注意到的。

推荐阅读

[1] 斯塔克. 案例研究的艺术：好的故事，好的分析，好的报告. 赵丽霞，译. 北京：世界图书出版公司，2022.

[2] 殷. 案例研究方法的应用. 周海涛，译. 重庆：重庆大学出版社，2009.

[3] 殷. 案例研究：设计与方法：第3版. 周海涛，李永贤，张蘅，译. 重庆：重庆大学出版社，2004.

[4] 吉尔林. 案例研究：原理与实践. 黄海涛，刘丰，孙芳露，译. 重庆：重庆大学出版社，2017.

[5] 托马斯. 如何进行个案研究：第2版. 方纲，译. 北京：中国人民大学出版社，2021.

第三篇
研究设计实例解析

第9章

人的现代化问题研究解析

从本章开始，直到第 14 章，我们主要结合前述的研究设计原理以及几种主要的研究方式设计，通过社会科学研究实例来展现研究设计中的各个侧面，特别是面对现实客观条件时研究者所进行的研究设计。笔者希望通过对这些围绕不同问题、涉及不同对象、探讨不同内容、采用不同方法的实例的介绍，来展现研究设计中的各个关键环节，更好地帮助读者了解和掌握研究设计的方法。在本章中，我们列举了著名学者英克尔斯等人的经典研究设计实例。虽然对于绝大多数读者来说，或许不太可能从事像他们那样的世界范围的大规模研究，但是我们这里分析他们的研究设计，主要是为了帮助读者领会和学习他们在实际社会研究中体现出来的科学思想和科学精神。因为这种科学精神可以说是做好研究设计的灵魂。

一、研究背景与研究问题

社会的现代化发展，催生了众多新的现象，产生了许多新生事物。无论是客观的物质世界，还是社会中人们的主观世界，都发生了巨大的变化。20 世纪 60 年代，美国社会心理学家英克尔斯等人从世界范围内不同

社会科学研究设计

国家不同发展变化的大背景出发，认识到"一个现代国家需要参与的公民，需要对公共事务有积极兴趣并且作为社区成员行使自己的权利、尽自己的义务的男男女女"①。简言之，国家的现代化发展需要具有现代性的公民。但是，人们的现代性是如何获得的？或者说，人们是如何从传统人发展成现代人的？作为社会心理学家，"最切合实际而又具有挑战性的工作，似乎莫过于解释人们从具有传统人格转变成具有现代人格的过程"②。这正是英克尔斯等人开展此项研究的基本背景。

为了研究和探索这一问题，在1962—1964年，英克尔斯及其合作者在世界范围内选择了六个发展中国家，开展了一场大规模的社会调查。他们采用问卷调查的方式，访问了6 000人。每个国家访问的人数为1 000人，所调查的对象包括农民、产业工人、在城市中从事传统职业的人等。这些人代表了不同种族、阶层、宗教、地区、居住区以及其他重要的社会类别。这一调查所收集到的资料，成为英克尔斯等人"现代人研究"的主要依据。③

英克尔斯等人"现代人研究"的主要目标，在于发现工厂工作作为一种现代化的影响因素，对那些以前生活经历主要局限于农业以及与传统乡村有关的事物的人产生的效果。或者更确切地说，其目标是希望"解释人们从具有传统人格转变为具有现代人格的过程"④，特别是探索和回答工厂工作经历在这种转变过程中所发挥的作用问题。

英克尔斯等人的基本理论是：人们是通过其特殊生活经历而变成现代人的。这一理论还特别强调人的工厂工作经历对其成为现代人所发挥的作用。"我们首先强调工厂是培养现代性的学校。"概括地说，他们所要论证的命题可以用下面的图9-1来简单表示。

---

① 英克尔斯, 史密斯. 从传统人到现代人：六个发展中国家中的个人变化. 顾昕, 译. 北京：中国人民大学出版社, 1992：3-4.
② 同①5.
③ 英克尔斯. 人的现代化. 殷陆君, 译. 成都：四川人民出版社, 1985：10-11.
④ 同①5.

第 9 章 人的现代化问题研究解析

```
              工厂工作经历
                  ↓
传统人 ─────────────────── 现代人
```

图 9-1 研究命题图示

二、研究设计的思路与策略

1. 理想的研究设计

针对英克尔斯等人的研究目标,仅从逻辑上看,要回答这一问题,最好的方法是进行一项实验研究:选择两组相同的对象,其中一组进入工厂工作(实验组),另一组不进入工厂工作(对照组);在不同的时间点上,即在实验组对象进入工厂之前和进入工厂之后,对他们进行两次测量;然后比较两个组在两次测量中得到的结果,用测量和比较得到的差异来说明工厂工作对人的现代化过程的影响。图 9-2 表示的即是这种实验设计:

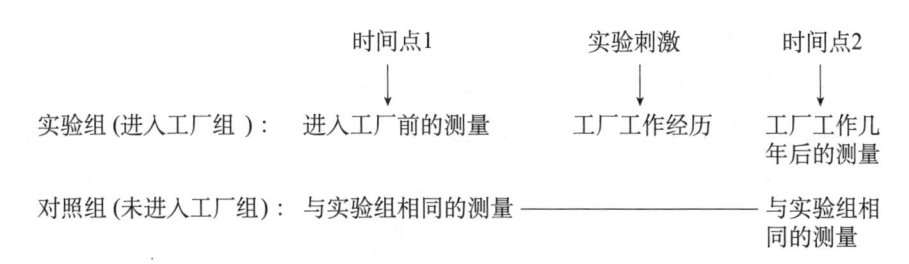

```
                          时间点1          实验刺激         时间点2
                            ↓               ↓               ↓
实验组(进入工厂组):   进入工厂前的测量   工厂工作经历    工厂工作几
                                                          年后的测量

对照组(未进入工厂组): 与实验组相同的测量 ──────── 与实验组相
                                                       同的测量
```

图 9-2 现代人研究的实验设计图示

当然,为了控制其他因素的影响,研究者最好寻找设在农村地区的新建工厂。这些工厂一般从附近的村庄招募工人,可以为研究者提供一种自然实验的场所,非常适合研究者所进行的科学研究的目的。研究者可以进入这些工厂所在的农村,调查和测量尚未进入工厂的人们。几年之后,研究者再一次来到农村,分别调查和测量那些接受了第一次测验并在工厂中已工作了几年的人,以及那些接受了第一次测验但仍然在农村从事非工业生产的人。通过比较这两部分人在前后两次测验中的结果,便可知道工厂工作经历对人们的现代化发展的影响状况。"如果在第一次测验和第二次测验之间,那些在工厂工作的人变得更加现代,那么我们就可以断言,正是工厂工作经历使他们如此。当然，如果我们发现那些仍然继续从事更传统的工作的人们在两次测验之间没有变得更加现代，那么我们就可以更坚信这一结论的正确性。"①

2. 实际的研究设计

然而，英克尔斯等人在实际研究中并没有采用上述具有纵贯特征的实验方式，而是采用了具有横切特征的调查方式。其主要原因是："这种单纯的自然实验可能很具有吸引力，但是它没有为我们的研究设计提供一个实际的基础。"② 也就是说，这种实验方式只是一种"理想的"而非"现实的"方式。在实际生活中，实施上述研究的现实条件很难达到，在操作上有许多客观的障碍，比如工厂的性质（只能是新建立的、处在农村地区的工厂，然而现实中大量的工厂通常建在城市地区）、数量，研究者几年后重返原调查地点进行第二次调查和测量所需要的人力、经费等，都使得这一理论上十分完美、十分合适的研究设计在实践中变得几乎一钱不值。这也是其他研究者会经常遇到的现实。在这种现实面前，英克尔斯等人开始设计达到研究目标的其他途径。

首先，他们没有对同一组人在进入工厂前和在工厂工作一段时间后进行比较，而是通过比较两组人，这两组人"在所有其他的特征方面大致是相似的"，只是其中一组比另一组"有更多的工厂工作经历"。这即是说，他们试图通过不同的对象组别来替代不同时间点的测量。这种设计可以用图9-3来表示。

```
                            实验刺激        同时测量
                              ↓              ↓
实验组（进入工厂组）：  同一类人——工厂工作经历——测量
对照组（未进入工厂组）： 同一类人————————————————测量
```

图9-3　现代人研究的调查设计图示

由于两组人在所有其他的特征方面——性别、年龄、受教育程度、宗

---

① 英克尔斯，史密斯. 从传统人到现代人：六个发展中国家中的个人变化. 顾昕，译. 北京：中国人民大学出版社，1992：47.

② 同①48.

第9章　人的现代化问题研究解析

教、文化等——都是相似的，只有工厂工作经历上的不同，因此，他们在测量结果上存在的任何差别都只能归因于工厂工作经历。"我们没有对同一个人在进入工厂之前和在工厂工作一段时间之后进行比较，相反，我们是比较两组人，他们在所有其他的特征方面大致是相似的，只是其中一位比另一位有更多的工厂工作经历。"

但问题是："我们怎么能够确定那些观察到的差异是因为工厂工作的影响而产生，而不是因为在招募农民为工业劳动力时已经根据他们的心理特征而使他们有所差异呢？"① 也就是说，怎样才能排除"心理素质决定了一个人是否离开农村进入工业"的观点对结论的影响呢？这里的"心理素质决定论"说的是，在进入工厂之前，那些进入工厂的人就比那些没有进工厂的人在观念上更加现代。因此，他们才会进入工厂。这样的话，研究者在对两组人进行测量时所发现的差异，就有可能并不是工厂工作经历影响的结果，而是因为从一开始他们就有差别，从一开始他们就不是同一类人。那么，该如何保证这两组人是同一类人呢？

为了回应这一挑战，英克尔斯等人设置了两条保卫线，这两条保卫线决定了他们抽取样本的程序和基本方式：一是抽取了一个由刚刚进入工厂的农民即新工人组成的样本，其作用是与那些身处农村的农民进行比较。如果二者在现代性上没有差别，那么"心理素质决定论"就难以成立。二是即使新工人比留在农村的农民更加现代，我们也可以通过比较新工人与有一定工厂工作经历的工人即有经验的工人的现代性来说明工厂工作经历的作用。

尽管这三组对象的抽取及其相互之间的比较似乎已经满足了回答研究问题的需要，但是，英克尔斯等人丝毫没有放松对其他可能存在的缺陷的警惕。在现实社会中，工厂是与城市联系在一起的，人们在进入工厂成为工人的同时，也成为城市人，在城市中生活。而城市生活的环境、生活方式，同样有可能对人们的现代性产生影响。因此，一个明显的疑问是：城

---

① 英克尔斯，史密斯. 从传统人到现代人：六个发展中国家中的个人变化. 顾昕，译. 北京：中国人民大学出版社，1992：49.

市生活是否同样具有使人们现代化的作用呢？如果是，我们又怎么能够确定培养现代性的学校是工厂而不是城市呢？

这对研究者的目标来说又是一个严峻的考验和挑战。为了回应这一挑战，英克尔斯等人又设计抽取了第四个样本——城市中的非产业工人。这些人具有与工厂工人同样的城市生活背景，却缺乏工厂工作经历。这样，若比较发现工厂工人比农民更加现代，而城市中的非产业工人并不如此，那么就可以认为，正是工厂工作而不是单独的城市生活经历使得个人向更加现代的方面转变的。实际上，这第四个群体起到的是一种控制变量的作用——控制城市生活对研究假设的影响。

最终，英克尔斯等人的研究设计抽取了四类不同的对象，构成了四种不同的比较类型[1]，以排除有可能影响到研究结果正确性的因素。有关研究对象的抽取与比较的设计如图 9-4 所示。

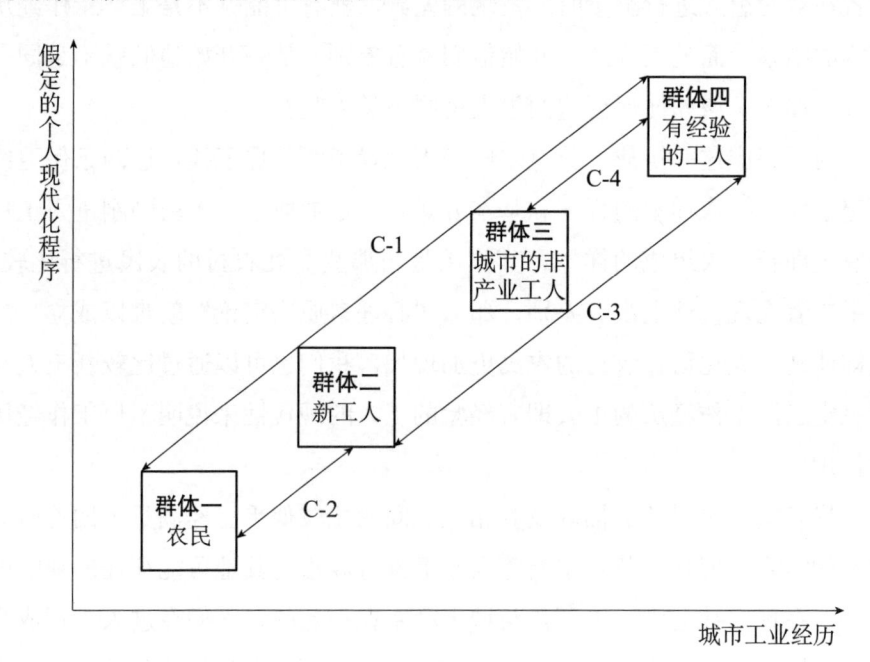

图 9-4　简化的分析模式图

---

[1] 英克尔斯，史密斯. 从传统人到现代人：六个发展中国家中的个人变化. 顾昕，译. 北京：中国人民大学出版社，1992：49.

第 9 章 人的现代化问题研究解析

其中，C-1 的基本比较是要测验从乡村迁往城市并在工厂获得工厂工作经历的人，一般说来，是否比仍然留在乡村继续务农的"远房堂兄弟们"更加现代；

C-2 的比较可以判断被招募到工厂的新工人是否在被挑选时就已经是现代人，而不是在心理上同仍在务农的"远房堂兄弟们"相同的人；

C-3 的比较可以评价那些已经在工厂就业的人之中，城市生活与工厂工作经历对现代化的影响；

C-4 的比较可以评价工厂工作经历的单独影响，因为群体三和群体四都有城市生活经历。

当然，英克尔斯等人并没有忘记社会现象的复杂性。他们在提出上述命题时，也考虑到了其他因素的影响。"我们也认为，城市生活以及同大众传播媒介的接触会产生可以同工厂相提并论的影响。"同时，"我们没有忽视教育，更早的研究表明教育是个人现代性的一个有力的预报器"[①]。也就是说，工厂工作经历、城市生活、大众传播媒介和学校教育四种因素使人具有现代性，使传统人变为现代人。

概括地说，他们要论证的命题实际上扩展为如图 9-5 所示。

```
        工厂工作经历   城市生活   大众传播媒介   学校教育
              ↓          ↓          ↓           ↓
传统人 ─────────────────────────────────────────── 现代人
```

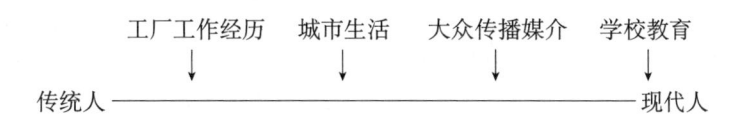

图 9-5 研究命题图示

这也即是说，要确定工厂工作经历的作用，除了要排除城市生活的影响外，还必须排除与现代性相关的大众传播媒介、学校教育等因素的影响。英克尔斯等人为此又采取了配对设计、部分相关分析等多种方法来对这些因素进行控制，以集中探讨工厂工作经历对人们现代性的作用和影响。

3. 抽样设计

类似上述这种为了回答研究问题所进行的研究设计，在正确的逻辑推

---

① 英克尔斯，史密斯. 从传统人到现代人：六个发展中国家中的个人变化. 顾昕，译. 北京：中国人民大学出版社，1992：7.

理的引导下贯穿于"现代人研究"的始终。比如，与上述研究设计密切相关的一个重要问题是研究中的样本问题。对于定量研究来说，研究者往往比较关注样本对总体的代表性，以及与这种代表性相联系的研究结果的概括性。但我们注意到，英克尔斯等人在该研究中并没有去寻找有代表性的样本，而是去"寻找非常适合于目标的配额样本"。

为了进行各种比较，以便真正估计出工厂工作经历在人们从传统人发展为现代人的过程中所具有的作用和影响，英克尔斯等人最终在六个国家中抽取了 6 000 人，每个国家抽取了 1 000 人。具体的抽样方式是根据研究需要进行的配额抽样。他们在每个国家的抽样分配如图 9-6 所示。

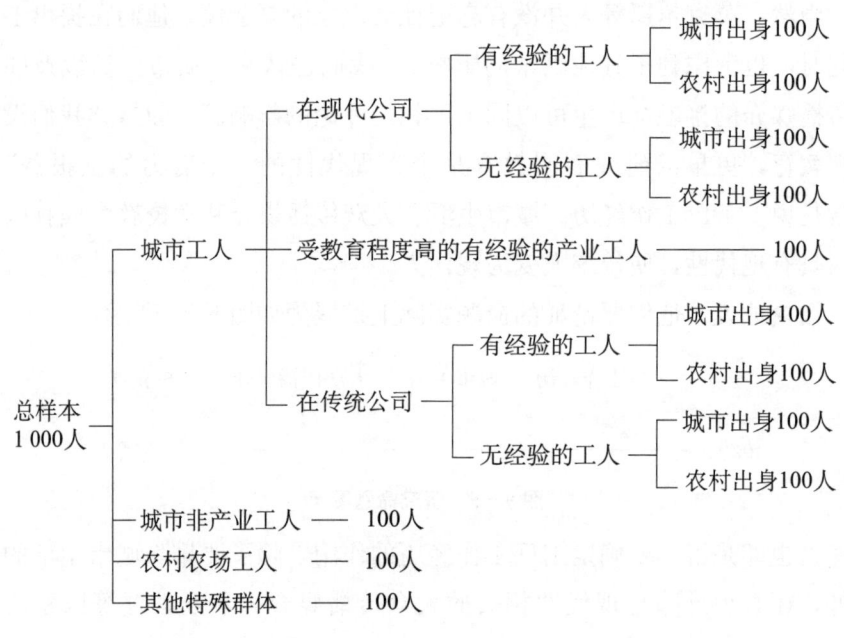

```
总样本        ┌─城市工人─┬─在现代公司─┬─有经验的工人─┬─城市出身100人
1 000人      │          │            │              └─农村出身100人
             │          │            ├─无经验的工人─┬─城市出身100人
             │          │            │              └─农村出身100人
             │          │            └─受教育程度高的有经验的产业工人──100人
             │          └─在传统公司─┬─有经验的工人─┬─城市出身100人
             │                       │              └─农村出身100人
             │                       └─无经验的工人─┬─城市出身100人
             │                                      └─农村出身100人
             ├─城市非产业工人 ── 100人
             ├─农村农场工人   ── 100人
             └─其他特殊群体   ── 100人
```

图 9-6　现代人研究在每个国家的配额抽样示意图

这样做是不是就不科学了呢？这里对有关抽样问题的某种认知偏误稍做解释。不同的抽样方式具有不同的特点，服务于不同的目的。对于描述总体结构状况和变量分布状况的研究来说，样本对总体的代表性是至关重要的，它决定着我们从样本中得到的各种结果在总体中所具有的普遍性程度。而对于检验理论、考察关系、解释原因的研究来说，样本对总体的代表性退居到了相对不太重要的位置，此时重要的是样本的构成与研究目标、

第 9 章 人的现代化问题研究解析

与研究假设、与因果关系之间的关联程度。换句话说，以检验理论、考察关系、解释原因为目标的研究通常不需要对总体有代表性的样本，因为它的目的不是描述总体的分布，而是直接针对所要检验的变量间关系的假设。当然，如果同时还希望描述总体，或者希望所研究的关系在总体中也存在、所验证的假设在总体中也成立，那么自然也需要对总体有代表性的样本。

所以说，英克尔斯等人的现代人研究尽管并不能通过从每个国家抽取的这1 000人构成的样本来推论这个国家的总体状况，但是它对研究者所关注和探讨的研究问题，即人们的现代化过程、工厂工作经历的作用等有着很好的研究效果。特别是由于该研究在六个国家的样本结构完全一样，因此相当于他们的研究在六个国家都重复了一次，也即对研究假设进行了六次独立的检验。这样一来，他们的研究发现，即工厂工作经历使人们具有现代性的理论，就具有了泛文化的有效性。

4. 测量设计

对于采用调查研究方式的研究来说，研究者的任务除了抽样设计外，另一个重要的设计内容是对研究的核心概念进行操作化设计，即如何将研究的核心概念转变为实际研究中可以测量的具体变量。因为，研究者在理论上所使用的主要是思想的工具，其中最基础的就是被称作理论大厦砖石的"概念"。而研究者在经验研究中所能够处理的，必须是可被测量、易于操作的具体现象和行为。从理论的天空到经验的大地，概念的测量或概念的操作化过程就成为研究者无法回避的关键一环。笔者曾将这种变抽象概念为具体事物的操作化过程称作经验研究的"瓶颈"[1]。之所以称之为瓶颈，是想说明其困难性及重要性。在英克尔斯等人的现代人研究中，这一"瓶颈"就是对"现代人"概念或者说是对"人的现代性"概念的操作化和测量。

"人的现代性"，是英克尔斯等人的研究中最核心的概念。同时，它也是其主要思想和研究结论的概念基础。英克尔斯指出，要探讨和回答是什

---

[1] 风笑天. 社会研究方法. 6版. 北京：中国人民大学出版社，2022：84.

么社会力量促使传统人转变为现代人以及这种转变的具体过程是什么这样的问题,必须首先确定哪种人是现代人,以及可凭什么标志来判断他是现代人。为了能够有效地从经验的层次上收集资料、回答研究问题,研究者必须将思想的工具转变成研究的工具。

无论是作为一种心智素质,还是作为一个抽象概念,"现代性"都是一个内涵极为丰富、内容极为复杂的概念。正如英克尔斯所说,人的现代性"是很多素质的综合体或复杂结合物,而不是一种单一的特质",它会"以各种各样的形式,在各种各样的背景中表现出来"。[1]因此,像众多研究者经常面临的困难那样,英克尔斯等人也面临着一个如何将有知识、受过高等教育的学者们感兴趣且存在于学者们头脑中的抽象的学术概念,转化成那些"非常单纯的"、受过很少教育甚至没受过教育的普通人日常生活中十分具体的现象和经常接触的事物的问题。因而,英克尔斯等人开始了从抽象概念到具体测量指标的漫长跋涉。

第一步,他们进行了确定概念维度(dimension)的工作。英克尔斯等人从三种基本的但是不同的角度(分析的角度、主题的角度、行为的角度)出发,对个人现代性的各种要素进行了分析,最终挑选出 24 个要素作为构成"现代性"概念定义的明确的维度。这些维度成为其最终用来测量人们现代性的量表的 24 个大的主题。

第二步,他们详细分析了其提出这 24 个维度或主题中的每一个的理由,同时列举了用来测量每个一主题的具体指标。比如,对作为人的现代性定义第一要素的"乐于接受新经验"这一主题,英克尔斯等人认为,"传统人不太愿意接受新的观念、新的感觉和新的行动方式",而作为现代人基本特征的"乐于接受新经验可以以不同的形式并在不同的情境中表现出来"。比如"愿意服用新药物或接受新的卫生方法,使用新种子或一种不同的肥料,愿意结识新的不同类型的人,或者转向一种不熟悉的消息来

---

[1] 英克尔斯,史密斯. 从传统人到现代人:六个发展中国家中的个人变化. 顾昕,译. 北京:中国人民大学出版社,1992:21.

第9章 人的现代化问题研究解析

源",等等。①

第三步,他们朝着编制具体的、在研究中实际运用的现代性量表的目标而努力。现代性量表是英克尔斯等人"现代人研究"的主要工具,他们花了整整三章的篇幅讨论这一量表的建构过程、方法、具体内容及其质量。从理论派生出的核心态度量表 OM-1,到一种扩大的态度量表 OM-2,再到最大的综合现代性量表 OM-3,直到"净化的"量表 OM-500 和"平衡的"量表 OM-519,他们不厌其烦地详细描述建构过程中的每一个技术细节,认真说明对量表的每一种改进或对主题的每一种取舍的理由。这样,当英克尔斯等人带着读者走完他们为测量人的现代性、为编制最终量表而走过的全部路程,来到他们关于"我们很成功地编制了一组测量一般个人现代性的量表。它们使我们很方便地根据这些量表以 0 到 100 的分数表示每一个人的现代性。这些量表考虑到了一个人的态度、价值和行为,包括我们和其他人的理论所确认的与现代人定义有关的全部问题、论题和主题"②的结论之处时,读者也成了研究者,与他们在对这一问题的认识上达到了完全的一致。这正是英克尔斯等人所期望的。

第四步,考虑到实际研究中的测量过程和测量方式,他们又设计了保证测量一致性的方式。虽然有了对概念的操作化指标和精心编制的现代性量表,但并没有穷尽概念测量过程中的全部问题。因为测量总是发生在具体的个人身上的。特别地,他们还要保证根据现代性量表设计的调查问卷,以及组成问卷的每一个具体问题在六个不同的国家甚至更多的文化亚群体中,都具有同等意义。"我们的问题最初是用英文写成的。当我们从这种文化移到另一种文化,从一种语言环境移到另一种语言环境时,这就产生了难以克服的翻译问题。不可避免的问题是:我们怎样才可以保证当我们走遍这六个国家时向那些人说的是同样的事情呢?"③他们设计并采取了多种不同的办法来迎接这些挑战:(1)"把我们的问题限于我们认为

---

① 英克尔斯,史密斯. 从传统人到现代人:六个发展中国家中的个人变化. 顾昕,译. 北京:中国人民大学出版社,1992:25.

② 同①131.

③ 同①78.

在任何地方对任何人均有意义的情境与关系上。"（2）与当地工作人员长期讨论，以使得双方"对于基本观念及其在问题上的具体体现有这种共同的理解"。（3）"让不同的第三方把这些问题重新翻译成英文"，这样做"不仅有助于找出简单的误译，指明那些不能用当地语言加以准确表达的概念，而且有助于显示出当地工作人员在哪些情形下未能清楚地理解英文中的原始概念，或者不正确地解释了问题背后的目的"。①

依据上述设计，英克尔斯等人不仅成功地将"现代性"的概念操作成了具体的测量量表，同时，调查的实际结果也验证了现代性量表的质量。首先是对量表区分度的衡量。如果一份量表在对各种各样的人进行测量时，得到的都是同样的结果，那么它就不具有很好的区分度。现代性量表的区分度如何呢？"在一个从 0 到 100 的最大范围的限制之内，我们样本中的人们得到的一个分数是从低的 6 分到高的 91 分。"② 这一结果说明，现代性量表的区分度很高。它是一个很灵敏的测量工具，在衡量和判别不同个人的现代性方面，有着很强的"工作"能力。

其次，英克尔斯等人又对量表的效度进行了检验。由于"并不存在一种简单的被普遍接受的外部标准可供我们用于证明一个人是否现代"，因而常用的证实量表有效性的"效标效度"方法在这里无法被采用。他们只能求助于更为复杂的"建构效度"方法。而采用这种方法时，由于它所借助的理论正是英克尔斯等人试图证明的理论，因而他们就冒有一定的风险。"如果我们发现具有现代化经历较多的人未能在综合现代性量表上得到较高的分数，就会面临一种两难的境地。"③ 要么理论是正确的，量表是无效的；要么量表是有效的，而他们的理论是错误的。当然，"如果这些综合现代性量表的分数指明，那些具有现代化经历的人较具现代性，我们就会取得双重的胜利"④。而在六个国家的实际测量结果恰好证实了这一点，他们取得了双重的胜利。因此，英克尔斯等人最终能够理直气壮地

---

① 英克尔斯，史密斯. 从传统人到现代人：六个发展中国家中的个人变化. 顾昕，译. 北京：中国人民大学出版社，1992：80-81.

② 同①179.

③ 同①180.

④ 同①181.

写道："在所有六个国家中，都存在有力的证据，证明综合现代性量表有效地确证，我们根据其客观的社会特征预期是现代人的人，实际上的确也是现代人。"[1]

在研究设计中，为了将思想的工具转变为研究的工具，英克尔斯等人走完了他们在著作中花费整整三章、长达80多页篇幅所描述的那一段艰难的历程。其所下功夫之深，态度之认真，描述之详细，无不体现出他们严谨的科学态度和实事求是的科学精神。其实，"工欲善其事，必先利其器"，对每一名研究者来说，又何尝不是如此呢？当英克尔斯等人把"人的现代性"最终变成一份在六个国家都通用、同时十分有效地将不同个人的现代性程度用0到100分表示出来的量表时，他们探索研究目标的工作就具有了现实的基础。

三、研究结果与启示

经过认真仔细的研究，英克尔斯等人对于工厂工作经历以及城市生活、大众传播媒介、学校教育等因素对人们现代性的影响有了比较清楚的认识，在"解释究竟什么使人成为现代人"方面得到了一系列重要的结果。其研究结果一方面说明工厂的确是一个培养人的现代性的学校，另一方面也表明工厂工作经历不是使人更加现代的唯一形式。如果将工厂工作经历、城市生活、大众传播媒介以及学校教育等因素结合在一起，那么"这个有限的自变量组产生的复相关系数范围是从0.56到0.79。这就意味着我们解释了综合现代性分数中32%和62%的变化，中值是47%。这一结果可以同在更发达国家使用的测量复杂个人属性的可比研究中获得的结果相媲美"[2]。

从研究中得到的这些经验结果出发，英克尔斯等人进一步指出了这种个人的现代性在国家现代化发展中的重要作用："经济学家以人均国民生产总值来衡量现代性，政治家以有效的管理制度机构来衡量现代性。我们

---

[1] 英克尔斯，史密斯. 从传统人到现代人：六个发展中国家中的个人变化. 顾昕，译. 北京：中国人民大学出版社，1992：183.

[2] 同[1]439.

的意见是：如果在国民之中没有我们确认为现代的那种素质的普遍存在，那么无论是快速的经济增长还是有效的管理，都不可能发展；即使已经开始发展，也不会维持太久。在当代世界的情况下，个人现代性素质并不是一种奢侈，而是一种必需。它不是派生于制度现代化过程的边际收益，而是这些制度得以长期成功运转的先决条件。现代性素质在国民之中的广为散布，不是发展过程的附带产物，而是国家发展本身的基本因素。"①

从英克尔斯等人的这一研究中，我们可以得到有关研究设计的两点重要的启示：

第一，既要明确理想的研究设计是什么，同时更要面对客观现实进行研究设计。因为经验的社会科学研究在追求和达到研究目标的过程中，会不可避免地遭遇理想与现实、理论与实践之间的矛盾。理想的研究设计通常主要遵循的只是科学研究的逻辑要求，而不会去考虑客观现实。但是，我们的研究总是要在现实中进行的。特别是当研究的现实环境、研究对象、客观条件等都无情地阻碍了理想的研究设计的实现的时候，研究设计的重要意义和关键作用就会体现出来。而研究者进行研究设计的重要任务之一，就是在这种矛盾面前、在这些障碍面前，合理地采用不同的研究策略、研究方式、研究方法，通过选择既是科学的，同时又是合适的、可行的研究路径，来构筑起通向研究目标的桥梁。本章中所介绍的由著名社会学家英克尔斯等人进行的"现代人研究"，就很好地体现出了研究者在面对现实的研究条件和困难时，是如何通过严密的、科学的又现实的研究设计，构筑起通向研究目标的桥梁，让"理想的"变成"现实的"，让不可能的变成可能的。他们关于验证理论命题的理想方式（实验研究）与实际采取的方式（调查研究）、关于理想的抽取研究样本的方式（随机抽样）与实际采取的方式（配额抽样）的讨论和设计，出发点都既是为了适合研究目标，更是因为要面对现实。这种心中有理想目标，又脚踏实地地面对现实障碍和条件进行研究设计的做法，为我们做出了很好的示范。

---

① 英克尔斯，史密斯. 从传统人到现代人：六个发展中国家中的个人变化. 顾昕，译. 北京：中国人民大学出版社，1992：455.

第二，根据研究问题、研究目标来选择合适的方法。在研究设计中，选择合适的研究方法是研究者的主要任务之一。值得注意的是，选择哪一种研究方法，所依据的既不是研究者个人的喜好，也不完全是研究方法自身的特点，而是研究问题、研究目标。不同的研究问题需要研究者去寻找不同的经验证据来回答。虽然寻找和收集这些证据通常可以采用多种不同的途径和方法，但不同的途径和方法所收集到的经验证据的质量与作用是有差别的。有的证据质量很好，有的质量就很差；有的证据在回答研究问题中的作用很大，有的则很小。应该意识到，方法为目的服务，从现实出发设计和选择适合研究目标的方法，是英克尔斯等人的"现代人研究"给我们的一条重要启示。它告诉我们：无论是实验方法还是调查方法，无论是随机抽样还是非随机抽样，衡量和决定取舍的标准并不完全是这些方法自身的优劣，而是它们与研究问题、研究目标之间的适合性，与客观现实之间的适合性。有了这种适合性，我们才能使研究从理想的变成现实的，从理论的变成实践的，也才能最终收集到回答研究问题所需要的高质量证据，找到研究问题的正确答案。

笔者在阅读了英克尔斯等人的这项研究后，专门写了一篇论文[①]谈论自己的认识、收获和体会，有兴趣的读者可以进一步参考阅读。

推荐阅读

[1] 英克尔斯, 史密斯. 从传统人到现代人：六个发展中国家中的个人变化. 顾昕, 译. 北京：中国人民大学出版社, 1992.

[2] 英克尔斯. 人的现代化. 殷陆君, 译. 成都：四川人民出版社, 1985.

[3] 风笑天. 英克尔斯"现代人研究"的方法论启示. 中国社会科学, 2004 (1)：66-77, 206.

---

① 风笑天. 英克尔斯"现代人研究"的方法论启示. 中国社会科学, 2004 (1)：66-77, 206.

第10章

独生子女政策下青少年成长问题研究解析

本章和下一章将分别介绍两名研究者的博士学位论文研究的设计实例。列举二人的研究及其设计,是希望对博士研究生、硕士研究生读者开展学位论文研究,或者年轻的社会科学研究者独立开展自己的经验研究提供一定的借鉴和参考。从本章所介绍的研究设计中,我们不仅可以了解到研究者是如何根据研究问题的性质和研究目标来设计并采取合适的研究方法的,也可以了解到研究者在具体实施研究的过程中,在面对各种现实困难时所采用的研究技巧,以及非常值得我们学习的做研究的态度。

一、研究背景与研究问题

独生子女是在我国改革开放的背景下成长起来的一代特殊人口。从20世纪70年代末至今的40多年中,我国独生子女人口的规模已经达到了两亿人左右。中国的独生子女人口及其相关现象不仅受到了国内学术界的高度重视,也吸引了众多国外学者的研究兴趣。一些外国学者对独生子女及其相关现象进行了研究,发表了一些有价值的研究成果。美籍华裔人类学者冯文教授所做的一项有关中国独生子女青少年的研究就是其中之

第10章　独生子女政策下青少年成长问题研究解析

一。这一项研究的结果及相关介绍，集中体现在冯文教授撰写的著作《唯一的希望：在中国独生子女政策下成年》[①]中。这是一项旨在"考察世界上首次由国家指令导致的生育转型之后果的民族志研究"[②]。全书由导论、结语和五章主体内容组成。导论部分主要介绍了该研究的研究对象、研究方法和所依据的"现代化文化模型"；第一章详细描述了八个独生子女青少年的典型个案；其余四章则分别从身负厚望、竞争压力、家长投资和被惯坏了四个方面分析了独生子女青少年的成年过程及其面临的相关问题；结语部分对研究的上述主题给出了自己的思考，并留下了一些未能回答的疑问。

冯文教授的这项研究是其在美国哈佛大学攻读人类学博士学位时所做的博士论文研究。其研究目标，或者说其希望研究的问题，是"考察几近普遍的独生子女身份对于青少年的主体性、体验、渴盼有何影响"[③]，特别是"探讨独生子女在一个过去历代习惯于大家庭模式的社会中成长是怎样的情形"[④]。

为了完成这一研究，1997—2002年，即在世纪之交，冯文教授不远万里，先后三次来到中国，在中国北方的大连市进行了其博士学位论文研究的田野调查。1998年8月至2000年5月，冯文教授在大连市生活了整整22个月。她不仅成功地作为免费开展英语教学的"义务教师"进入了大连市三所中学，接触到众多中学学生，还深度访谈了许多学生的父母和家庭。在多次的交往和交谈后，冯文教授和许多学生、学生父母及其家庭成员建立起了相互信任的关系，成为无话不谈的朋友。正是通过扎实的田野调查收集到的丰富资料，以及亲身感受到的世纪之交的中国社会与这一批独生子女青少年的成年之间的紧密关系，冯文教授增加了对中国独生子女政策下青少年成年的理解和认识，这帮助其顺利完成了博士论文研究，并最终出版了这本著作。在本章中，我们主要分析冯文教授这项研究中相

---

① 冯文. 唯一的希望：在中国独生子女政策下成年. 常姝, 译. 南京：江苏人民出版社，2018.
② 同①2.
③ 同①3.
④ 同①5.

关的研究设计问题。

二、研究设计

1. 研究思路

首先，对远在万里之外的冯文教授来说，要研究当时中国社会中的独生子女青少年在步入成年过程中的主体性与体验，一个基本的前提就是要深入世纪之交的中国社会中。因此，为了达到研究目标，冯文教授在阅读相关理论和前人研究的基础上，做出的第一个决定——到研究对象中国独生子女青少年所生活的地方开展田野调查。其后续的所有研究设计都以在中国的实地进行为出发点。

其次，由于冯文教授的目标是研究当时中国社会中的独生子女青少年在步入成年过程中的主体性与体验问题，为了便于探讨研究问题、获得研究所需要的资料，她在研究思路上采取了以定性研究为主，同时结合使用定量研究的研究策略。在实际研究设计中，她主要运用了参与观察、深度访谈以及个案研究等典型的定性研究方法，同时也运用了定量研究者常用的问卷调查、现存官方统计数据分析等方法。她的思路是：对青少年及其父母个人生活的描述主要基于参与观察、深度访谈和个案研究，这种民族志的方法可以让其观察青少年个体的能动性、情绪、文化模型；而采用问卷调查和官方统计数据则可以帮助其提炼从不同个体能动者的生存策略中浮现出来的普遍模式。（她）"结合采用定量和定性的研究方法，以期在捕捉细节性的个人体验和主体性的同时不会忽视对之构成形塑的约束作用的模式"[①]。

冯文教授的研究思路说明，一方面，她采用以定性研究方法为主的方法，主要是因为她要探讨的问题是独生子女青少年在步入成年过程中的主体性与体验，所要详细描述的内容是独生子女青少年在当时中国社会改革开放背景下成长的现状和个体经历，研究问题和内容的主观性比较强。而

---

① 冯文. 唯一的希望：在中国独生子女政策下成年. 常姝，译. 南京：江苏人民出版社，2018：26.

第10章 独生子女政策下青少年成长问题研究解析

要做到这一点，就需要研究者在研究中去实际接触研究对象，去亲身参与研究对象的生活，去观察、去体验、去感知；同时还要求研究者能够与研究对象及其家庭建立起十分紧密且和睦的关系。"这种关系基于很多主体间性的因素（诸如信任、情感共识度、共享的幽默感）。"[①] 所以，冯文教授采用了特别适合进行这种研究的民族志方法。正是通过这种深入实地、亲身参与、密切互动、深度访谈的定性研究方法，她充分地了解到了身处中国当时教育体制下的中学生以及他们的父母的最真实的感受和想法。这是从一般的问卷调查、一般的访谈中了解不到的。

另一方面，冯文教授采用定量研究的问卷调查方法以及现存统计数据分析方法，则主要是为了更广泛地了解中国城市独生子女青少年的整体状况以及描述大连市独生子女家庭普遍的人口模式。冯文教授对她参与其中开展实地观察的三所中学的几乎所有班级的 2 489 名学生进行了一次问卷调查，最终收回了 2 273 名学生的问卷，回收率达到了 91%。实际上，这种调查是对这三所中学学生的一次普遍调查。尽管冯文教授对问卷调查得到的数据只进行了最基本的统计分析，比如百分比分析、交互分析、均值的差异性检验等，但这些基本的定量分析结果不仅对了解这三所中学的学生整体状况有很好的帮助，而且对从整体上印证研究者通过在田野中观察或访谈得到的某些现象的真实情况、印证一些因素相互之间的关系，显然比仅仅列举单独的个案或实例更有说服力。冯文教授的这种做法，可以给习惯于运用定性研究方法的学者以某种启示：在定性研究过程中，通过对研究对象的整体进行问卷调查，可以给予定性研究的结果和结论某种有益补充。通过定量调查获得的数据资料一方面可以帮助我们更好地描述和概括研究对象整体的特征及分布状况，另一方面还可以有力地印证或检验我们从定性的访谈、观察以及定性分析中得出的不同现象之间各种关系的结论。

冯文教授虽然是一位人类学者，但在研究中依然注意到定性研究方法

---

① 冯文. 唯一的希望：在中国独生子女政策下成年. 常姝，译. 南京：江苏人民出版社，2018：9.

的局限性,并努力用定量方法进行弥补。她一方面采用人类学者普遍采用的参与观察法对大连市独生子女青少年的个人生活进行细致的观察和描写,采用人类学者典型的民族志方法去理解青少年的"个体的能动性、情绪、文化模型";另一方面,她也采用定量的问卷调查方法和现存统计数据分析方法,"来描述大连市独生子女家庭普遍的人口模式"。正是通过这种将定性与定量相结合的研究方法,她才能"在捕捉细节性的个人体验和主动性的同时不会忽视对之构成形塑和约束作用的模式"[1]。

同时,冯文教授还通过两种方法进行相互印证,使得研究结果能够更接近社会现实的本来面目。"我的问卷调查结果提供了有关我的研究对象的社会经济与人口学特征的概括性描绘。这一描绘是我对参与观察的结果进行现状核实的依据。""民族志调查也是我核实问卷调查发现的真实性的工具。"[2] 比如,我们都知道,通过问卷调查很难了解到人们经济收入的实际状况。冯文教授的问卷调查也不例外。但她通过深入的实地访谈,了解到了问卷调查往往"会低估人们的收入,因为调查对象不愿意报告非法、非正式或未纳税的收入(诸如贿赂、礼物、补贴、公司利润)。人们仅仅在跟我很熟了以后才告诉我这类收入的情况,而哪怕是我最熟的人也可能会隐瞒部分收入"[3]。正是因为冯文教授不偏不倚地采用了两套不同的工具和方法,所以能够更好地去除两种方法所收集的信息和资料中存在的偏差。对于访谈中研究对象含糊不清的回答、似是而非的回答,可以通过问卷调查的结果加以明确区分并剔除;同样地,对于问卷调查中各种敏感因素导致的可能有偏差的回答和结果,比如对类似于"收入"这样的问题的回答和调查结果,也可以从访谈中清楚地看出其导致的各种偏差。

2. 民族志研究中相关细节的设计

除了大的研究思路和研究方法的设计外,冯文教授的研究在许多具体的细节设计上也可以给我们一些启示。我们知道,作为人类学者,开展田

---

[1] 冯文. 唯一的希望:在中国独生子女政策下成年. 常姝,译. 南京:江苏人民出版社,2018:25-26.

[2] 同[1]29.

[3] 同[1]36.

第 10 章　独生子女政策下青少年成长问题研究解析

野调查是其最重要的基本功，也是其开展研究的基本方法。而以合适的方式进入田野、采用合适的角色进入研究对象的生活环境，则是其顺利开展研究的前提。冯文教授的这一研究无论是在选择田野中自己扮演的角色、进入田野的方式方面，还是在如何接近研究对象方面，都有很好的设计和实践。

首先，冯文教授对"进入田野"的设计就是一个很好的范例，向我们展示了一个"外国人"是如何成为中国正规学校的"教师"的。

该研究的主要对象是中国城市里的普通中学生及其父母和家庭。而要对中国城市里的中学生进行参与观察和深入访谈，以及到学校里对中学生进行问卷调查，研究者必须要有适合开展这一系列研究工作的某种公开的身份或角色。冯文教授当时的真正身份是"一名美籍华裔在读博士研究生"，但在田野调查中，她选择的公开身份和扮演的角色是"一位来自美国的、既说着道地的中文又说着熟练英语的、年轻的、提供免费英语教学及辅导的女教师"。特别是她对"提供免费英语教学及辅导的女教师"这一特定角色的定位，考虑到了其顺利开展田野调查的需要，考虑到了这一身份可以让其方便地接触和观察研究对象。这可以说是其研究设计的一大亮点。

冯文教授的研究地点是中国北方的城市大连，其要进入的田野是这座城市里的中学，那里有大量的、普通的、研究者需要接触和观察的独生子女青少年。然而，我们知道，在中国正规的教育体系中，一个外籍的、不以在中国找正式工作为目的的在读研究生，是不太可能进入普通中学，获得中学教师这种身份和角色的。但为了开展研究，为了进入普通中学这块"田野"，为了获得"教师"这种特定的身份和角色，冯文教授做出了大胆的决定，也付出了自己的努力，最终顺利达到了进入普通中学、获得"英语教师"身份的目的。在书中，冯文教授向我们展示的其进入田野的两种方式，既体现出其创造性，也很好地诠释了实地研究者在进入田野时可以采取的两种途径：一是通过正式的、官方的途径；二是通过非正式的、私人的途径。

在正式的、官方的途径方面，冯文教授决定直接用哈佛大学教务处对其身份的证明文件，向相关学校的管理人员进行自我介绍，并说明意图。在经过学校请英语老师对其英语流利程度进行的专门"验证"后，学校认可了其身份，同意其作为英语教师义务给学生教授英语会话。她正是用这样一种独特的方式，获得了两所中学的认可，成为这两所正规中学的"英语教师"的。这是一件很不容易的事情！冯文教授对正式的、官方的途径的创新运用，令人印象深刻！在非正式的、私人的途径方面，冯文教授则充分利用了自己的熟人关系。她的一个朋友曾经是某所大学的教师，而这位大学教师所教过的学生中正好有一名是大连市一所职业中专的教师。正是通过这种"熟人的熟人"的介绍，她得以作为义务教授学生英语会话的"英语教师"，顺利地进入这所职业中专。

其次，冯文教授让自己从"外人"成为研究对象的"自家人"的做法，给我们提供了很好的示范。

如果说顺利进入田野是开展实地研究的前提的话，那么得到研究对象的信任、得到"当地人"的信任，则是实地研究获得成功的关键所在。"在一定意义上，研究者能否取得研究对象的信任，能否与研究对象建立起友善的关系，决定着他的实地研究的前途和命运。"[1] 如果说顺利进入这三所中学只是给研究者提供了一个对中学生进行调查、进行现场观察他们课堂和其他活动的机会的话，那么进入研究对象的家里进行深度访谈，当面询问他们的父母一些有关个人或家庭的情况，甚至问及婚姻经历、收入财产等敏感问题或个人隐私，则需要研究对象对研究者具有足够的信任，需要研究对象把研究者当"自己人"。而能否做到这一点，是对以参与观察和深度访谈为主要方法的人类学者以及其他采用实地研究方法的定性研究者的最大考验。

冯文教授以其特有的方式，不仅让研究对象及其父母和家人了解到了她的身份背景，更逐渐让他们了解到了她的为人、她的目的。她在向每一名初次见面的研究对象做自我介绍时，总是以符合中国文化模型的对她这样的人如何自述生命历程的设定来进行："我把自己的个人背景融入了大

---

[1] 风笑天. 社会研究方法. 6版. 北京：中国人民大学出版社，2022：299.

连市区与我同龄的人通常使用的叙述方式,将自己呈现为一个成功地走了一条被大家广泛认可的精彩求学之路而实现向上流动的循规蹈矩之人。"① 这种自我介绍的设定和叙述,不仅拉近了研究者与研究对象之间的心理距离,而且激发了研究对象希望更多地接触研究者,更多地了解和得到研究者的成长经验、经历,获得更多的帮助和指导的动机与需求。

冯文教授不仅通过免费的英语教学获得了普通中学的教师身份,还用更多免费的家庭英语辅导走进了一个个学生家庭。并且,她在田野调查的大部分时间里,住的并不是酒店旅馆,而是她辅导的一名初中生的家里。一切艰苦的付出,是冯文教授当时作为一名美籍华裔人类学博士研究生来到中国进行田野调查的家常便饭。她不仅和作为自己研究对象的中学生关系融洽,也和她所访谈的学生家长成了好朋友,相互之间从初次见面,到逐渐熟识,最后到相互信任,无话不谈。一个最能说明其在成为研究对象的"自家人"方面获得成功的细节是:有的学生家长有时甚至让她和他们"一起吃平时常吃的配菜、简单的米饭和剩菜剩饭"②。千万不要小看这样的一个细节,特别是"剩菜剩饭"这四个字背后的意义。试想一下,什么样的人能和我们一起吃"剩菜剩饭"?一个外人能够和研究对象一家人"一起吃平时常吃的配菜、简单的米饭和剩菜剩饭",充分说明了在研究对象一家人眼里,研究者已经不再是一个"外人",而是"自家人"了!一旦研究对象不再把研究者当"外人",他们之间的交谈、询问、回答就不会遮遮掩掩,相反,一切都会更加真实自然。这或许就是实地研究者在田野调查中所期望达到的"最高境界"。

最后,在接近研究对象和进行参与观察等方面,冯文教授同样给我们做出了很好的示范。例如,她在一次与研究无关的普通购物时,看到店主是一名40多岁的女性,马上就想到"以她的年龄应当有个十几岁的孩子"(十几岁的孩子正是冯文教授的研究对象),"于是我开始了和她长时间的

---

① 冯文.唯一的希望:在中国独生子女政策下成年.常姝,译.南京:江苏人民出版社,2018:8.

② 同①59.

攀谈，在此过程中说出了我的背景"[1]。果不其然，这名店主有一个让其伤脑筋的、正在上初三的女儿，也非常希望冯文教授能够给她的女儿当家教。这样一来，冯文教授不仅顺利地获得了一名新的研究对象，更重要的是获得了进入这名研究对象家中进行实地访谈和参与观察的便利条件。而这名中学生则成为冯文教授在书中第一章中所列举的八个典型个案中的第一个。不仅如此，冯文教授还像当年威廉·富特·怀特为了研究意大利人贫民区的青年帮伙而参与他们的各种活动那样，也参与了这名初三女学生与其朋友的一些活动，比如在家里唱卡拉 OK，去商场、餐厅、游戏厅等，俨然成了他们这个小群体中的一员。这既反映出她早已被这几个青少年接受，深得他们的信任，成了研究对象的"自家人"，同时也为她实地观察、访谈、收集研究对象的相关资料提供了极为宝贵的机会和场景。通过观察和交谈，冯文教授使自己与那名女性的关系从顾客与店主发展为家庭教师与雇主，再发展为对方吐露自己离婚私事、征求对女儿朋友看法的好朋友关系，并与对方的女儿发展为研究者与研究对象的关系。冯文教授的这些设计和做法，给我们在具体研究中设计各种操作方法和研究实践提供了很好的范例。

3. 个案研究方法的设计

个案研究是定性研究者最常用的方法之一。冯文教授也将个案研究的方法熟练运用于自己的这项研究中。在《唯一的希望：在中国独生子女政策下成年》一书的第一章，冯文教授向我们展示了八个具有不同特征的独生子女青少年的故事。她希望用这八个故事"展示个人如何以复杂多样且变动不居的方式来应对生活境况和文化模型"[2]。虽然运用个案研究方法并不新奇，但她从最初结识的 107 个个案，到与其中关系最好、保持长期联系的 31 个个案，直到最终作为该书独立一章进行专门描述的八个个案，这种筛选个案的方式，特别是最终选取那八个个案的标准，可以给我们一些重要的启示。

---

[1] 冯文. 唯一的希望：在中国独生子女政策下成年. 常姝，译. 南京：江苏人民出版社，2018：37-38.

[2] 同[1]35.

第 10 章 独生子女政策下青少年成长问题研究解析

这八个个案是冯文教授在其认识的大连独生子女青少年中,按照"优等生""差等生""穷家庭""富家庭"四个范畴所选取的"表现最突出的学生,其他人的社会经济地位和学习成绩水平介于本章所述的这些极端个案之间"[①]。这即是说,她用"社会经济地位"和"学习成绩水平"建立起一个十字交叉的坐标系,而选取的八个个案就是分别处于这个坐标系所构成的田字格四个顶点的青少年,其他青少年则全部处于四个方格之中。同时,她还考虑到了青少年的性别因素,因而在每个顶点的两名学生,都是男生和女生各选取一名。冯文教授建立的选择个案的标准及其选择的结果详见图 10-1。

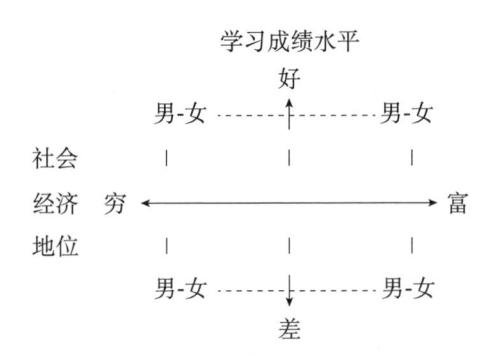

```
                 学习成绩水平
                      好
           男-女 -------↑------- 男-女
            |           |            |
  社会       |           |            |
  经济    穷 ←———————————————→ 富
  地位       |           |            |
            |           |            |
           男-女 -------↓------- 男-女
                      差
```

图 10-1 冯文教授选择的八个个案图示

冯文教授这种选择个案的方式看起来十分简单,但其思路很有启发意义。这种选择方式启发我们去思考个案研究中选择个案的标准问题。一般来说,每一个具体的个案都具有典型性和独特性。典型性揭示的是某一类现象的共性,而独特性则体现的是这一特定个案的个性。[②] 那么,研究者在选择个案时,是应该选择具有典型性的个案,还是应该选择具有独特性的个案呢?实践表明,这要依据研究者的研究目标来确定。实际上,图 10-1 中的纵横两条坐标轴的端点之间,是一种逐渐变化的状态。即无论是学习成绩水平,还是社会经济地位,都是有着不同程度的、逐渐变化的

---

① 冯文.唯一的希望:在中国独生子女政策下成年.常姝,译.南京:江苏人民出版社,2018:35.

② 王宁.代表性还是典型性?:个案的属性与个案研究方法的逻辑基础.社会学研究,2002(5):123-125.

连续变量，而不是一个简单的二分变量。在由这两条坐标轴构成的田字格的四个顶点之内，存在着大量非极端的个案。冯文教授的思路和方法是选择处于四个顶点的极端的个案，而没有选择更具"代表性"的典型的个案。她之所以这么做，是因为通过这种反差更大的极端的个案的比较，能更好地凸显出社会经济地位、学习成绩水平以及性别这三个变量对独生子女青少年的"主体性、体验、渴盼"的影响，能在与研究对象相关的社会现象上具有更清楚的解释力。

正是通过对这八个典型的个案的详细描述和分析，冯文教授"展示了青少年们如何习得了现代化文化模型的不同面向。他们对该文化模型的回应因个性、家庭状况、他们本人的社会经济水平与学业成就的差异而出现了分化"[①]。她的研究很好地突出了大连城区的青少年们在其所描写的文化模型和政治经济发生互动时具有的差异、复杂性和偶然性，不仅具体、生动、细致地刻画了独生子女青少年的成长经历，同时也展示了他们的父母和家庭的日常生活及人生经历，栩栩如生地勾勒出改革开放的年代里中国城市社会的众生相。这种个案研究方法的设计及相关的观察和访谈，让冯文教授从中归纳出了青少年身上表现出来的某些"特质"，而这些"特质"是很难采用问卷调查等定量方法发现的。它们或许可以用来描述、概括、解释和说明现实中许多同类的现象。

三、研究结果与启示

经过前后长达五年多的实地研究和后期的写作，该项研究的最终成果《唯一的希望：在中国独生子女政策下成年》于2004年在美国出版，2018年被翻译成中文在国内出版。该研究得出了"中国独生子女政策下的一代儿童是在需要适应现代化文化模型所要求的变化的情境下出生和被培养的"等一系列结论。

冯文教授认为，作为现代化文化模型内在组成部分的生育转型，导致

[①] 冯文.唯一的希望：在中国独生子女政策下成年.常姝,译.南京：江苏人民出版社,2018：72.

第 10 章　独生子女政策下青少年成长问题研究解析

独生子女的父母把孩子看成他们"唯一的希望",从而将家庭的大部分经济投入孩子的教育和消费上。而处于教育分层体系中的独生子女青少年,也面临着巨大的竞争压力,他们"被外界施压,被推动着在通往第一世界精英职业的狭窄道路上勉力前行,但当他们在这种压力下崩溃的时候,又总会被批评为'无法适应环境'"[1]。同时,低生育率和人口老龄化的背景,也给独生子女家庭的亲子关系及其家庭养老等文化模型带来了明显影响。特别值得一提的是,面对父母、家庭以及媒介中关于独生子女"被惯坏了"的认识,冯文教授并没有被田野调查中从家长、老师等上一辈人口中得到的这种看法迷惑,而是以西方发达国家(其书中所说的第一世界)中的青少年为参照,从私人空间、食物、家务、社会关系、个人成就等方面进行客观分析,正确地认识到他们"只是与父母相比显得太受宠溺,但与全世界的第一世界青少年相比并不过分"[2]。所谓独生子女"被惯坏了",只是上一代人基于其"第三世界"生活经历和生活状况对独生子女这种"第一世界"的一代人做出的评价。冯文教授的这一研究结果和观点,与包括笔者在内的众多国内学者以往以同龄非独生子女为参照所得出的结论基本相同或相似。可以说,她的研究结果在帮助社会全面认识独生子女及其成长方面,增加了一份新的经验材料和证据。

冯文教授的研究结果和观点也集中地体现在其著作的书名上。"唯一的希望"这一主书名实际上有两种解读:一种解读是,独生子女是其父母和家庭的"唯一的希望"。无论是冯文教授在书中第一章对八个个案的详细描写,还是在后续几章中对不同主题的深入探讨,都让读者明显地感觉到,无论这些独生子女青少年的学习成绩如何、性格如何,他们的父母都无一例外地将自己所有的希望寄托在这个唯一的孩子身上。可以说,这是"唯一的希望"这一书名的最基本、最明显也最容易理解的含义。但笔者从阅读中还感觉到,冯文教授用"唯一的希望"作为书名,似乎还包含着另一种含义,即独生子女青少年是中国政府通过独生子女政策来创造一代

---

[1] 冯文. 唯一的希望:在中国独生子女政策下成年. 常姝,译. 南京:江苏人民出版社,2018:193.

[2] 同[1]167.

"具备第一世界消费模式和教育模式""受过良好教育""有明确意识成为第一世界公民和享用第一世界生活方式的高素质人才"的"唯一的希望"。对于冯文教授所用书名的第一种含义,笔者深有同感,十分认同;而对于其第二种含义,笔者则有不同的看法,认为在这一点上,冯文教授所具有的"他者的眼光",还没有能够真正理解和说明中国独生子女政策所具有的意义。

冯文教授的这项研究的设计,可以给我们以下几个方面的启示。

首先,研究问题决定研究的设计及其方法。可能有读者会认为,冯文教授在该研究中主要采用民族志的研究方法,是由于她当时是人类学专业的博士研究生,而民族志方法是人类学专业重点学习的、最主要的研究方法。因为她对这种方法非常熟悉,所以在研究中采取了这种方法。这种看法是有偏差的。事实上,如果冯文教授关注的不是中国独生子女青少年在步入成年过程中的主体性与个体体验,不是青少年的所思所想,不是展现青少年日常生活和具体行为中的观念、认识、态度、情感等,一句话,如果她关注的不是这种相对主观的、内在的内容的话,那么她是不会采用民族志这种定性研究方法的。决定她采用民族志方法的根本原因,是她的研究问题、研究目标、研究内容。换句话说,如果她不采取这种研究方法,那么她是很难达到其研究目标的。同样的道理,她在研究设计中所采取的问卷调查方法、个案研究方法,也都是围绕着回答研究问题的需要,围绕着研究目标的实现。

其次,定量研究方法与定性研究方法的结合运用。冯文教授的这项研究主要采用的是定性研究的民族志方法和个案研究方法,同时,也采用了定量研究的问卷调查方法。这种研究设计也正是出于回答研究问题的需要。这可以给我们一个重要的启示:作为研究者,虽然对不同研究方法的熟悉程度不同、使用频率不同,但这些都不是他们在研究设计中使用某一种方法而不是另一种方法的理由。作为人类学者的冯文教授并不是仅仅只使用她熟悉的、最经常使用的定性研究方法。为了研究的需要,她同样不排斥使用定量研究方法。在该研究中,冯文教授开展问卷调查不仅仅是简单地从形式上追求定性研究方法和定量研究方法的结合,而是充分利用两类不同研究方法的特点来为自己的研究目标服务。民族志方法的深入性、主体间性，可以让她充分地了解和认识独生子女青少年成长变化过程中的主体意识、所思所想；个案研究方法的详细性和典型性，可以帮助她生动形象地把握和凸显各种社会、经济、人口、家庭因素在青少年及其父母的日常生活中所发挥的显著影响；而问卷调查方法的全面性、概括性，则可以帮助她在描述独生子女家庭的普遍模式的同时，印证其通过民族志方法和个案研究方法得出的个体认知和定性结论。

最后，现场与实地中的设计技巧以及冯文教授做研究的态度。相对来说，定性研究在设计中与定量研究有一个十分明显的不同，那就是定量研究由于程序相对固定、方法相对结构化，因而事前设计的内容占了绝大部分；而定性研究由于程序相对灵活、方法的运用相对自由，特别是需要在现场进行，因而难以在研究开始前完全设计和计划好许多方面的细节，许多内容常常需要研究者到了实地后才能开始设计。特别是像民族志这样的方法，研究者经常与研究对象处于真实的日常生活环境和活动中，很多情境和行为是事先无法设计的。研究者既要能够随机应变，又要时刻围绕自己的研究目标和研究内容去收集资料。当然，在这样做的过程中，研究者还要有吃苦、耐劳、谦虚、平和的研究态度。在这些方面，冯文教授的研究也给我们提供了许多有启发意义的示范，值得我们认真学习。

笔者在阅读了冯文教授的这项研究后，专门写了一篇论文[①]进行评价和探讨。有兴趣的读者可以进一步参考阅读。

推荐阅读

[1] 冯文. 唯一的希望：在中国独生子女政策下成年. 常姝，译. 南

---

① 风笑天. "他者"眼中的独生子女：《唯一的希望：在中国独生子女政策下成年》的方法启示与观点探讨. 西安交通大学学报（社会科学版），2021（2）：63-70.

京：江苏人民出版社，2018.

[2] 风笑天．"他者"眼中的独生子女：《唯一的希望：在中国独生子女政策下成年》的方法启示与观点探讨．西安交通大学学报（社会科学版），2021（2）：63-70.

第 11 章

青年长大成人问题研究解析

本章中的研究实例与上一章中的一样,是一项博士学位论文研究。只不过与上一章中的例子有些不同的是,研究者采取的是以定量研究为主、定性研究为辅的研究设计。这种在方法运用上与前一个例子几乎完全相反的研究设计,既可以让我们看到研究者是如何根据研究问题的性质来选择研究设计的方案,来选择合适的研究方法的,又可以让我们看到研究者是如何根据社会现实条件来进行可行的研究设计的。

一、研究背景与研究问题

在人一生的发展过程中,青年期是一个十分重要的阶段。在青年期这个相对较长的阶段中,青年长大成人,或者说人从青少年成长为成年人,是人生发展过程中一个意义突出的关键转变。正是这种发生在青年期的"向成年转变"所具有的重要的发展特征、特定的发展任务和显著的发展结果,引起了社会学家、心理学家、教育学家的普遍关注。特别是自国际上对这一问题研究较早且影响较大的美国发展心理学家阿奈特(Arnett)

于 2000 年发表了《成年形成期①：从青少年晚期到 20 多岁的发展理论》一文以来，学者们更是纷纷聚焦于青年人生发展的这个关键转变过程。"成年形成期""向成年转变""走向成年之旅""向成年过渡"等，很快成为概括这一重要议题的关键词。

早半个多世纪以前，美国的社会学家就从群体层面对这一问题展开了研究。他们将研究的焦点主要放在青少年成年过程中所完成的各种生活事件上，比如完成学业、找到工作、结婚成家、生儿育女等。20 世纪 90 年代中期开始，阿奈特等心理学家则主要从个体视角出发，将关注的焦点放到青少年身上，即从青少年自己的视角来看待和评价他们是否成年以及判断他们成年的标准是什么。

在我国，随着"90 后""00 后"等新一代青年一批批长大成人，他们的成人之旅也成为值得我国学术界积极关注和深入探讨的一个新的议题。本章所介绍的这项研究，正是这种探讨中的一个。

这项研究是吴波博士在美国威斯康星大学麦迪逊分校攻读人类发展与家庭研究系博士学位时的博士论文研究。其研究选题既是她在这一专业学习和其导师对她指导的结果，也可以说是她从 18 岁到 28 岁这十年人生选择和各种经历的一种必然。青年在什么年龄算长大成人？他们长大成人的标准是什么？他们经历了什么样的长大成人的过程？青年的长大成人意味着什么？正是这一系列的问题促成了她的这项研究。

她的这项研究所探讨的主要问题是：中国的青年人对走向成年的自我认知以及文化观念和社会结构对这种认知的影响。围绕这一问题，她拟定了研究的五个具体目标：

（1）了解中国 18～25 岁的青年人是否认为自己已经成年，以及他们眼中的成年标准是什么。

---

① 对于这一概念的翻译，需要稍做说明。阿奈特原文中使用的 emerging adulthood 直译过来是"新兴的成年""正在出现的成年"或者"正在显露的成年""正在形成的成年"的意思。国内现有的文献中，大多数将其翻译成"成人初显期""成年初显期"或者"初显成年期"等。虽然这些翻译都没有错，但笔者觉得，"正在形成的成年"更接近阿奈特原文中所强调的成年是一个逐渐形成的过程的观点。因此，将其翻译成"成年形成期"或许更准确地反映阿奈特这一概念的内涵，同时也更符合中文理解和表达的习惯。

第 11 章　青年长大成人问题研究解析

（2）探索传统价值观和现代价值观与青年人对自己是否成年以及自己眼中的成年标准之间是否有关系。

（3）探索社会结构因素是否影响了青年人对成年的看法。

（4）调查中国青年人的性别和性别角色态度是否与他们对成年的看法有关。

（5）评价阿奈特的"成年形成期"理论是否适用于中国的青年人。

根据这五个具体目标，该研究形成了五个具体的研究问题，即：

（1）中国的青年人对成年的看法是什么？

（2）青年人的不同价值观念与他们对成年的看法之间的关系是什么？

（3）社会结构因素与青年人对成年的看法之间的关系是什么？

（4）阿奈特的"成年形成期"理论适用于中国的青年人吗？

（5）不同类型的青年人对成年的看法相同吗？

二、研究设计

1. 研究思路

为了了解中国的青年人对走向成年的自我认知以及文化观念和社会结构对这种认知的影响，研究者采取了以下研究思路：考虑到虽然在美国和西方社会中已经有专门的用来测量和了解青年人走向成年的具体标准（阿奈特的 43 条成年标准），但是研究者的研究对象是中国社会的青年人，所以，先要解决编制符合中国社会文化和中国青年人现状的成年标准的问题。对此，研究者决定采用一种混合研究的思路。先进行定性研究的部分，以了解来自中国的青年人对成年的看法，并以此来修订以西方发达国家社会文化为主要背景的阿奈特标准，解决有中国文化特色的成年标准的问题；然后进行定量研究的部分，即将定性研究中所形成的具有中国文化特色的成年标准补充进阿奈特的 43 条成年标准中，以此设计出调查问卷，对中国青年人进行调查研究，收集定量资料；最后通过统计分析来对中国青年人的成年认知进行描述和总结，并对文化观念和社会结构因素对这种认知的影响进行分析。这种研究思路实际上就是结合定性研究与定量研究来分别达到不同的目标，最终达到回答研究问题的目的。

2. 对关键概念和研究问题的操作化设计

为了开展研究，研究者先对研究的核心概念以及上述五个研究问题中涉及的一些关键概念进行了界定和操作化。比如，将"成年人身份"界定为青年人对自己是不是成年人的看法；将"成年标准"界定为青年人视角的成年标准（而非社会视角的成年标准），并将其操作化为问卷调查中的一组具体条目；将"不同价值观念"操作化为代表传统价值观的"孝道观念"和代表现代价值观的"独立性观念"；将"孝道"界定为子女对父母的一系列行为，如尊重、顺从父母，在父母晚年时给他们提供物质与精神方面的支持，男人应该和妻子一起照顾父母，女人则要为夫家传宗接代和照顾公婆，等等；将"独立性"界定为青年人成长为独立于父母的个体，获得情感方面的自立；将"社会结构因素"操作化为"家庭的社会经济地位"和"家庭所在地"，并进一步将前者操作化为父母的受教育程度、父母的职业，将后者操作化为在农村或在城市；将"性别角色态度"界定为男性和女性对各自在家庭与工作中所扮演的角色的态度，并将性别角色操作化为赚钱养家的角色、操持家务的角色、养育孩子的角色等。

接着，研究者将经过界定和操作化的关键概念代入前述五个研究问题中，从而达到将这些研究问题操作化的目的，即将它们操作化为一系列更为具体的研究问题。

首先，将"中国的青年人对成年的看法是什么"这一问题操作化为两个更为具体的小问题：一是青年人中有多少人认为自己已经成年或者介于成年与未成年之间？二是青年人眼中的成年标准是什么？

其次，将"青年人的不同价值观念与他们对成年的看法之间的关系是什么"的问题操作化为两个具体的小问题：一是青年人的孝道观念与他们对成年的看法之间的关系是什么？二是青年人的独立性观念与他们对成年的看法之间的关系是什么？

再次，将"社会结构因素与青年人对成年的看法之间的关系是什么"的问题中的"社会结构因素"操作化为五个具体方面，形成了五个小问题：一是父母的受教育程度与青年人对成年的看法之间的关系是什么？二是父母的职业与青年人对成年的看法之间的关系是什么？三是家庭所在地

第 11 章　青年长大成人问题研究解析

与青年人对成年的看法之间的关系是什么？四是青年人的性别与他们对成年的看法之间的关系是什么？五是青年人的性别角色态度与他们对成年的看法之间的关系是什么？

又次，将"阿奈特的'成年形成期'理论适用于中国的青年人吗"这一问题操作化为两个小问题：一是阿奈特的 43 条成年标准是否适用于中国的青年人？二是中国青年人对成年的看法与美国青年人对成年的看法有什么不同？

最后，将"不同类型的青年人对成年的看法相同吗"的问题操作化为"大学生与在职青年对成年的看法相同吗"。

通过这样的操作化过程，研究者就为自己详细地列出了要在研究中进行探讨和回答的一系列具体的问题。也正是这些具体的问题进一步指引着研究者接下来的一系列具体设计。

3. 定性研究方法的设计

因为阿奈特的成年标准表是基于美国和西方国家的社会现实编制的，不能直接用到对中国青年人的研究中，所以，研究者采用了定性研究中的焦点小组访谈方法，希望创建一份符合中国社会文化、面向中国青年人的成年标准测量表。具体来看，研究者为进行焦点小组访谈研究制定了三个目标："第一，产生有中国文化特色的成年标准，以将其增加在随后的问卷调查中；第二，比较大学生与打工者对成年看法的异同；第三，焦点小组访谈研究的结果，在必要时有助于诠释问卷研究的结果。"[①]

对焦点小组访谈的设计，研究者首先在她就读的美国大学中找了几名中国留学生对焦点小组访谈的可行性进行了预试验。在确认了焦点小组访谈方法的可行性后，研究者正式开始了对焦点小组访谈的各个相关方面的设计。

首先是选择参与焦点小组访谈的对象。

为了让焦点小组中包含尽可能广泛的年轻人，研究者主要考虑了性

---

① 吴波. 我们这样长大成人：青年人的自我认知及社会因素的影响. 北京：社会科学文献出版社，2015：33-34.

别、城乡背景以及群体类型等因素。即参与访谈的对象中,既要有男青年,又要有女青年;既要有来自城市的青年人,又要有来自农村的青年人;既要有在校接受高等教育的大学生,也要有在各种岗位工作的在职青年[1]。根据这种考虑,研究者最终挑选了八组不同的对象组成了焦点小组,其中四组大学生、四组在职青年。每个焦点小组的人数和性质见表11-1。

表11-1　焦点小组访谈研究的参与者　　　　　　　　　　（人）

	大学生组		在职青年组	
	来自城市	来自农村	来自城市	来自农村
男青年	6	6	3	4
女青年	6	6	3	4

研究者为对这八组参与者的选择设计了两条标准:一是组员之间互不认识;二是组员不来自同一个故乡。"这样的标准是为了尽可能保护研究对象发言的隐私性,以便他们可以在小组内尽量感觉舒服,并自然地表达其真实想法。"[2] 研究者的这种设计一方面可以减轻参与者的心理压力,便于他们充分地表达自己的看法;另一方面又可以尽可能多地反映来自不同地区的青年人的看法。

对于如何招募到焦点小组访谈的参与者,研究者的设计是:大学生参与者由兰州一所大学的两名学生辅导员协助,在不同专业进行招募。小组访谈安排在某个平日的晚上,在学校的会议室进行。每名参与者将得到20元人民币作为报酬。对在职青年参与者的招募,除了研究者的家人和朋友的帮助外,还通过发放名片,对在药店、美容院、网吧、超市、照相馆以及商场工作的年轻人进行招募。在这些在职青年参加焦点小组访谈之前,研究者分别和他们见过面或者通过电话,以确保他们都理解了研究目的以及参与这项研究的风险和好处,并特别强调了参与研究的自愿性——尊重他们选择不参与这项研究的权利。这一点其实是很重要的,因为它不

---

[1] 原书中作者用的是"打工者"的概念。由于这一概念更多情况下是指从农村来到城市的打工人员,而研究者实际指的是与在校大学生相对应的"在职人员",因此这里改用"在职青年"。特此说明。

[2] 吴波. 我们这样长大成人:青年人的自我认知及社会因素的影响. 北京:社会科学文献出版社,2015:40.

第 11 章 青年长大成人问题研究解析

仅体现了研究者对学术伦理的遵守，同时也能更好地保证参与者对这项研究的参与态度。在职青年的小组访谈主要依据参与者的方便，安排在不同的时间和场所进行。比如，来自农村的在职女青年的小组访谈，是在某个晚上的 7：30—9：00，在研究者父母家的客厅进行的；来自城市的在职女青年的小组访谈，是在某个餐馆的包间，在 12：30—14：00 进行的；来自农村的在职男青年的小组访谈，是在某个周六的 13：00—14：30，在一家茶餐厅进行的；来自城市的在职男青年的小组访谈，是在某个周日的 11：00—13：00，在研究者父母家的客厅进行的。每一名参与者都得到了 25 元人民币作为报酬。在餐馆和茶餐厅进行的两次小组访谈，经研究者和小组成员商议，这笔报酬被用来支付了餐费。

其次是对用于焦点小组访谈的问题的设计。

研究者这一研究所关注的中心问题之一是青年人对长大成人的观点，以及他们的观点与来自美国的阿奈特问卷中的标准之间的异同。因而，研究者围绕这一主题设计了焦点小组访谈的问题，包括开场白、开场问题、核心问题、后续问题、反思问题、总结问题等。同时，研究者还在一位对焦点小组访谈很有经验的教授的指导下，对访谈问题的措辞和顺序进行了修改，使得访谈问题更有逻辑性，也更容易回答。

为了检验访谈问题的适用性和有效性，研究者又专门在其就读的大学中组织了由五名中国留学生参加的焦点小组访谈预试验。其目的是测试访谈问题的可读性，以及发现焦点小组访谈中可能出现的问题。研究者在访谈结束后还邀请这五名中国留学生对访谈问题、主持风格等方面提出建议。在此基础上，研究者又对焦点小组访谈的问题进行了修改。这为正式的焦点小组访谈做好了准备。

再次是对焦点小组访谈步骤和具体实施方式的设计。

对于每个小组访谈，研究者都是先花 5~10 分钟的时间就研究目的、参与焦点小组访谈的风险与对个人和社会的好处，以及社会科学研究的匿名性、保密性和自愿性等向参与者进行解释，以确保每个人都明白了她的意思。然后，请参与者再次考虑是否愿意参加（结果没有人选择退出）。在得到确定答复后，请每名参与者阅读一份"知情同意书"，在确认没有问题后，签上自己的名字。同时还要求每名参与者签署一份小组成员内部的保密协议。研究者的这些设计和做法，是遵循科学研究伦理规范的要求进行的，也是我们在自己的研究设计中应该充分注意的一个方面。

完成上述步骤后，再开始进行焦点小组访谈。根据焦点小组访谈的目标，一方面要了解中国青年人对阿奈特的 43 条成年标准的看法，另一方面要收集符合中国文化背景的成年标准。因此，研究者在对每一个小组的访谈中，都会将一张写有阿奈特的 43 条成年标准（中文翻译版）的纸发给小组的每一个成员，然后按照同样的顺序提出同样的问题，并让助理对每次的讨论进行录音和简短的记录，记录内容包括每组的人数、参与者的年龄、各自的工作等基本情况。在每组访谈结束后，研究者都和助理一起讨论该小组参与者对成年标准的共识，以及访谈中出现的问题，然后仔细聆听每组讨论的录音，并写下自己的思考。

最后是对焦点小组访谈资料的分析的设计。

因为研究者此次研究的成果是其博士学位论文且需要用英文完成，所以，所有资料都需要翻译成英文。为此，研究者回到美国后先花了两个月的时间，将八个焦点小组访谈的录音全部转录成中文记录，然后又花了半个月的时间将中文记录全部翻译成英文，并请两名中英文都很流利的华裔本科生协助研究者润色了全部英文翻译稿，包括语法检查、句型和文字的口语化等。

访谈资料转录和翻译完成后，研究者开始进行资料分析的设计。由于通过焦点小组访谈方法获得的资料是访谈记录，而对这种资料的分析主要是一种定性的和解读性的，因此研究者个人的主观因素在分析中占有很大的比重。为了尽可能如实把握参与者对成年标准的认知，并尽可能客观地展现他们的认知，研究者又进行了下列一系列操作设计。

她先是和该校一名教育管理与政策研究系的中国博士研究生搭档，一起分析八组资料中的四组资料（来自农村的男大学生、来自城市的女大学生、来自城市的在职男青年、来自农村的在职女青年），各自从资料中总结出青年人的成年标准，并一起讨论这些标准和青年人对成年的想法与认知。然后，研究者又把同样的四组资料发给选修质性研究方法课程的 12

第 11 章 青年长大成人问题研究解析

名研究生同学,并将她们两人分析总结的结果向这些同学进行报告,得到了同学们以及老师的反馈意见。接着,研究者又和该校教育系的一位教授以及一名研究生一起,对另外四组访谈资料进行了同样的分析。最后,研究者比较了两组结果,确认从前四组资料中得出的中国青年人的成年标准同样适用于后四组资料。也就是说,两组结果得出了一致的结论。研究者和助理一起,通过综合这些结果,即中国青年人对阿奈特的 43 条成年标准的看法,以及大学生和在职青年对成年标准看法的异同等,最终从访谈资料中总结出了 7 条具有中国文化特色的成年标准,并将它们添加到阿奈特的 43 条成年标准中,形成了一个新的、包含中国文化背景下 7 条标准在内的 50 条成年标准,将其放到后面进行调查时使用的问卷中。

4. 定量方式中的调查研究设计

对调查研究设计来说,最主要的内容依然是样本抽取的设计、调查问卷的设计、问卷发放和回收方式的设计以及问卷资料的统计分析设计。

首先是样本抽取的设计。

抽样设计中的一项重要内容是界定总体。虽然从研究目标看,研究者的目标总体应该是中国青年人,但显然,作为一名在读的博士研究生,其可以利用的各方面资源特别是手中的财力和人力都是十分有限的。因此,研究者只能缩小目标总体的范围。她没有从包含各类中国青年人的总体中进行抽样,而是将抽样的总体限制在了大学生这一群体上。即使是对大学生总体,研究者也没有采用严格的抽样设计随机抽取若干所高等院校,而是根据自己的资源和能力条件,选择了兰州的一所大专院校作为调查点,从中进行抽样。研究者之所以选择那所大专院校,是因为那里有支持她进行问卷调查的学校负责人。

抽样设计中的另一项重要内容是决定样本的规模。在这项研究中,研究者主要有四个分组的对象,即城市男青年、城市女青年、农村男青年和农村女青年。根据研究方法专家罗布森(Robson)的意见,在固定设计的研究中,每个分组的样本量要达到 100 个以上。因此,研究者至少需要 400 个个案的样本。考虑到可能存在的无回答现象,研究者决定将样本量扩大为 600 人。

社会科学研究设计

这所大专院校共有 11 个系，近 8 000 名学生。研究者先采用主观判断的方式选择了有着较高比例农村学生和男生的机械工程系，以及有着较高比例城市学生和女生的商业贸易系进行调查抽样。之所以选择这两个系，是为了让样本在性别和家庭所在地这两个变量上尽可能地代表这所学校的学生整体。然后，在这两个系的三个年级中，研究者从每个年级各抽取了 100 人，这样，两个系三个年级总共抽取 600 人。此处有所不足的是，研究者并没有详细说明其在每个年级抽取 100 名学生的具体设计以及操作方法是怎样的、抽样过程又是如何等。

其次是调查问卷的设计。

调查问卷是研究者收集资料的主要工具。其设计的调查问卷由五个大的部分组成，这五个部分是：成年标准问题（50 个），这是核心问题；孝道问题（21 个）、独立性问题（14 个）、性别角色态度问题（5 个）以及人口学背景问题（18 个）。整个问卷总共包含 108 个封闭式问题和 4 个开放式问题。其中，除了成年标准问题来自阿奈特的 43 条成年标准以及前面焦点小组访谈的结果外，测量孝道问题、独立性问题、性别角色态度问题均来自美国学术界已有的量表和调查问卷。研究者和同校的几位中国留学生共同将它们翻译成中文并进行了互译和讨论。人口学背景问题则是研究者自己设计的，主要用于测量大学生的年龄、性别、家乡、专业、恋爱状况、父母的受教育程度、职业以及家庭财产等。在正式调查前，研究者将设计好的问卷初稿在另一所大学中找了三名大学生来进行调查预试，以测试问卷的可读性和完成问卷调查的时间。根据三名大学生的反馈，研究者又对问卷中的措辞进行了修改，最终形成了正式的调查问卷。

再次是问卷发放和回收方式的设计。

问卷调查的实施方式是：在学校管理人员的协助下，研究者在所调查的两个系的大一和大二学生的课堂上发放问卷；由于大三学生是毕业生，因此对他们的问卷是在学生领取毕业证书的办公室门口发放的。在问卷发放和回收过程中，研究者和大学生之间保持着面对面的交流。即研究者先告诉大学生这项研究的目的和程序，然后讲明了参加问卷调查的好处和可能的风险，并鼓励他们参与。同时，再次向他们保证将保持问卷的匿名性、隐私性以及自愿参与三项原则，且说明研究者是唯一可以看到问卷的人，他们的老师和学校管理人员并不介入这项研究，他们只是协助研究者找到调查对象而已。最后告知参与者，在调查中他们可以不回答任何令他们感到不舒服的问题，也可以在任何时间、无须任何理由中止回答问卷，所有这些都不会影响到他们的学业成绩。在课堂上和办公室门口发放问卷时，学校老师和管理人员均不在场。研究者同时将一份相当于10元人民币的小礼物发给每一名接受调查的学生。发放的所有问卷都在30~40分钟内完成并收回。最终研究者共收回了573份问卷，回收率为95.5%。

最后是问卷资料的统计分析设计。

研究者先对问卷调查资料进行了录入和数据清理，随后通过频数统计筛查并剔除了6份只填写了一小部分问题的问卷，实际进入统计分析的问卷总数为567份，因此有效回收率为94.5%。围绕着回答研究的各个具体问题，研究者对数据的统计分析进行了设计，共分为四个步骤：

第一步，采用验证性因子分析的方法，来处理数据中阿奈特的43条成年标准七个维度的中国数据，以检测这批中国数据是否符合阿奈特成年标准七个维度的理论模型。

第二步，采用探索性因子分析的方法，来分析数据中的50条成年标准（阿奈特的43条加上通过焦点小组访谈得出的7条），以便找到最适合的成年标准维度的中国模型。

第三步，检测最合适模型的信度，包括每个维度的信度，以及孝道、独立性、性别角色态度等综合值的信度，均以克龙巴赫（Cronbach）的阿尔法值来指代。

第四步，采用回归模型来检测大学生对成年的看法，以及他们的看法与不同价值观和社会结构因素之间的相关性。

三、研究结果

通过对问卷调查所得数据的统计分析，研究得到了下列结果：

第一，大学生对自己成年人身份的看法及其相关因素。

基本状况是：有22.2%的大学生认为自己已经成年；有4.2%的大学

生不认为自己已经成年；有72.3%的大学生认为自己处于两者之间，既不是成年人，也不是青少年。对比研究者四年前的一项同类研究结果，这项研究结果中的大学生对自己成年人身份的不确定感增加了一倍多（从原来的35%增加到72.3%）。研究者分析认为，造成这种结果的因素除了两次的调查对象有所不同外，还可能与大学教育为大学生提供的社会地位、毕业后的工作保障以及进入大学意味着对自己的肯定等因素有关。这同时也反映出，阿奈特的成年形成期理论在某种程度上是适合中国大学生的，即随着社会环境的改变，有越来越多的大学生对自己的成年人身份产生了不确定感。

对不同价值观念与大学生对成年看法之间的关系的分析表明，大学生越是看重孝道观念，则越不认可阿奈特模型中美国观念下的那些成年标准；同时，大学生独立于父母的观念与他们对成年的看法之间的关系也表明，阿奈特的成年标准模型不适用于中国大学生。研究结果还表明，中国大学生对成年的看法依他们的性别而有所不同，男大学生相比女大学生更会把他们的个人成就与个人能力看作成年标准；那些持传统性别角色态度的大学生，比起持平等性别角色态度的大学生，可能更少认为年满18岁或者年满21岁是成年标准；相对于来自城市的大学生，来自农村的大学生更加认为遵从习俗和履行对他人的责任是成年标准；父母的受教育程度与大学生对成年的看法不相关，相比父母来自专业人士或商人阶层的大学生，那些父母来自农民或工人阶层的大学生更可能把持家能力看作成年标准，且认为成年更多地意味着组建自己的家庭。

第二，阿奈特的成年形成期理论只在某种程度上适用于中国的青年人。

该研究表明，一方面，有72.3%的大学生认为自己既不是青少年也不是成年人，这与阿奈特对美国青年人的调查结果类似；但是另一方面，验证性因子分析的结果并不支持阿奈特成年标准的七分类模型适用于中国大学生数据的43条成年标准。在研究者增加了7条来自焦点小组访谈的具有中国文化特色的成年标准后，探索性因子分析形成了9个分类。

第三，中国青年人与美国青年人对成年看法的异同。

第 11 章　青年长大成人问题研究解析

　　研究者发现，中国青年人与美国青年人对成年的看法之间存在相似之处：他们都认为"经济上独立"和"能独立做决定"是成年的标准；都把决定自己的价值观当作重要的成年标准；都不把"结婚""有个孩子"和"购买一套房子"作为成年标准。但与此同时，二者之间又有着许多的不同：对于最重要的成年标准，中国青年人强调相互依赖，而美国青年人则强调独立性；在和父母的关系方面，中国青年人试图维持一种上下等级的亲子关系，而美国青年人则希望和父母建立起平等的成年人之间的关系；二者对长大成人需要具备什么样的认知能力也有不同看法。

四、简要评价

　　对于该研究的设计，笔者觉得有两个方面的问题值得稍做探讨。

　　一是研究设计的理想与现实问题。

　　客观地说，这项研究的设计并非一种完美的设计。研究者在许多方面的设计所存在的问题，读者也可以很容易地看出来。比如研究的总体和样本的设计。该研究的目标是探讨中国青年人对成年的认知以及相关因素对这种认知的影响。根据这一目标，研究的总体应该是中国全体青年人，调查样本也应该从这一总体中进行抽取。但是，正如研究者自己所坦承的，其研究设计的实际总体只是中国的大学生，并且其抽样的设计也只是一种非随机的方便抽样。这导致调查样本连对大学生的代表性都非常有限。

　　是研究者不清楚应该研究什么总体吗？是研究者不知道非随机抽样的代表性不足吗？笔者认为情况并非如此。相反，研究者对此都是清楚的。那她为什么没有按正确的方式设定总体、没有按科学的方式设计抽样呢？这是因为，要以中国全体青年人为总体进行研究，且以随机抽样的方式从这一总体中抽取样本，只是一种"理想的"研究设计。对于研究者这样一名在美国读博士的学生来说，要在现实中做到这一点实际上是不可能的。她不具备开展"理想的"研究的各种客观条件，无论是经费、人力还是时间。然而，研究又必须进行。因此，研究者只能放弃理想的设计，在研究的科学性、严密性、结论的推广性等方面做出"妥协"和"退让"。用中国全体青年人中的一小部分，即大学生来替代总体；同时采用非随机的抽

样设计来抽取大学生样本,以此换取研究设计在现实中的可行性。

我们在现实研究中也常常会面对与这项研究相类似的现实。在这种情况下,一种可以借鉴的做法是:一方面我们要明白理想的、科学的、严格的设计是什么,并且要想法设法、尽最大的可能去接近理想的设计;另一方面则要清楚地认识到自己在现实困难面前对研究设计所做出的每一点妥协和退让将带来什么样的后果,认识到自己这种不太科学、不够完美的研究设计对研究结果和结论有什么样的影响。同时,还要在研究报告、论文中如实地向读者说明,并提醒读者注意自己那些有缺陷的研究设计对研究结论带来的影响。比如,这项研究的研究者在其著作的结尾就明确表明:"这项研究的局限性有以下几个方面:第一,研究结果来自一个便利样本,所以无法适用于全体的中国年轻人。""家庭所在地与家庭社会经济地位也影响着大学生对成年的看法。在我的研究中,77%的大学生来自经济不发达的农村地区,而且中国的经济在城乡之间发展很不平衡,由于这个原因,我的研究结果也无法适用于全国的大学生。""第二,三个量表在效度上仍然存在问题……在研究中,孝道量表中有近一半的测量项因为信度问题被删掉了……可能已不再适用于现代的中国年轻人……其他两个量表……它们都是来自西方的概念……是否适用于中国 18~25 岁的年轻人,仍然值得进一步探索。""第三,除语言的翻译障碍外,还存在着调查对象对成年标准的不同理解。""中国年轻人尤其是来自农村地区的年轻人,对理解阿奈特的 43 项成年标准到底意味着什么是有困难的,同时很多生活情境在中国不存在,很多概念他们也未曾接触过。"[1]

二是研究中对定性方法与定量方法的运用问题。

与上一章冯文教授在研究中既采用了定性研究的参与观察方法、个案研究方法,同时也采用了定量研究的问卷调查方法一样,本章的研究者围绕着回答其研究问题的需要,也采用了定性研究的焦点小组访谈法,以及定量研究的问卷调查方法。

---

[1] 吴波. 我们这样长大成人:青年人的自我认知及社会因素的影响. 北京:社会科学文献出版社,2015:153-155.

这两项研究虽然都采用了混合研究的设计，但应该注意到：一方面，每一项研究中通常会以一种性质的方法为主。比如，冯文教授的研究是以定性研究的参与观察方法、个案研究方法为主，以定量研究的问卷调查方法为辅；而这项研究的研究者则是以定量研究的问卷调查方法为主，以定性研究的焦点小组访谈方法为辅。另一方面，研究者并不是单纯地为了同时采用定量与定性方法而采用它们。研究者在研究设计中同时采用两种性质的研究方法，是出于回答研究问题的需要。比如上一章冯文教授的以定性方法为主的研究之所以采用定量的问卷调查方法，是因为研究需要更广泛地了解中国城市独生子女青少年的整体状况以及描述大连市独生子女家庭普遍的人口模式，同时这样做便于从整体上印证研究者在田野中通过观察或访谈得到的某些现象的真实情况、印证一些因素相互之间的关系。而本章这项以定量的问卷调查方法为主的研究之所以采用定性研究的焦点小组访谈方法，则是因为研究需要在问卷调查之前"生产出"符合中国社会文化特征的成年标准。

这些例子启示我们，定性研究方法和定量研究方法都是对我们探索和研究社会现象有用的工具。它们各具特点，分别适用于不同的研究目标、不同的研究环境、解决不同的研究问题。因此，我们要在了解和熟悉各种方法特点的基础上，恰当选择合适的研究设计，充分发挥每一种研究方法的长处，用特定的研究方法去完成特定的研究目标。

推荐阅读

[1] 吴波. 我们这样长大成人：青年人的自我认知及社会因素的影响. 北京：社会科学文献出版社，2015.

[2] 庞奇. 社会研究导论：定量与定性的路径. 风笑天，等译. 重庆：重庆大学出版社，2023.

[3] 风笑天. 走向成年之旅：当代青年研究的一个重要议题. 河北学刊，2023（4）：148-157.

第 12 章

人们择偶标准问题研究解析

与前面几章中都是列举一个研究实例进行解析有很大不同的是,本章将列举针对同一个研究问题、采取不同研究设计的多个实例,试图说明面对不同的现实条件,研究者可以采取不同的研究设计。这些研究设计各自具有不同的思路和特点,当然也有不同的局限。

俗话说"男大当婚,女大当嫁"。当人成长到一定年龄时,通常会面临恋爱、结婚、生儿育女的问题。其中,择偶是人们走入婚姻的第一步。人们在选择结婚对象时,往往会对对方各方面的条件有一定的偏好或要求。这就是人们通常所说的择偶标准问题。在社会学、人类学、心理学等许多社会科学的研究领域,择偶标准问题都是一个普遍受到关注的重要问题。研究者是如何研究人们的择偶标准问题的呢?当研究者要了解和研究人们的择偶标准时,又应该如何进行研究设计呢?这就是本章所要讨论的问题。我们将通过分析多个不同的研究实例,来对两种不同的研究设计思路和多种具体的方法进行介绍。

一、研究设计的一种思路

从大的思路上看,研究者要研究人们的择偶标准问题,可以有两种不

第 12 章　人们择偶标准问题研究解析

同的选择。其中一种研究思路是直接对社会中的人们进行调查，询问他们择偶的各种条件或要求，然后对收集到的数据资料进行统计分析，最终得出研究结果。这是一种相对直接的方式。如果按照这种思路，那么研究者通常会如何进行研究设计呢？下面是两个采用这种思路进行研究的实例。

1. 实例：择偶标准 50 年变迁及其原因[1]

这是徐安琪在 2000 年进行的一项研究。她的研究所关注的主要问题是：第一，中国社会半个世纪以来的择偶标准变迁有何特点？第二，影响这种变迁的主要社会原因是什么？对回答这两个问题来说，比较合适的研究方式是进行大规模的抽样调查。研究者的设计也正是如此。

从前面第 5 章的介绍中可以知道，对调查研究的方式来说，研究设计中最为关键的环节是概念的操作化及其测量，以及抽样设计，即调查对象的抽取。在这项研究中，研究者围绕这两个环节进行了如下设计。

（1）设计思路。

首先，在对择偶标准内涵的测量上，研究者认为：择偶标准一方面具有多重性、综合性，即人们在择偶时不可能只关注对方某一方面的条件。因此，应将综合性、多侧面作为设计择偶标准框架体系所遵循的原则。另一方面，择偶是恋爱的前奏，双方的爱情是恋爱互动的结果而并非择偶的前提条件。故在对择偶标准内涵的测量上，研究者并没有把"爱情"变量列入择偶标准框架体系。

其次，在对调查对象的考虑上，研究者认为：择偶标准是动态的，具有可变性。这种动态变化不仅反映在社会历史的变迁对它的影响上，而且体现在个人生命周期的不同阶段。例如，个体在青年时代往往追求完美、较为理想化，在择偶时因机遇或条件限制，未必能遇上理想的意中人，于是会调整期望、降低标准，变得比较务实。在经历了多年婚姻生活实践后，他可能会有新的感悟并对原先的择偶标准进行反思、修正，变得更切合实际。因此对于择偶标准问题的调查对象，不宜把未婚者和已婚者放在同一抽样框里。对已婚男女也不宜笼统地询问"您认为哪些因素在择偶时

---

[1]　徐安琪. 择偶标准：五十年变迁及其原因分析. 社会学研究. 2000（6）：18-31.

较重要"。因为难以分清以这种提问方法得到的资料究竟是调查对象当初的择偶标准,还是经历多年婚姻生活实践后的新认识。正是根据上述思路,研究者在研究设计中不仅把已婚男女作为调查对象,而且除了询问调查对象当初择偶时的标准外,还询问了其在经历了这些年婚姻生活实践后的新认识。

(2) 具体设计。

首先是对概念操作化和变量测量的设计。研究者根据自己对择偶标准多元化、综合性的看法,将择偶标准操作化为由一系列明确的择偶条件指标构成的体系。这一择偶条件指标体系包括政治社会条件、生理条件、物质条件、人品个性及双方相容互补五大类,总共29[①]个具体项目。其具体指标如图 12-1 所示:

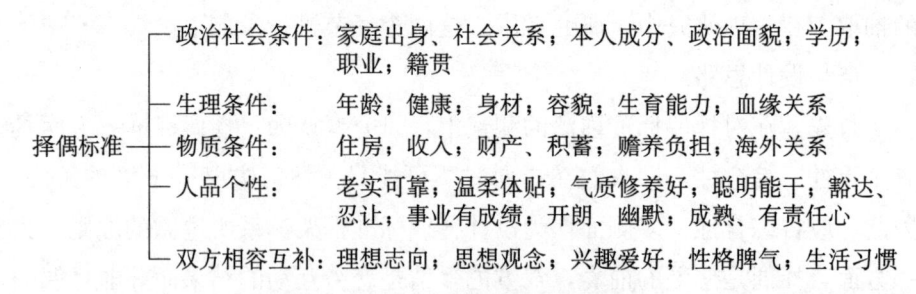

```
                ┌─ 政治社会条件:家庭出身、社会关系;本人成分、政治面貌;学历;
                │              职业;籍贯
                ├─ 生理条件:    年龄;健康;身材;容貌;生育能力;血缘关系
  择偶标准 ─────┤─ 物质条件:    住房;收入;财产、积蓄;赡养负担;海外关系
                ├─ 人品个性:    老实可靠;温柔体贴;气质修养好;聪明能干;豁达、
                │              忍让;事业有成绩;开朗、幽默;成熟、有责任心
                └─ 双方相容互补:理想志向;思想观念;兴趣爱好;性格脾气;生活习惯
```

图 12-1　择偶标准的操作化示意图

通过对择偶标准的操作化处理,研究者就可以在问卷中对每一个调查对象进行测量了。研究者在问卷中设计了询问被调查对象"当初在选择结婚对象时,您认为哪些具体条件更重要"和"经过这些年的婚姻生活实践,您或许对择偶条件有了新的认识。假如让您重新选择的话,您现在会更重视什么条件"。通过这两个问题的测量,来反映调查对象结婚前和目前的择偶标准。在问卷中,研究者要求调查对象按重要程度在每一个大类中最多选两个具体项目。将调查对象的选择均设置为虚拟变量(即 0 为否、1 为是)。

其次是对调查对象的界定和抽样方案设计。与该研究之前的 20 年中

[①] 原文中写的是 30 个具体项目,但实际上只有 29 个具体项目。

第 12 章　人们择偶标准问题研究解析

有关择偶标准的研究大多以大学生、未婚青年或征婚者为调查对象有所不同的是，该研究是以 1948—1996 年在不同年代择偶、恋爱、结婚的已婚者为调查对象的。研究者的这种设计，也是充分考虑到了"择偶标准 50 年变迁"这一研究目标的需要。在样本抽取的设计上，研究者考虑到调查所需的人力、财力、时间，以及开展调查的队伍组织等因素，决定以上海和哈尔滨两个城市作为调查地点，然后采用多阶段分层概率抽样的方法来抽取样本。具体做法是：在这两个城市的每个行政区随机抽取一个街道，在每个街道随机抽取三个居委会，并在每个居委会按等距原则确定 65 岁以下的已婚女性及其配偶为调查对象。两市各调查 800 对夫妻。其中 32 名丈夫因外出工作或生理障碍等无法接受调查，2 名拒绝访问，因此，实际共获得 1 600 名妻子和 1 566 名丈夫样本。总的有效样本规模为 3 166 名已婚男女。

最后是对资料收集方法和分析方法的设计。为了保证问卷调查的质量，研究者对调查资料的收集方法设计采用的是派调查员对所抽到的已婚夫妇进行入户访问。这种方法在具有较高调查质量的同时，也存在费时、费力、费钱的不足。特别是由于总的样本规模达到了 3 166 名，所以入户访问的工作量是相当大的。尽管研究者有国家课题的经费支持，但由于实地入户访问的工作需要组织和培训相当规模的调查员队伍，而这种组织、培训、管理的工作在很大程度上会限制样本规模的进一步扩大，因此研究者只选择了两个城市作为调查点。

研究者对资料分析方法的设计是：首先分别以择偶年代和受教育程度为自变量，对 29 项具体的择偶标准做交互分类统计和卡方检验，借以对择偶标准的现状及变迁特点做出基本描述，来回答该研究所提出的第一个问题；然后采用回归分析的方法，通过控制其他变量来估计择偶年代、受教育程度、职业等因素对择偶取向的影响性质和强度，即回答该研究的第二个问题。其设计中有一个自变量的使用值得注意。研究者未采用结婚年龄指标而采用了择偶年代，这是因为这两个变量高度相关（相关系数高达 0.9），故在进行回归分析时只能取其一。究竟取哪一个呢？研究者考虑到一方面样本中调查对象的恋爱、结婚年龄相差较大，另一方面择偶标准更多地受到当时社会的政治、经济状况以及社会风习、价值取向的制约，被烙上时代的印记，使用年代指标比年龄指标更能准确地反映择偶标准50年的变迁，所以采用了调查对象的择偶年代而不是结婚年龄。同时，对于择偶年代的分组，研究者大致上按照社会的政治、经济特征，将其分为"文革前"组（1948—1966年）、"文革中"组（1967—1976年）、"拨乱反正及改革开放初"组（1977—1986年）、"经济体制转轨期"组（1987—1996年）。

（3）研究结果。

该研究通过对上海和哈尔滨两地抽样调查所获得的3 166个样本资料的相关分析发现，调查对象在考察意中人时最为关心的是健康、老实可靠、性格脾气相投和温柔体贴，而学历、职业、收入、住房等政治社会和物质条件以及容貌、身材等外表形象这些人们习以为常的指标，在以往几十年的择偶标准中入选率甚低，在近些年才备受青睐。这主要是因为在20世纪80年代前的很长一段时期内，"物质利益"和"金钱万能"曾被视作万恶之源屡遭批判；加上在计划经济年代，人们从事何种工作由组织统一安排且为终身制，个人无选择自由；而薪金收入更是"平均主义大锅饭"，择偶者自然很少对未婚夫（妻）的职业、收入提出苛求。此外，由于看重异性的长相、身材曾被指责为重外表轻内在的低级庸俗的择偶观，不少人唯恐被戴上"以貌取人""动机不纯"的帽子而自觉或不自觉地压抑自己的自然天性和正常需求。随着"政治第一"和"以阶级斗争为纲"时代的结束，金钱、物质重新被认可为婚姻不可缺少的基础，为异性的美貌、气质所吸引也不再被指责为"生物型"的择偶观。因此，调查对象对学历、职业、收入、住房、容貌、身材等条件的重视、关注比重明显上升也是自然的。

该研究通过回归分析，对影响调查对象当初的择偶取向以及经过婚姻生活实践后目前新取向的多元因素进行了测定，估算结果不仅证实了随着年代的推移，人们择偶的政治取向有所弱化，还修正了以往文献中"年长者和职业层次较低者在择偶时更关注对方的经济条件"及"青年人择偶时的经济考虑减少但更看重可以转化为物质的潜能"的假设，并认为上述假设与中国国情不相符。因为研究表明，年轻人、文化程度较高者更重视伴侣的经济社会地位，他们不仅关注对方的学历、职业、聪明能干、事业有成等隐性的潜能，而且对住房、收入、财产等显性的经济条件也极为看重。

(4) 两点启示。

该研究的设计中有两点值得注意：

一是对于调查地点，研究者只选取了两个城市。虽然看起来城市数量太少，对全国城市的代表性相对较差，但是考虑到调查的代价，研究者的选择还是现实的。尽管我们也可以采取总样本规模不变、多选择几个城市（比如8个城市、10个城市等）、每个城市少调查一些对象（比如200对夫妻、160对夫妻等）的策略，这样在其他条件相同的情况下，样本的代表性会有所提高，但是作为代价，研究者需要找的调查合作者的数量会增加、对调查的组织和管理的难度会增加、调查资料的整体质量可能也更难以保证。因此，研究者从实际出发，以保证调查质量为主要考虑因素的设计还是可取的。

二是研究者对调查对象的选择设计，符合研究目标的要求。由于该研究的目标是了解50年来择偶标准的变迁及影响因素，所以研究者选择的调查对象并不是常见的未婚青年，而是65岁以下的已婚夫妇。研究者的这种设计利用的是样本中调查对象的年龄从20多岁到65岁的自然分布，这样就可以构成在不同年代择偶的调查资料。它们既可以用来描述50年来择偶标准的变迁，也可以用来分析社会变迁因素对人们择偶标准的影响。

2. 实例：新生代农民工的择偶标准及影响因素研究[1]

这是许传新在2011年进行的一项研究。其研究的对象是新生代农民工。农民工是改革开放以来伴随着我国的工业化、城镇化进程而涌现出的一支新型劳动大军，并逐渐成为我国产业工人的重要组成部分。在农民工中，青年又占了绝大部分。对青年农民工，即新生代农民工来说，他们所

---

[1] 许传新. 新生代农民工择偶标准及影响因素分析. 南方人口，2013 (3)：26-37.

处的年龄阶段使他们在城市中除了会面临社会融入、职业发展、权益保障等方面的问题外，还不可避免地会面临择偶、结婚、生育等方面的问题。那么，新生代农民工的择偶标准是怎样的呢？有哪些因素会对他们的择偶标准产生影响呢？这就是研究者所要探讨的主要问题。

(1) 研究设计。

在研究思路上，研究者同样决定采用调查研究的方法。对调查研究的设计，研究者主要考虑了下列几个方面。

一是调查地点的选择。研究者虽然有国家社科基金的支持，但考虑到调查的难度和质量，最终只选择了农民工相对较多同时又具有不同特点的上海、成都、义乌作为调查地点。其中，上海是我国东部沿海最为发达的超大城市，成都是西部人口大省四川省的省会，义乌则是虽然地区规模小但拥有全国闻名的小商品批发市场的县级市。研究者针对研究对象的特点，结合开展实地调查所面临的现实困难而采取的这种设计还是比较合适的。

二是调查对象的界定和样本抽取的设计。该研究中，研究者将新生代农民工界定为在调查时点，具有大专及以下学历、出生于1978—1995年、持有农村户口、跨县（区）域流动到城市务工的人员。对调查对象的明确界定，有利于研究的抽样设计与实施。该研究的抽样设计采用的是两阶段随机抽样的方式。第一阶段，研究者在三个城市人力资源与社会保障局的支持下，从每个城市简单随机抽取50家农民工相对比较集中的用工单位；第二阶段，从每个被抽中的用工单位中，抽取10名新生代农民工。三个城市共抽取了1 500名农民工。研究者的这种相对增加第一阶段的样本数量（50个用工单位），相对减少从每一个用工单位中抽取的工人数量（10名新生代农民工）的设计方式十分正确。因为在同样的条件下，抽取规模同样大小的样本（比如都是抽取1 500名）时，这种设计方式比起在第一阶段抽取用工单位数量相对较少（比如10个或者20个用工单位）而在第二阶段抽取工人数量相对较多（比如50名或者25名新生代农民工）的设计方式来说，所得到的样本的代表性会更好一些。当然，这种设计方式的代价是在调查实施阶段所付出的人力、财力和时间可能也相对更大。

第 12 章 人们择偶标准问题研究解析

三是测量指标的设计。对进行同一类主题的调查的研究者来说，参考前人研究中的变量设置和具体的测量指标是一种必要的同时也是很好的方法。该研究的研究者正是参考了上述徐安琪研究中对择偶标准的操作化方式以及具体的测量指标。但研究者同时考虑到了时代的变化特别是其研究对象——新生代农民工群体的特殊性，因而并没有完全照搬徐安琪研究中的测量指标，而是从中选择了 19 项，同时将这些指标划分为生理条件、个性品性、经济条件、能力条件、家庭背景、双方相容性六大类。生理条件包括年龄、健康、身高/身材/容貌、贞操四项指标；个性品性包括性格脾气、品性品质、有无婚史三项指标；经济条件包括职业、住房、收入三项指标；能力条件包括学历/教育水平、聪明才干、家庭照料和理家能力三项指标；家庭背景包括对方父母的社会经济地位、对方父母通情达理/好相处两项指标；双方相容性包括思想观念接近、兴趣爱好相似、性格脾气相投、生活习惯相容四项指标。对这些指标，研究者采取了李克特量表的形式计分，即非常重要＝5 分，比较重要＝4 分，一般＝3 分，不太重要＝2 分，根本不重要＝1 分。得分高的指标，说明调查对象重视这一标准；得分低的指标，说明调查对象不太重视这一标准。量表总得分在19～95 分之间，总得分越高，说明调查对象的择偶标准越高，总得分越低，说明调查对象的择偶标准越低。其操作化方式及具体测量指标体系可参见图 12 - 2。

```
              ┌─ 生理条件 ──── 年龄；健康；身高/身材/容貌；贞操
              ├─ 个性品性 ──── 性格脾气；品性品质；有无婚史
              ├─ 经济条件 ──── 职业；住房；收入
择偶标准 ─────┤
              ├─ 能力条件 ──── 学历/教育水平；聪明才干；家庭照料和理家能力
              ├─ 家庭背景 ──── 对方父母的社会经济地位；对方父母通情达理/好相处
              └─ 双方相容性 ── 思想观念接近；兴趣爱好相似；性格脾气相投；生活习
                               惯相容
```

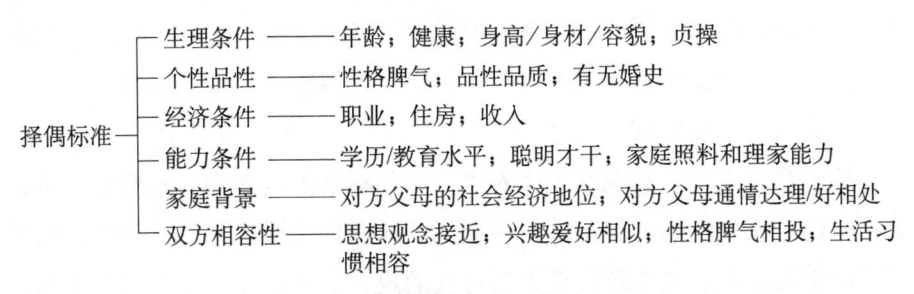

图 12 - 2　择偶标准的操作化示意图

研究者同时意识到，上述指标设置只是一个理论上的构想，它是否符合新生代农民工的实际情况，测量量表在实际运用中的适用性如何，各指标是否会如理论构想的那样形成不同的维度并按预先的设定组合，还有待实证检验。为了回答这些问题，研究者在统计分析中采用因子分析方法对测量指标进行了检验。结果基本证实了研究者的度量框架构想和对多元择偶标准的看法，但也略有不同。研究者在利用因子分析方法得出结果的同时，也针对这些不同进行了解读。

四是资料收集方法设计。该调查是采用自填式问卷的方式进行的。由经过培训的大学生调查员分别将问卷发放给被抽中的新生代农民工，后者当场填答，调查员当场回收。最终，该调查实际成功完成有效问卷1 318份，有效回答率为87.87%。当然，如果研究者能够在论文中对调查员是如何抽取到被调查者的进行一定的说明就更好了。

五是资料的分析方法设计。根据研究目标，研究者除设计了因子分析来确定择偶标准这一变量的主要维度外，还设计了方差分析来对总体状况进行描述和分性别进行比较，以及设计了回归分析来对影响新生代农民工择偶标准的若干因素进行分析。

(2) 研究结果。

该研究发现，目前新生代农民工的择偶标准具有从传统向现代转变、高标准、多元化、女性标准高于男性等特点。首先，他们的择偶标准既非传统也非现代，而是介于两者之间，但更倾向于现代的"过渡型"择偶标准。其次，新生代农民工的择偶标准普遍较高，但群体内部的差异性比较大，表现出多元化的趋势。再次，无论是从中国总体人口性别构成，还是从农民工群体内部来看，男性新生代农民工都受到了"婚姻挤压"。这种挤压加大了男性新生代农民工成为"剩男"的风险，使他们在择偶过程中不得不降低要求和标准。

该研究还发现，影响新生代农民工择偶标准的因素中，家庭背景的影响在削弱；流动经历的丰富性与择偶标准的现代性成正比，这可能与流动经历催生新生代农民工现代性人格特征的成长有关；新生代农民工的城市融入程度与其择偶标准的高低、现代性程度的高低成正比，城市融入程度的提高不仅促进了新生代农民工择偶标准的提高，也促进了其择偶标准从传统向现代的转变；但大众传媒并没有促进新生代农民工择偶标准从传统向现代的转变，而似乎促进了其择偶标准返归传统，即新生代农民工接触传媒的频率越高，择偶时就越不注重内在的品质因素，而偏向外在的经济物质层面的因素，这或许与当前大众传媒尤其是都市言情剧所折射出的婚恋价值观念有关。

（3）两点启示。

对比这项研究和前面徐安琪研究中的测量指标体系，我们可以得到两点启示：

一是对于同一个研究概念，可能会有多种不同的操作化方式和多个不同的测量指标。这是研究设计中一种常见的现象。因为当研究对象不同时，测量侧重的方面也会有所不同。比如，徐安琪研究中的对象是不同历史时期的已婚夫妇，对那些年龄偏大的对象来说，政治条件是一个重要的维度。特别是对那些在"文革"十年期间择偶结婚的人来说，当时社会流行的择偶标准就是"工农兵"远远比知识分子吃香。因此这一维度是必不可少的。但是，许传新研究中的对象是21世纪中国社会中的青年农民工，此时，原有的政治维度的标准特别是其中一些指标（比如家庭出身、社会关系、本人成分、政治面貌等）早已被改革开放后新的择偶标准所替代。如果此时还采用这些指标，那么实际调查中一定会遭遇失败。所以，去掉这一维度及其相关指标的做法是合适的。

二是测量的指标应该尽可能具体明确，而不能过于抽象、含糊、笼统。比如，在许传新的测量指标中，"对方父母的社会经济地位"这一指标实际上还是十分抽象和笼统的，它在不同调查对象的心目中可能意味着不同的事物。如果采用类似于"对方家庭的经济条件""对方父母的职业""对方父母的文化程度"这样的指标，可能就会更加明确、更加具体，也更合适一些。

二、研究设计的另一种思路

对于择偶标准的问题，上面两个例子的研究思路都是通过直接进行调查来回答。那么，是不是只有进行调查这一条路呢？如果研究者缺少研究经费，不能开展大规模抽样调查，那么他还能研究人们的择偶标准问题吗？回答是肯定的。除了进行调查这种直接的思路外，我们还有另一种研

究思路，一种间接的、不去接触研究对象、不用花费什么钱就能研究这一问题的思路。这就是采用内容分析方法来进行研究。

在本书第 6 章"定量文献研究设计"中，我们对内容分析的方法及其设计方法进行过介绍，也列举了两个研究实例。下面我们再列举几个同样采用内容分析方法来研究人们择偶标准却又使用了互不相同的研究设计的例子，以此带给读者更多的启发。

1. 实例：当代中国人的择偶标准研究①

这是李银河于 1989 年对当时中国人的择偶标准进行的一项研究。她的研究问题是："目前中国人的择偶标准有哪些特点？又有哪些因素对人们的择偶行为有重大影响？影响的程度如何？"

（1）研究设计。

为了回答上述研究问题，研究者首先确定了以内容分析方法而不是抽样调查方法来进行研究的思路。同时，研究者根据当时的现实条件，决定利用报刊上的征婚广告来进行内容分析。其研究设计如下。

第一，对征婚广告进行抽样设计，即要抽取一个有代表性的征婚广告样本。研究者介绍道："本项研究的资料来源是从全国各地报刊上的征婚广告中选出的 300 人，男女各 150 人。具体地说，样本是用随机数码表从一本全国范围的征婚名册（共 1 000 人，男女各 500 人）中随机抽取的。因此可以说，这个样本虽然还不能在严格的统计学意义上推论全国，但大致反映了全国征婚广告的现状。"

从介绍中可以看出，研究者找来的"一本全国范围的征婚名册（共 1 000人，男女各 500 人）"，实际上是其抽样时所用的抽样框。然后，研究者根据性别分层，即按总体中的性别比例（男：女＝1：1）、采用随机数表来抽取分析的样本。值得称道的是，研究者意识到，其所抽取的样本只能大致反映"全国征婚广告的现状"，而"不能在严格的统计学意义上推论全国"。更确切地说，其样本是不能推论全国现实中并非通过征婚广

---

① 李银河. 当代中国人的择偶标准. 中国社会科学，1989（4）：61-74. 本例中的引用部分均出自这篇论文，特此说明。

第 12 章　人们择偶标准问题研究解析

告来择偶的人们的状况的。但同时也要指出，研究者还应该对那本征婚名册的基本情况进行一定的介绍和说明，这样才能让读者更好地了解抽样的总体，并以此来判断研究结果的推断范围。

第二，对择偶标准的概念进行操作化处理和变量测量的设计，即根据征婚广告的内容来设计测量人们择偶条件的具体方式。研究者将择偶标准操作化为征婚人对对方条件的要求，以及对自身条件的介绍。研究者编码和输入计算机的数据共计 50 个变量，"其中 25 个是征婚者对自身状况（条件）的描述，如性别、年龄、受教育程度、职业、婚姻状况和经历，以及身高、容貌、性格、收入等。另外 25 个是征婚者对配偶提出的要求"。

这种设计，是由征婚广告所具有的特定属性决定的。我们先来看一条最普通的征婚广告：

> 某男，30 岁，身高 1.74 米，大学本科毕业，在天津市一家外资企业工作，月收入 5 000～6 000 元。性格开朗，兴趣广泛，孝顺父母。欲觅年龄在 24～28 岁、身高在 1.60 米和 1.68 米之间、大专或本科毕业、在政府部门或文教行业工作、相貌端庄、性格温柔、心地善良的女士为伴。

从这条征婚广告中你能看出什么呢？这条广告所展示的实际上全部是分析人们择偶标准时所需要的主要变量——性别、年龄、文化程度、职业、收入、性格、身材等。当然，需要注意的是，在对样本进行实际编码的过程中，可能会出现有的征婚广告缺少某一部分指标内容的情况。

第三，对统计分析方法的设计。研究者将数据分析分为三个部分。"第一部分是对各项变量的基本描述，即百分比的描述，以展示征婚者自身的基本情况、他们对自己的描述和他们对配偶的要求；第二部分是对主要自变量（independent variables，包括性别、受教育程度和户口状态）与各因变量（dependent variables）相关关系的检验，采用卡方检验法；第三部分是在第二部分数据分析的基础上做进一步的筛选，采用对数线性回归方法（log-linear analysis）对变量做定量分析，以确切了解主要变量

间的相关程度。由于使用对数线性回归方法分析社会科学中大量存在的定类定序变量是近十几年发展起来的新方法,因此如何解释对数线性回归分析给出的参数值至今仍在热烈的讨论中。本项研究采用阿尔巴(Alba)和朗(Long)的方法,首先将对数参数值还原为真数,用这些数值与几何平均值做比较,进而将同一变量中不同取值的影响加以比较,以获得有意义的解释。"三种统计分析方法的设计和运用,可以说是层层递进,从最基本的百分比描述,到双变量关系的分析和检验,最后到多元统计分析方法的运用,分析的逻辑线索十分清楚。

(2) 研究结果。

通过运用统计分析方法对测量结果进行定量分析,研究者得出了当代中国人的"择偶标准中最受重视的因素依次为:(1)年龄;(2)身高;(3)受教育程度;(4)性格;(5)职业;(6)婚姻状况和经历;(7)容貌;(8)健康"的结果;同时,性别、户口状况都对择偶标准有明显的影响。通过跨文化比较,研究者发现,"为中国人所看重而为生活在其他文化中的人所不太看重的择偶标准有年龄、身高、婚姻状况和经历三项","为其他文化中的人所看重而为中国人所不太看重的择偶标准则有宗教、民族、感情(爱情)等几项"。

(3) 两点启示。

对于该研究的设计及其结果,有两点值得注意。

一是研究者选择内容分析方法以及抽取报刊上的征婚广告作为分析样本的设计思路,从一开始就决定了这项研究的结果所适用的范围只能是研究者在文中所说的"大致反映了全国征婚广告的现状",而不能反映中国人择偶标准的状况。但是由于研究者在发表的论文中使用了"当代中国人的择偶标准"的标题,因此十分容易给读者造成一定的误解。实际上就有读者在《中国社会科学》上发文[1]对此提出质疑。该读者指出研究者对征婚广告的研究结果不能反映中国人的择偶标准。而研究者对此也进行了回应,并再次说明其研究结果仅能反映那些有择偶标准且通过征婚广告来择

---

[1] 周军. 对《当代中国人的择偶标准》的一点质疑. 中国社会科学, 1990 (5): 78.

偶的人。既然研究者知道对征婚广告进行内容分析的结果不能反映当代中国人的择偶标准，那么她为什么要在论文的标题中使用"当代中国人"的概念呢？关于这一点，研究者在回应文中解释道："笔者的研究意图之一在于做横向比较，在相对于其他文化中的择偶标准这一意义上，称这项研究为'当代中国人的择偶标准'，应该说还是可以的吧。"① 这即是说，研究者在论文标题中使用"当代中国人"的概念，主要是为了和"其他文化中的人"进行比较。

二是既然研究者知道其研究设计和结果只能反映通过征婚广告来择偶的人，而不能反映中国人整体，那么她知道怎样的研究设计才能了解当代中国人的择偶标准吗？如果知道，那么她为什么不采用那种设计而要采用内容分析的设计呢？看看研究者在回应文中的说明就清楚了："要推论中国人的择偶标准，必须在全体有择偶标准的中国人中做随机抽样。可能的做法之一，就是在全国人口中随机抽样，剔除无效个案（无择偶问题者和不肯访谈者）后作为样本。用这样的方法取得可用样本，需要非常大的总样本数。它需要耗费大量的人力财力，可以说，目前基本上无这种可能。本文之所以采用刊登征婚广告者为研究对象，正因为他们择偶标准明确而且公开，给研究提供了方便。既然求得可推论于全体人口的择偶标准的研究不可能，用研究征婚者来代替就成为国外社会学研究这一问题时常用的方法。"② 这里的要点是：使用全国人口总体并采用随机抽样得到的大规模样本进行调查，的确是回答这一问题的最好方法，但这是研究者不可能做到的方法。所以，研究者退而求其次采用内容分析方法。这其实也是许多研究者在实际研究中所面临的现实。

2. 实例：十五年来中国女性择偶标准的变化③

这项研究在研究主题上与前面徐安琪的研究相同，即也是探讨择偶标准的变迁及影响因素，但在研究思路上与徐安琪的研究有所不同。该研究

---

① 李银河. 答周军同志. 中国社会科学, 1990 (5): 140.
② 同①.
③ 钱铭怡, 王易平, 章晓云, 等. 十五年来中国女性择偶标准的变化. 北京大学学报（哲学社会科学版）, 2003 (5): 121-128.

的研究者没有采用调查研究方法,而是采取了内容分析方法。

该研究所希望探讨和回答的问题是:我国社会经济文化发生巨大变化的这几十年来,女性对婚恋的态度有什么样的变化?跨世纪的我国女性择偶标准的特点是什么?①

(1) 研究设计。

该研究的设计思路和李银河的研究一样,也是利用报刊上的征婚广告来开展研究的。其具体的研究设计如下。

第一,选择进行内容分析的刊物。因为该研究的目标是描述和分析中国女性择偶标准的变迁,所以最好选择能够反映女性择偶标准的刊物。而创刊于1939年的《中国妇女》既是中国共产党创办的第一本全国性妇女期刊,同时又是由全国妇联主管的国家级女性刊物。它面向全国范围发行,在中国妇女中有着特殊的地位。此外,《中国妇女》于1984年第6期第一次刊登了征婚启事,其后设立征婚启事专栏,是全国第一批刊登征婚启事的杂志之一。因此,研究者选择《中国妇女》作为其内容分析资料的来源刊物是一个很好的设计。

第二,对征婚广告样本的设计。因为该研究的目标是反映15年来女性择偶标准的变迁,所以研究者选取了1985年、1990年、1995年以及2000年该杂志上登载的女性的征婚启事作为分析对象总体,从中进行抽样。抽样方法是从每年的四个季度中按等距抽样的方式各抽取一个月内的征婚广告进行资料收集。最终抽取了这四个年份的1、4、7、10月刊上登载的女性的征婚启事共131例,构成分析的样本。

第三,对变量测量的设计。研究者将每一则征婚启事分为两个部分:征婚者自我条件的陈述、对所征求配偶的要求的陈述。对每个部分,又设置了年龄、学历、身高、健康、婚史、相貌、皮肤、身材、气质、地区、户口、职业、职称、收入(指固定收入,如工资)、财产(包括住房、车辆等)、家境(包括家庭背景,如书香门第、军人家庭)、调动能力(指人

---

① 与该研究类似的一项研究是对男性择偶标准的探讨,详见:朱松,董蕊,钱铭怡,等. 十五年来中国男性择偶标准的变化. 心理与行为研究, 2004, 2 (4): 614 - 621.

员的跨地区调动）、负担（指赡养父母的负担）、持家能力、生育、性格、人品、情趣、入赘、修养、工作（指有无工作）、事业、职位（指工作头衔）28个变量。按照这些变量对每一则征婚启事进行编码处理。考虑到在编码过程中不同的个体对各项因素的理解不同，研究者进行了如下处理：首先，由一男一女两名编码者同时进行编码；其次，在编码前讨论对各项因素的理解，并提取少量征婚启事进行试编码，再进行讨论，基本上达到理解一致；再次，编码结束后，对照两份编码，针对不一致处进行讨论，得到最终的编码；最后，将编码后的资料进行统计分析，得出结果。

（2）研究结果。

该研究结果表明，15年来，女性在择偶时仍旧最为关注男方的社会经济条件，但是体现社会经济条件的具体内容有所变化，表现为对男方学历和职业的关注稍有下降，而对财产、事业的要求有所上升。同时，女性对男方身高的要求有所下降，体现出目前择偶趋向于实惠化；对男方修养、人品的要求呈上升趋势，体现出女性婚恋观念的改变和提高。

（3）一点评论。

作为一项力图反映女性择偶标准变迁的研究，该研究的设计中存在一个较大的值得注意的局限，那就是样本规模过小。它不仅导致对资料的统计分析只局限在最简单的百分比统计和交互分析上，甚至连这两种简单的分析也存在较大的偏差。论文通篇充满了只有个位数的频数却代表着百分之几十的比例的情况。因此，应该改进研究中对抽样的设计。最好是增加所选择的年份数量，比如每隔一年选一年而不是每隔四年选一年，这样可以使得最终进入统计分析的征婚广告数量达到300~500份。如此得出的有关女性择偶标准变迁的结果可能会更接近现实，也更有说服力。

除了上述这种利用报刊上的征婚广告进行内容分析来研究择偶标准的设计外，还有研究者利用其他的信息载体，同样采用内容分析方法来研究了同样的问题。下面是几个这类研究设计的例子。

3. 实例：利用电视相亲节目研究男性的择偶标准

一名学习传播学的博士研究生对全国电视媒介上的多个电视相亲交友

节目产生了兴趣,她希望研究和探讨"电视相亲节目中所反映的男性择偶标准"问题。为此,她与另一名研究者一起对风靡全国的江苏卫视《非诚勿扰》节目进行了一项内容分析研究①。下面我们来解析一下她们这项研究中的研究设计。

(1) 研究设计。

首先是样本的选取。研究者先从全国多个电视相亲交友节目中选取了《非诚勿扰》节目作为抽样和分析的对象。她们这样设计应该有两方面的原因或考虑:一是研究者由于人力、经费等客观条件的限制,无法探讨和研究全国所有这类电视节目;二是在只能选取一个电视节目的前提下,研究者选取在所有同类节目中影响最大的《非诚勿扰》显然是为了尽可能提高研究对象的代表性和研究结果的推广范围。

接着,研究者仔细地了解了《非诚勿扰》节目的播出情况及播出总量。"2010年《非诚勿扰》共播出89期",总共有"411位男嘉宾的个人资料"。由于总体规模不大,因此研究者采取了抽取全部411位男嘉宾的方式。这种方式可以看成从该节目所有年份的全部男嘉宾总体中,采取整群抽样的方法抽取一个年份(即2010年)的全部男嘉宾作为样本的抽样。

其次是确定变量的测量方法。研究者同样将男嘉宾的个人资料整理成"自身条件"和"对配偶要求"两部分;然后"在前人研究的基础上,根据研究目标,设计了23个内容分析的变量,并据此对样本进行编码"。编码工作由两名研究者"分别独立、同时进行,编码完成后对不一致的部分,讨论协商确定"。

最后是统计分析设计。根据研究目标,研究者主要进行了基本的描述统计分析,回答了"哪些男性走进了《非诚勿扰》""男性对自身条件最重视的内容是什么""男性最看重配偶哪方面的条件"等基本问题。

---

① 王芳,荣岩. 从电视相亲节目看男性择偶:以江苏卫视《非诚勿扰》344位男嘉宾为例. 青年研究,2011 (2):31-40,95. 本例中的引用部分均来自这篇论文。

（2）研究结果。

对参加《非诚勿扰》相亲节目的 344①名男青年的分析结果表明，参加电视征婚的男青年以"80 后"为主，大多数未婚，在国内大城市工作和生活，属于高学历、高收入群体。在男性对自身条件的描述中，除了年龄、职业、地区这三个基本条件外，提及频数较多的依次为性格脾气、兴趣爱好、经济条件、学历、能力才干，即偏重择偶条件中的精神因素和经济因素。在男性对配偶的要求中，男性提及频数较多的依次为性格脾气、双方的相容互补、相貌、思想品德、身材。这表明"郎才女貌"的择偶观在一定程度上仍然存在，但是绝大部分男性择偶时首先看重的是心理因素和情感因素。这是社会现代化进步的一种体现。另外，"男高女低"的模式依然存在，但是在学历、经济条件、年龄等方面出现松动，一些男性开始接受女性的自信与独立，并对配偶提出了更高的要求，希望女性能够兼顾事业与家庭。与前辈人相比，以"80 后"为主体的男性对配偶的年龄、地区、婚史、贞洁等条件的重视度下降。研究结果并未证实"80 后"男性的择偶观表现出明显的功利色彩。

思考一下：这一研究的内容分析设计与上述研究对报刊上征婚广告的内容分析设计有什么相同的地方？又有什么不同的地方？

4. 实例：利用大型相亲会的征婚广告牌研究青年的择偶标准

笔者的一名博士生对大龄青年的择偶标准问题感兴趣。一次偶然机会，他从媒体上看到了关于"万人相亲会"的报道，正好学校附近的一座公园内就定期举办这种类型的相亲会。于是，他通过现场收集相亲会上征婚者的个人信息和征婚要求，采用内容分析方法描述和探讨了当代青年的择偶标准问题。

（1）研究设计。

第一，同样是对内容分析的样本的设计。由于每次相亲会公布的有关征婚对象资料的广告牌有所不同，故研究者随机抽取了"2011 年 11 月 13

---

① 411 位男嘉宾中，有一些男嘉宾的个人资料中没有"理想女生"或"婚恋观"的内容，还有一些男嘉宾没有等到播放"理想女生"的 VCR 就失败退场。剔除这些情况后，实际进行统计分析的样本为 344 位男嘉宾的个人资料。

日至 12 月 10 日期间相亲会上所展示的会员资料"。在将近一个月时间内，研究者深入相亲会现场，"共获取 21~35 周岁青年男女有效会员资料 936 份，其中男性 218 份，女性 718 份。这一样本的选择，尽管带有很大的局限性，不能在严格的统计学意义上推论全国，但大致可以反映南京万人相亲会上青年男女在择偶标准与择偶观念方面的现状"[1]。

第二，对变量测量的设计。通过事先的参与观察，研究者了解到相亲会主要是以征婚广告牌作为媒介来进行的。每一个广告牌上清楚地写明了征婚者的年龄、文化程度、职业等一系列资料，同时也写明了征婚者对未来另一半的各种要求。为了进行编码分析，研究者用手机拍下了近千张广告牌照片，这些广告牌上所写的征婚者的个人资料和征婚要求等内容，就成为他进行分析的资料。其测量指标的确定和编码方式如下：

> 概念操作化与定义变量。择偶标准，即男女选择结婚对象的条件或要求。根据本研究所收集到的 936 份青年男女的有效会员资料，笔者先进行了大致的通读，而后将涉及的择偶要求或条件——列出，主要包括年龄、身高、文化程度、留学经历、优先职业[2]、工作稳定、户口、收入、住房、购房能力、有房无贷、车辆、婚史、子女、家庭经济情况、家庭政治背景、父母养老保障、人品、品位、气质修养、脾气性格、生活习惯、兴趣爱好、聪明、责任心、事业心、孝顺、爱心、感情经历、生育能力、持家能力、容貌、身材、身体健康、眼缘缘分、未来目标规划、海外考虑、技术特长以及排斥条件等，共计 39 项。然后根据会员是否提及上述择偶条件与要求，对每一变量进行赋值，0 为未提及，1 为提及，从而对各变量进行数量化的处理，以便进行统计分析。
>
> 进行编码。考虑到在编码过程中，不同个体对各项因素理解上的差异，以及编码录入的工作量，本研究采取了如下办法进行处理：(1) 由两男三女共五名编码者进行编码；(2) 进行编码前仔细讨论对

---

[1] 贾志科，风笑天. 当代都市青年的择偶标准：基于南京万人相亲会的实证分析. 河北大学学报（哲学社会科学版），2013（2）：91-96.

[2] 这里的"优先职业"是指会员在资料中提及的择偶时优先考虑的对方的职业，如优先考虑教师、公务员、医生等。

第 12 章　人们择偶标准问题研究解析

各项因素的理解，并提取少量会员资料，进行尝试编码，而后进行讨论，以基本达成较为一致的理解；(3) 为了更好地理解会员资料中的表述，我们采取了同性编码的方式，即由男编码者对男性会员资料进行编码，女编码者对女性会员资料进行编码，编码时两人或三人一起，遇到问题及时商量讨论；(4) 由笔者对部分编码结果进行抽检，对编码中理解不一致的地方重新进行讨论，统一认识后，再次进行编码；(5) 编码结束后，由笔者逐一对照会员资料与编码，进行编码质量的再检验，进而得到最后的编码。

数据录入与分析。首先，利用 EpiData v3.02 程序将 936 份会员资料逐份编码录入计算机，转化为量化的编码结果；而后，使用 SPSS18.0 对变量进行频率统计、描述统计等分析。[①]

研究者的设计中，有一点考虑是十分可取的，即为了更好地理解会员资料表述中的实际含义，研究者采取了由同性别编码员进行编码的方式。这样做可能会有效地提高编码的效度。

(2) 研究结果。

通过对南京万人相亲会上 936 份会员资料的分析，研究者发现：在都市青年所提及的 39 项择偶标准中，身高、年龄、工作稳定、脾气性格、文化程度、责任心、人品、住房、事业心、孝顺、收入、气质修养、容貌、婚史、户口、生活习惯、身体健康、优先职业 18 项因素是南京青年择偶时比较看重的。在结合青年自身情况对择偶标准做出进一步分析后，研究者发现：青年的性别、出生年份和文化程度分别在不同程度上与其择偶标准存在相关关系。其中性别上的差异较为明显，这可能与会员资料中性别比例严重失衡有关，但似乎也在一定程度上反映了真实情况。一方面，相亲会上接近 1∶3 的男女比例，经媒体渲染后，不断加剧着都市生活中愈发严重的"剩女"现象；另一方面，在相亲会上，相比较男性而言，女性在择偶时似乎更倾向于提出更多或更高的条件或要求，尤其是

[①] 贾志科，风笑天. 当代都市青年的择偶标准：基于南京万人相亲会的实证分析. 河北大学学报（哲学社会科学版），2013 (2)：91—96.

1981—1985 年出生的、文化程度为本科的女性。

5. 实例：从网络征友看青年的择偶标准[①]

伴随着网络技术的发展以及计算机、智能手机等电子产品的广泛使用，人们在生活中与网络的关系越来越密切。各大高校的 BBS "鹊桥" 版也应运而生，成为很多青年人寻找另一半的重要媒介。由于 BBS "鹊桥" 版上的每一篇帖子都包含了大学生关于婚姻爱情的重要信息，因此有学者想到了利用这种网络上的信息来研究大学生的择偶标准。

(1) 研究设计。

研究者的设计思路是采用内容分析方法，对高校 BBS "鹊桥" 版上的征友帖子进行分析，以了解大学生的择偶标准。为此，研究者选取了 "我爱南开 BBS" 鹊桥版上的征友帖子作为资料来源。

第一，抽样设计。"我爱南开 BBS" 鹊桥版于 2004 年开版，至研究者开展研究时已有两年多的时间。研究者首先选取了 2005 年的帖子作为分析的样本来源，然后根据发帖日期采用了等距抽样的方法进行抽样。具体方法是，以 2005 年 1 月 11 日为起点，每隔一个月（大约 30 天）抽取一次。每次抽取的资料为各个月的 11—20 日这 10 天的帖子。这样共抽取的资料的日期分布为：1 月 11 日—1 月 20 日、2 月 11 日—2 月 20 日……12 月 11 日—12 月 20 日。加起来共有 120 天（10 天×12 个月）的帖子。帖子总数为 582 份。其中无效帖 63 份，有效帖 519 份。这 519 份有效帖中，集体征友的共 6 份：4 份为两女集体征友、1 份为四男集体征友、1 份为两男集体征友。所以征友者人数总共为 527 人。这 527 名征友者就构成了研究者进行内容分析的样本。

第二，变量测量设计和指标选取。为了尽可能全面地反映择偶标准的情况，研究者选用了 30 个指标来进行分析。这 30 个指标主要分为四大类："外在生理条件"，包括年龄、身高、身材、相貌和气质；"内在品格条件"，包括温柔、体贴、善良、真诚、自信、孝顺顾家、重感情、责任

[①] 靖元. 从网络征友看当代青年的择偶标准：对"我爱南开 BBS"鹊桥版内容分析. 青年研究，2007 (2)：9 - 16.

第 12 章　人们择偶标准问题研究解析

心、人品修养、幽默风趣、成熟稳重、热情大方、善解人意、比较传统、勤奋朴实、情感经历；"物质社会条件"，包括收入、房车、院校专业学历、能力事业心、学习情况、地域，其中，研究者将能力事业心、院校专业学历、学习情况等看作潜在的物质指标；"双方的相容互补"，包括兴趣爱好、性格脾气、生活习惯、现在（未来）工作地。这种设计简单来说就是将择偶标准操作化为四个大的维度和 30 个具体的指标。

（2）研究结果。

通过研究，研究者得到了下列研究结果和结论：总的来看，征友者在构成上男多女少，上学者多、工作者少，通过别人发帖的多、自己发帖的少，并且总体上为高学历群体。从征友者对自身条件的描述来看，其侧重点是由外而内的，即先描述外在条件（外在生理条件和物质社会条件），其次才是内在条件（双方的相容互补和内在品格条件）。女性对自身特征的描述比男性的描述要详细。从征友者对被征者的要求来看，征友者重身高、轻身材；对被征者的"品格"的重视程度较高，范围也比较广；对被征者的潜在物质条件和能力（院校专业学历等）要求较高，对现实的物质条件（收入、房车等）则不太重视；对被征者的性格脾气和工作地较为重视，对兴趣爱好则不看重。在"外在生理条件"方面，男性重相貌、身材，女性重身高、年龄。也就是说，男性更看重女性的形和貌，而女性更看重男性的安全感。在"内在品格条件"方面，男女双方的要求基本符合社会对男女性别角色的期待，即男主外、女主内。在"物质社会条件"方面，女性更重视男性的"能力事业心"。在"双方的相容互补"方面，女性比男性更关注双方的"相容互补"。

读者可以将上述五个采用内容分析方法的研究实例联系起来进行比较，看看在对同一个主题，不同的对象、分析单位进行内容分析的设计时，抽样、编码以及统计分析等方面有哪些是相同的？又有哪些是不同的？特别是可以讨论一下，这五个例子中各自推论的总体是什么？它们的内容分析设计中各自具有哪些优点和缺点？另外，相比于前面两个采用调查研究设计的例子，这种内容分析设计有什么样的优势？又有什么样的局限？

本章围绕同一主题列举了几个进行不同研究设计的例子，希望给读者一些启发。一般情况下，如果我们希望了解和研究人们的择偶标准，那么比较常见的做法是进行调查研究。即通过让调查对象自填问卷、派调查员当面访问或进行电话访问等，直接向各种不同的人提问"你择偶时最看重的因素是什么"或"你找对象时最看重什么条件"，以此来收集有关调查对象择偶标准的资料和信息。这可以说是最直接的，也是最为理想的研究设计。但是，这种方式不仅需要直接与社会中的各种人群进行接触和互动，同时还需要花费相对多的人力、物力和时间。因此，如果研究者不具备开展大规模调查的客观条件（比如没有足够的经费、人力、时间等），就可以换一种研究思路，即采用内容分析的方式进行同样的研究。而且，正如上面后五个例子所展示的，哪怕同样采用内容分析方法来研究同样的问题，研究者也可以有各种不同的研究设计。这或许也是社会科学研究特别吸引研究者的原因之一。

当然，应该意识到，虽然都是研究人们的择偶标准，但对每一项具体的研究来说，由于在研究目标、研究对象、研究问题等方面存在差异，因而研究设计上也可以有所不同。这一点提醒我们，要依据具体的研究问题来进行研究设计，另一方面也启示我们，对于同样的问题，可以有多种不同的设计选择，即可以选择走多种不同的研究道路。不过，不同的研究设计在具有各自的优点的同时，也自然会存在自身的不足或局限。可以说，没有最好的研究设计，只有最合适的研究设计。这里所说的最合适，既包含了对于研究问题的合适、对于研究对象的合适，也包含了对于研究者自身条件的合适、对于研究客观环境的合适，等等。因此，我们在面对自己的研究问题进行研究设计时，不要局限于自己的思考，而应在充分考虑到现实条件限制的同时，努力朝着最理想的目标前进。

推荐阅读

[1] 风笑天．社会研究方法．6版．北京：中国人民大学出版

第 12 章 人们择偶标准问题研究解析

社，2022．

［2］徐安琪．择偶标准：五十年变迁及其原因分析．社会学研究．2000（6）：18-31．

［3］许传新．新生代农民工择偶标准及影响因素分析．南方人口，2013（3）：26-37．

［4］李银河．当代中国人的择偶标准．中国社会科学，1989（4）：61-74．

［5］钱铭怡，王易平，章晓云，等．十五年来中国女性择偶标准的变化．北京大学学报，2003（5）：121-128．

［6］王芳，荣岩．从电视相亲节目看男性择偶：以江苏卫视《非诚勿扰》344 位男嘉宾为例．青年研究，2011（2）：31-40，95．

［7］贾志科，风笑天．当代都市青年的择偶标准：基于南京万人相亲会的实证分析．河北大学学报哲学社会科学版，2013（2）：91-96．

［8］靖元．从网络征友看当代青年的择偶标准：对"我爱南开 BBS"鹊桥版内容分析．青年研究，2007（2）：9-16．

第13章

独生子女父母养老问题研究解析

本章所列举的研究实例是笔者围绕同一研究主题开展的两项前后相关的研究。选择这两个例子的目的，一方面是通过它们来对如何深化研究设计进行具体的展示和介绍，另一方面也可以展示两种不同的设计类型。这两个例子虽然都与独生子女父母养老问题有关，但在研究方式以及研究类型上有着较大的差别。一个是基于一手调查数据的经验研究，以描述现状为主；另一个则是主要基于二手资料的论证性研究，以提出观点为主。前者的研究设计以方法为主，而后者的研究设计则以思路为主。两种不同的研究类型及其设计方式，可以给读者不同的启发。

一、第一代独生子女父母的居住方式与养老[①]

1. 研究背景与研究问题

随着我国社会老龄化趋势的快速发展，与老年人社会保障密切相关的养老方式问题越来越受到社会和学术界的关注。现有的研究结果一致表

[①] 风笑天．"空巢"养老？：城市第一代独生子女父母的居住方式及其启示．深圳大学学报（人文社会科学版），2020（4）：120-130．研究资料来源于笔者在2015年和2016年进行的两项调查。

第 13 章 独生子女父母养老问题研究解析

明,目前我国社会中最主要的养老方式依旧是家庭养老。[①] 而家庭养老与老年人的居住方式,或者说与老年人及其子女之间的居住方式密切相关。[②] 特别是对独生子女老年父母来说,他们与成年子女之间的居住状况对他们的养老保障具有十分重要的意义。正如笔者在 30 多年前指出的:"无论是老年父母的日常生活照料、社会交往,还是其情感慰藉,以及生病、残疾等特殊情况的料理,都与子女和老人的居住形式密切相关。""在某种意义上,我们可以说,未来独生子女与其父母在居住方面是分是合,是共处还是分离,是影响独生子女父母老年生活的关键因素。"[③]

20 世纪初,当第一代独生子女刚刚成年、他们的父母尚未进入老年阶段时,就有学者提醒,独生子女父母将提前进入空巢状态,社会上因此会出现一批"新空巢家庭"[④],而独生子女父母们将会在这种空巢家庭中生活 20~30 年甚至更长时间[⑤]。同时,笔者在 20 世纪初对第一代成年独生子女的研究结果也表明,独生子女婚后居住方式的分布,"在一定程度上意味着广大独生子女父母在老年生活中出现'空巢'现象的规模和比例将明显扩大"[⑥]。而对独生子女父母来说,在老年阶段处于"空巢"状态,往往意味着他们在日常生活照料,"特别是精神赡养方面面临着巨大挑战"[⑦]。

现在,30 多年过去了,笔者当年所说的"未来"正在变成今天的现实。第一代独生子女开始告别青年阶段进入中年阶段,那么,他们的父母

[①] 袁方. 中国老年人在家庭、社会中的地位和作用. 北京大学学报(哲学社会科学版),1987(3):1-9;姜向群. 家庭养老在人口老龄化过程中的重要作用及其面临的挑战. 人口学刊,1997(2):18-22;杜鹏. 北京市老年人居住方式的变化. 中国人口科学,1998(2):36-41;姚远. 中国家庭养老研究述评. 人口与经济,2001(1):33-43;王跃生. 历史上家庭养老功能的维护研究. 山东社会科学,2015(5):5-14.

[②] 鄢盛明,陈皆明,杨善华. 居住安排对子女赡养行为的影响. 中国社会科学,2001(1):130-140;风笑天. 城市独生子女与父母的居住关系. 学海,2009(5):24-30.

[③] 风笑天. 共处与分离:城市独生子女家庭养老形式调查. 人口与经济,1993(2):60-63.

[④] 谭琳. 新"空巢"家庭:一个值得关注的社会人口现象. 人口研究,2002(4):36-39.

[⑤] 风笑天. 独生子女父母的空巢期:何时开始?会有多长?. 社会科学,2009(1):51-61.

[⑥] 风笑天. 第一代独生子女婚后居住方式:一项 12 城市的调查分析. 人口研究,2006(5):57-63.

[⑦] 穆光宗. 独生子女家庭非经济养老风险及其保障. 浙江学刊,2007(3):10-16.

目前多大年龄了？他们的父母都进入老年阶段了吗？在居住方式方面，第一代独生子女父母的状况如何？"空巢"是他们在居住方面的普遍特征吗？目前究竟有多大比例的第一代独生子女父母处于"空巢"状态？哪些因素与独生子女父母的居住方式，特别是与父母的"空巢"状况有关？第一代独生子女父母的居住状况对今后一段时期的养老政策与社会支持又会有什么样的启示？这些都是本研究希望探讨和回答的问题。

针对这些问题，虽然学术界开展了一系列相关研究，但对这些研究文献的分析结果表明，现有研究在调查对象、调查地点、样本的构成、探讨的内容等方面都存在着这样或那样的局限。同时，除了一项研究外，其他研究都是在 10~15 年前进行的，那时第一代独生子女已婚的比例相对较低，其父母也相对年轻，调查结果对当时独生子女父母老年居住方式的描述和反映存在较大的偏差。因此，本研究希望通过有针对性的研究设计，突破这些局限，尽可能详细地了解和回答与第一代独生子女父母养老以及居住方式相关的问题。

2. 研究设计

本研究所关注的基本问题是有关特定总体（第一代独生子女父母）的一系列现状"是什么"的问题（是不是已经老了？居住状况是什么？是不是处于空巢状态？等等），即重点在于了解特定总体的某种现状。对回答这种问题来说，最合适的研究方式是开展较大规模的抽样调查研究。

在进行调查研究设计之前，笔者根据第一代独生子女人口的城乡分布状况（城市独生子女占 80% 左右），同时考虑到自己所拥有的人力、财力以及时间等因素，决定将研究对象限定在城市第一代独生子女父母范围内。自然地，这项研究的结果和结论也仅在城市第一代独生子女父母的总体内成立。这可以说是本研究第一个具体的设计。

从本书第 5 章的介绍中可知，调查研究设计主要有以下几个关键的方面：一是研究对象的确定，二是调查对象的选择和样本抽取，三是实地调查的组织和实施，四是变量测量与统计分析的设计。下面来看看笔者是如何对这四个方面进行具体设计的。

（1）研究对象的确定。

根据研究问题，本研究的对象十分明确，即城市第一代独生子女的父母。虽然从概念上看，这一研究对象似乎并不复杂，也并不难理解，但是要在实践中研究他们，并不是那么简单。这里主要的问题是，如何界定哪些人是"第一代"独生子女父母。

为了界定第一代独生子女父母，必须先界定第一代独生子女。首先需要注意的是，"这里的'代'并不是人口学意义上'人口再生产'中的'代'，而主要指的是独生子女政策所产生的'第一批'独生子女人口"[1]，即独生子女政策实施后最早的一批独生子女。那么，什么时候的独生子女是最早的一批独生子女呢？根据我国独生子女政策开始实施的时间（1979年），同时考虑到除了上海、北京这样的极少数城市外，全国绝大多数城市中最早一批独生子女的出生时间是1976年[2]左右的情况，笔者采取了曾在2004年、2007年同类研究中所采取的方式，即将在1976—1985年这十年间出生的独生子女界定为"第一代独生子女"。他们的父母即本研究的研究对象——"第一代独生子女父母"。

（2）调查对象的选择与样本抽取。

对本研究来说，在调查对象的选择和样本抽取上有两种思路：一种是直接以城市第一代独生子女父母为调查对象，对他们进行抽样和调查，以了解他们的居住方式。但这种方式的难点在于，现实中很难获得城市第一代独生子女父母的样本框，甚至连他们的年龄范围都无法确定，因而实际操作中进行抽样相对困难。另一种思路是以城市第一代独生子女为调查对象，对他们进行抽样和调查，即通过调查城市第一代独生子女来获得他们父母的居住方式等相关信息。由于这种方式可以较好地通过界定第一代独生子女来获得其父母，同时也方便从子女那里了解父母的居住信息，因此实际操作中进行抽样和调查相对方便可行。故本研究采取的是第二种思

---

[1] 风笑天．第一代独生子女父母的家庭结构：全国五大城市的调查分析．社会科学研究，2009(2)：104-110．

[2] 虽然国家正式的独生子女统计开始于1979年，但是1979年统计的610万独生子女中，就包含了在独生子女政策实施前已经出生的1~3岁的孩子，故将1976年作为第一批独生子女的年龄起点。尽管在北京、上海这样的城市中或许还包含零星的早于1976年出生的孩子，但其数量非常小。

路。同时，为便于与城市第一代非独生子女父母进行比较，本研究也抽取了与第一代独生子女同龄的非独生子女并收集了他们父母的数据。

本研究所用的资料来自笔者2015年在全国12座城市和2016年在湖北省5市镇进行的两项抽样调查。这两项调查主要都是根据笔者申请的国家社科基金重大项目"我国生育政策调整带来的新社会问题研究"设计的，第一代独生子女父母的养老问题也是其中之一，且两次调查的调查对象都是城市第一代独生子女。具体的抽样设计如下。

2015年的调查抽样设计可以分为两大阶段。第一阶段是抽取调查城市。为了让调查城市具有代表性，笔者采用了分层抽样的方法来抽取城市样本，以尽可能涵盖不同经济发展水平、不同人口规模、不同社会文化的城市类型。具体设计是：先将全国城市的地理位置分为东部、中部、西部，同时按城市类型将全国城市分为直辖市、省会城市、普通大中城市以及县级市四个层次，这两个维度共构成了12个不同的城市类型。由于直辖市很少，故主观抽取了上海（东部）、北京（中部）、重庆（西部）；然后从东部、中部、西部地区各自所包含的省、自治区（新疆、西藏除外）中，各简单随机抽取一个省会城市；再从各地区不包含所抽省会城市所属省、自治区的其他省、自治区中，简单随机抽取一个普通大中城市；最后从各地区去掉前两次抽取的城市所在省、自治区后剩下的省、自治区中，简单随机抽取一个县级市。最终抽取到的12个城市如表13-1所示。

表13-1 调查城市的类型及地区分布

	东部地区	中部地区	西部地区
直辖市	上海市	北京市	重庆市
省会城市	江苏南京市	吉林长春市	甘肃兰州市
普通大中城市	福建厦门市	河南新乡市	广西桂林市
县级市	广东四会市	湖北汉川市	四川简阳市

第二阶段是从12个城市中抽取调查对象。本次调查的对象为第一代独生子女。根据前面关于第一代独生子女出生年代的界定，到2015年时，他们的年龄大体处于30~39岁的范围。如果直接以社会中30~39岁的中青年人为调查对象，那么抽样设计和实施将会遇到很大的困难，可行性会大大降低。因此，笔者改变思路，试图通过抽取他们的子女达到抽取他们

第 13 章　独生子女父母养老问题研究解析

的目的。笔者的思路是：若以 25 岁为生育年龄，那么第一代独生子女的孩子在 2015 年时大约处于 5~14 岁的年龄段。这是正在上幼儿园、小学、初中的年龄。根据这一状况，同时考虑到抽样的可行性，笔者确定以幼儿园、小学、初中学生的父母作为调查对象进行抽样。这样设计还有一个很大的优点，那就是可以同时抽取到与第一代独生子女年龄相仿的非独生子女，在统计分析时可以进行自然的比较。

抽样方式的设计为多阶段随机与整群抽样。具体抽样方法是：首先，从每一个样本城市的全部城区中，按简单随机方式抽取 3 个城区；然后从每个被抽中的城区中，依据所有初中、小学、幼儿园名单，采用简单随机抽样方式，抽取小学、初中和幼儿园各一所。其次，在抽到的每所幼儿园中，采取整群抽样的方法，抽取大班、中班、小班的幼儿各 20 名左右，3 所幼儿园总共抽取 180 名左右的幼儿，他们的父母构成幼儿父母样本。再次，从抽到的 3 所小学中，先分别简单随机抽取一个低年级（1~3 年级）、一个高年级（4~6 年级）。比如，第一所小学抽到的是 2 年级和 6 年级，那么第二所小学就从剩下的四个年级中抽两个，假设抽到的是 1 年级和 4 年级，那么最后一所学校就抽取 3 年级和 5 年级。这样，3 所小学总共抽取 1~6 年级各一个。然后从每个被抽中的年级中，简单随机抽取一个整班（大约 50 名学生）。这样，总共抽取到 6 个年级的 6 个班 300 名左右的学生，他们的父母就构成小学生父母样本。最后，从被抽中的 3 所初中学校中，先按简单随机方式一次抽取一个年级。比如，第一所学校抽中的是初三年级，那么第二所学校就从初一和初二两个年级中抽一个，第三所学校就抽取最后剩下的那个年级。然后从每个被抽中的年级中，简单随机抽取一个整班。这样，3 所初中的 1~3 年级共抽到 3 个整班大约 150 名学生，他们的父母就构成初中生父母样本。最终，本研究从 12 个样本城市总共抽取到幼儿父母、小学生父母以及初中生父母共 8 687 名。

（3）实地调查的组织和实施。

2015 年的调查采用了自填式问卷的方式进行。为了保证调查质量，同时考虑到调查的可行性，笔者联系了调查城市或附近城市中的大学教师，与他们签订了调查实施合同，并付给他们相应的调查费用和劳务费。

实地调查的具体实施则由 12 所大学社会学及相关专业的教师组织研究生或高年级本科生作为调查员来完成。调查方式的设计是：调查员在幼儿园和中小学教师的配合下，将问卷发给家长或让学生带回去交给家长，家长填答后再交回给教师，由教师统一交给调查员。调查实际发出问卷 8 687 份，收回有效问卷 7 778 份，有效回收率为 89.5%。根据研究目标，我们从调查数据中整理出夫妻两人均为 1976—1985 年出生的调查对象（即第一代独生子女及与其同龄的非独生子女），得到的样本规模为 3 201 对夫妇。在这 3 201 对夫妇中，共有独生子女 1 709 人，非独生子女 4 664 人（缺 29 人）。他们的父母就构成 2015 年调查中的分析对象。

  2016 年的调查地点为中部省份湖北省。由于该项调查的另一个目标是与 28 年前的同类调查进行比较，因此所选取的调查城市是与 28 年前的调查完全相同的五个城镇，即武汉市、黄石市、荆州市、仙桃市以及云梦县城关镇。它们同样涵盖了不同经济发展水平、不同人口规模、不同社会文化的城市类型。该项调查的对象为小学生父母，抽样设计为多阶段随机与整群抽样。具体抽样方法是：先从每一个样本城市的全部城区中，采用简单随机抽样方式抽取 3 个城区；然后从每个被抽中的城区中，依据所有小学的名单，采用简单随机抽样方式抽取一所小学；再从抽到的小学中，按照与 2015 年调查完全一样的方法，分别简单随机抽取一个低年级（1～3 年级）和一个高年级（4～6 年级），3 所小学总共抽取 1～6 年级各一个；最后，从每个被抽中的年级中，简单随机抽取一个整班（50 名左右的学生）。这样，每个城市各抽取到 6 个年级的 6 个班，共 300 名左右的学生，他们的父母就构成该城市小学生父母的样本。最终，在 5 个城市（镇）中，总共抽取小学生父母 1 762 名。

  该项调查同样采用自填式问卷的方式进行。问卷由班主任发给学生带回家交给父母填写，第二天由学生带回交给老师，老师统一交给调查员。调查共发出问卷 1 762 份，收回有效问卷 1 528 份，有效回收率为 86.7%。从调查数据中，我们同样整理出夫妻两人均为 1976—1985 年出生的调查对象（即第一代独生子女及与其同龄的非独生子女），得到的样本规模为 887 对夫妇。在这 887 对夫妇中，共有独生子女 455 人，非独生子女 1 311

人（缺8人）。他们的父母，即小学生的（外）祖父母辈，就构成2016年调查中的分析对象。

（4）变量测量与统计分析的设计。

本研究的目标主要是了解第一代独生子女父母的居住方式以及子女的不同属性（是否为独生子女、性别等）与父母居住方式之间的关系。因此设计的问卷中，一方面详细询问了调查对象（第一代独生子女及同龄非独生子女年轻夫妇）的相关情况，另一方面也询问了调查对象双方父母的基本情况，特别是他们的年龄和居住方式等。在资料分析方面，本研究主要采用了描述统计和交互分析的方法。

3. 研究结果及启示

本研究利用两次抽样调查的数据，描述了城市第一代独生子女父母的居住状况及相关特征。研究结果表明：

（1）80%以上的城市第一代独生子女父母都进入了60～70岁的年龄段，他们的平均年龄在65岁左右。因此可以肯定地说，城市第一代独生子女父母目前（在研究的时候）的确已经老了，他们的主体正处于60～70岁的"低龄老年人"阶段。

（2）城市第一代独生子女父母目前与子女同住的比例约为40%，与子女分开居住而形成"空巢"的比例约为60%。可以说，"空巢"是城市第一代独生子女父母养老方式的重要特征。

（3）处于"空巢"状态的城市第一代独生子女父母中，绝大部分（约50%）是与子女"分而不离"的"同城空巢"，与子女"又分又离"的"异地空巢"的比例不到10%；同时，他们与子女"分而不离"的比例高于同龄非独生子女父母，与子女"又分又离"的比例则低于同龄非独生子女父母。

（4）第一代独生子女父母的居住方式因孩子性别的不同而表现出较大的差别：独生子父母的"空巢"比例为45%～60%；独生女父母的"空巢"比例则达到70%；而在同龄非独生子女父母中，当子女性别不同时，他们的居住方式差别不大。

（5）区分子女婚姻类型与子女性别后发现，男方父母与子女同住的比例均高于女方父母；而"异地空巢"的比例则相反，均为女方父母的比例略高于男方父母。与子女同住比例最高的是"男独女非"家庭的男方父母，以及"双非家庭"双方的父母；而与子女同住比例最低的是"双独家庭"中女方的父母，其比例只有其他家庭的一半甚至三分之一。

本研究的上述结果不仅为我们正确认识和分析城市第一代独生子女父母的居住状况提供了可供参考的经验依据，也为今后一段时期的养老政策与社会支持提供了两点重要的启示。

首先是城市第一代独生子女父母年龄分布状况给我们的启示。

本研究结果表明，"城市第一代独生子女父母的主体年龄目前处于60~70岁之间"。从这一现实出发，我们可以得到这样的推论：虽然学术界一直在讨论独生子女父母的养老问题、居住方式问题、"空巢"问题，但直至本研究开展时，所有的探讨所依据的其实基本上是多子女父母的现实情景。因为在此之前，特别是十多年以前，第一代独生子女父母还没有变老，而现实中独生子女父母的养老问题也没有真正凸显出来。即使到本研究开展时，最早的一批独生子女父母中的年长者也只是刚刚接近高龄老人的边缘，他们都还没有老到真正需要人照顾和帮助。事实上，他们中的绝大部分不仅在养老方面还不依赖于子女的帮助，而且许多人甚至可能会反过来从各方面帮助其子女抚育他们的孩子。

然而，在下一个十年（2023—2032年），城市第一代独生子女父母的主体将进入70~80岁的高龄老人阶段。无论是他们在日常生活中的自我料理能力，还是其身体健康状况，都会发生很大的变化。到那时，他们中才会有大批人进入年老多病、需要人照顾的状况中。这种现实也启示我们，或许对目前城市第一代独生子女父母的养老生活来说，居住方式尚不构成严重的挑战。但是，下一个十年，或许是这一问题真正体现的时期。到那时候，子女与父母居住状况的不同，才会明显地影响到父母老年生活的质量，影响到父母的养年保障。因此，可以说，"目前城市第一代独生子女父母的养老困境尚未显现，真正的考验是在十年以后，而留给社会和家庭的时间也就十年左右"。我们要清楚地认识到这一点，并提前做好准备，特别是要尽可能在未来十年中建立起相应的社会政策和帮助措施，让第一代独生子女父母能够真正有保障地安度晚年。

其次是城市第一代独生子女父母的"空巢"比例给我们的启示。

不可否认,研究结果中60%的"空巢"比例的确意味着"空巢"是城市第一代独生子女父母居住方式的主要特征,但我们不应简单地将这一特征与独生子女父母的养老困境直接画等号。这是因为,一方面有上面所探讨的他们的主体年龄特征的影响,即"低龄老年"与"高龄老年"的阶段不同,其面临"空巢"状态时的养老困境和困难程度也会有较大不同;另一方面,还有一些因素会影响到其老年生活的难易程度。对他们"空巢"比例的进一步细分,能够使我们更清楚地认识到现实中的各种不同情况:比如,他们中处于养老真正比较困难的"异地空巢"状况的比例远低于处于情况相对较好的"同城空巢"的比例;又比如,独生子父母的"空巢"状况相对好于独生女父母;而"双独夫妇"的女方父母的状况是相对最为困难的;等等。这些更为精确的结果不仅可以为人们全面地认识城市第一代独生子女父母养老困境的分布特征、普遍程度和重点人群等提供有价值的参考,也可以为政府部门制定相应的社会政策和有针对性的帮助措施提供参考。特别地,由于第一代独生子女父母是先行者,是中国第一批"吃螃蟹"的人,因此他们目前的居住状况、"空巢"比例、"同城空巢"与"异地空巢"的比例以及子女性别不同时的"空巢"比例等结果,都可以成为目前相对年轻但也会逐渐进入"低龄老年人"阶段的第二代、第三代独生子女父母将来的居住状况,特别是"空巢"比例的一种预测或参考。这对今后相当长一段时期内独生子女父母的养老保障来说,也具有很好的启示作用和借鉴意义。

二、第一代独生子女父母养老困境的来临[①]

1. 研究背景与研究问题

上一项研究的主要贡献有两方面:一是用定量的数据结果系统地描述

[①] 风笑天.2023—2032:第一代独生子女父母养老困境的真正来临.江苏行政学院学报,2023(1):56-65.本节下文的引用部分均来自这篇论文。

了第一代独生子女父母的年龄、居住状况，特别是"空巢"的比例，为人们了解这一现象提供了很好的经验依据；二是在对研究结果的讨论中提出了"目前城市第一代独生子女父母的养老困境尚未显现，真正的考验是在十年以后，而留给社会和家庭的时间也就十年左右"的观点。

然而有些遗憾的是，由于当时的研究关注的主要是独生子女父母的居住状况以及"空巢"问题，因而对于第一代独生子女父母的养老困境指的是什么、主要体现在哪些方面以及为什么十年后他们就会面临养老困境等问题，既未进行明确界定，也未进行深入分析和详细探讨。虽然笔者依据研究得出的"城市第一代独生子女父母的主体年龄目前处于60～70岁之间"的结果，指出了"在下一个十年中，城市第一代独生子女父母的主体将进入70～80岁的高龄老人阶段"，并依据常识和经验笼统地预测"无论是他们在日常生活中的自我料理能力，还是其身体健康状况，都会发生很大的变化。到那时，他们中才会有大批人进入年老多病、需要人照顾的状况中"，但这种预测显然缺少系统的和科学的依据。特别是笔者在讨论中提出"目前城市第一代独生子女父母的养老困境尚未显现，真正的考验是在十年以后，而留给社会和家庭的时间也就十年左右"的观点时，也没有进行有说服力的论证。这都为进一步的研究留下了足够的空间。

在这种背景下，笔者于2022年对上述尚未展开探讨和回答的问题进行了思考并开展了研究。笔者进行这一研究的主要目标是希望在前一项研究的基础上，对上述相关问题进行补充和深化。特别是聚焦于养老困境的含义、养老困境与老年人年龄阶段的关系等问题，进一步用经验数据对为什么下一个十年是第一代独生子女父母养老困境的真正来临进行说明。概括起来说，本项研究的主要目标是论证一个重要的观点或命题，即"下一个十年中，第一代独生子女父母将真正开始面临养老困境"。

2. 研究设计

前述研究是一项通过收集调查数据来系统描述现象状况的经验研究，而本研究是一项以提出某种命题或观点为目标的论证性研究。笔者希望通过这项论证性研究的例子，来说明其在研究设计上的一些特点。相对来说，在各种经验研究的设计中，研究方法的设计是主要的内容；而在论证

第 13 章　独生子女父母养老问题研究解析

性研究的设计中,最核心的内容则是体现在研究思路上的论证逻辑。当然,由于论证性研究往往也需要将二手资料作为论证的依据,因而也会涉及对收集和运用二手资料的方法的设计。下面我们先来看看本研究的研究思路。

(1) 研究思路。

本研究希望提出或论证的命题是:下一个十年间,第一代独生子女父母将真正面临养老困境。笔者的研究思路是:要论证这一命题,首先必须明确界定老年人的养老困境是什么;其次说明什么年龄段的老年人会面临养老困境;然后说明第一代独生子女父母目前处于什么年龄段;最后说明为什么第一代独生子女父母养老困境将在下一个十年来临。用简单的图示可表示为图 13-1。

老年人的养老困境是什么?（界定概念）
↓
什么年龄段的老年人会面临养老困境?（大前提）
↓
第一代独生子女父母目前处于什么年龄段?（小前提）
↓
下一个十年中,第一代独生子女父母将面临养老困境。（结论）

图 13-1　验证本研究命题的简单图示

这就是论证上述命题的完整逻辑。当然,这一思路中的每一个环节,都需要有相应的研究设计去完成。首先,对于养老困境是什么的问题,要先了解学术界对这一概念的现有界定。如果学术界已有明确的界定,则可以直接借鉴和参考;如果学术界没有明确的界定,那么研究者需要自己进行界定。这就涉及对养老困境的概念化和操作化设计。其次,对于说明什么年龄段的老年人会面临养老困境的问题,不能仅仅凭借常识和生活经验,而需要系统的经验研究结果作为证据。这就涉及对如何查找、收集和运用系统的经验研究结果的设计。再次,对于第一代独生子女父母目前处于什么年龄段的回答,同样需要整体性的调查或统计结果。最后,有了上述两类经验证据后,就可以通过将独生子女父母的年龄段与老年人面临养老困境的年龄段进行对比,来证明本研究所提出的"下一个十年"的命题

或观点是否成立。

（2）研究设计。

首先是界定核心概念。对以提出观点为主的论证性研究来说，一个首要的条件或者说前提是明确界定研究的核心概念。只有核心概念界定确切了，与其他学者进行讨论时才不会因为概念的歧义而出现你说的是东、他说的是西的情况。为此，笔者的设计是通过在中国知网上以"养老困境"为"篇名"在核心期刊和CSSCI期刊中进行搜索，结果共搜索到38篇相关的研究论文。通过仔细阅读这些论文，笔者发现："现有的关于养老困境的研究呈现出以下几个主要特点：一是对养老困境的概念缺乏界定，往往泛指经济来源的不足、生活照料的欠缺、精神慰藉的匮乏等各种情况。二是研究对象主要集中在农村老人、空巢老人，特别是农村空巢老人以及失独老人等特定老年人群身上。三是由于上述研究对象的缘故，对养老困境的讨论主要集中在养老的经济来源方面。"总之，"目前国内学术界既没有对各类老年人的养老困境做出严格的界定，也没有针对独生子女父母的养老困境进行专门的分析。仅有的几项相关探讨也缺乏可靠的经验证据"。

根据上述情况，笔者首先对老年人养老困境这一概念进行了界定，指出老年人养老困境指的是"老年人在经济保障、生活照料、精神慰藉某一方面或几方面的极度缺乏，以至于影响到其正常生存的现象"。同时又从研究的可行性角度，将本研究中的养老困境进一步界定为"老年人由于身体条件下降特别是重病、久病，而出现了日常生活自理能力严重不足，甚至失去生活自理能力而必须由他人照料的情况"，从而完成了对研究思路中第一个问题的回答。

其次是对回答"什么年龄段的老年人会面临养老困境"这一问题的设计。前面说过，这一问题不能仅凭研究者个人的生活经验或常识来回答，必须寻找可靠的经验证据。这里的关键一是要有经验证据，二是这种经验证据同时还是可靠的。根据本研究对养老困境的界定和操作化，回答这一问题就是要找到老年人日常生活自理能力严重不足甚至失去生活自理能力的年龄段。最理想的证据当然是全国人口普查结果。如果全国人口普查结果中有反映老年人日常生活自理能力的数据，那么通过分析老年人的年龄与生

第 13 章　独生子女父母养老问题研究解析

活自理能力变化的数据，就能很好地回答这一问题。但遗憾的是，人口普查结果中并没有相应的调查数据。因此，我们只能查找其他相关文献。

从设计上说，我们首先应该去查找全国范围的大规模抽样调查的结果，而且最好是政府相关部门或学术研究机构在学术刊物上公开发表的调查结果。根据这一设计，笔者找到了四项由知名学者利用全国范围的大规模、高质量调查的数据资料进行的研究。

第一项是利用国家统计局公布的 2004 年全国人口抽样调查结果中老年人口的数据所做的研究。该研究结果表明，处于 60~64 岁、65~69 岁以及 70~74 岁三个年龄段的老年人口中，生活不能自理的人数分别仅占 3.2%、5.1%和 9.2%，即生活能够自理的老年人所占的比例都在 90%以上；而 75~79 岁、80~84 岁、85~90 岁以及 90 岁以上的老年人口中，生活不能自理的老年人的比例则分别达到了 14.3%、25.6%、35.6%以及 50.3%。可以说，进入 75 岁以后，老年人生活自理能力下降的比例明显提高。

第二项研究利用 2006 年中国城乡老年人口状况抽样调查的数据，对其中 10 016 名城市老年人的日常生活自理能力在不同年龄段的状况进行了分析。其研究结果也表明，无论是日常生活能力丧失率，还是重度丧失率，发生明显上升的年龄段都是 75~79 岁以及 80~84 岁。

还有两项研究利用了国内著名的"中国老年健康影响因素跟踪调查"（CLHLS）的数据。其中一项研究对低龄老人（65~79 岁）与高龄老人（80 岁及以上）的生活自理能力（ADL）进行了比较，结果表明，老年人的 ADL 自理项目数与年龄呈现出明显的负相关关系；低龄老人的 ADL 残障率为 6.9%，而高龄老人的 ADL 残障率则达到了 41%。另一项研究的结果同样表明，"相比 65~79 岁的老年人，80~89 岁的老年人需要照料的可能性增加了 71%"，"是否需要照料与年龄分组有显著的关系，高龄老人更需要照料"。

除了以上四项非常有说服力的证据外，还有两项地区性调查研究的结果同样给出了类似的结论。对北京市 2 788 名老年人的研究结果表明，与低龄老人相比，75 岁以上的高龄老人的生活自理能力下降的速度明显较快。而一项由医学研究人员对福建省 564 名老年人进行的研究的结果进一步表明,"老年人生活自理能力的衰减拐点为75.5岁"。在某种意义上也可以说,75岁是老年人的"失能拐点",即当老年人的年龄超过75岁时,其生活自理能力就会明显下降。

引证前人研究结果的目的不仅仅是让读者了解,无论是全国范围的调查结果,还是局部地区的调查结果,都一致表明,老年人日常生活自理能力明显下降主要发生在75~84岁的年龄段。更重要的是,这些研究结果作为有力的证据,让我们得出了"老年人真正面临养老困境的年龄通常是从75~84岁的年龄段开始的"这样一个非常重要的研究结论,从而使我们顺利地回答了研究思路中的第二个问题。

再次是对回答"第一代独生子女父母目前处于什么年龄段"这一问题的设计。中国第一代独生子女父母目前究竟有多老呢?他们的主体是处于低龄老人阶段还是高龄老人阶段呢?回答这一问题的最好证据同样来自全国人口普查结果。但由于全国人口普查结果中缺少独生子女父母的相关信息,我们无法从中获得这方面的数据,因此我们同样利用相关抽样调查资料来进行分析和估计。

笔者在前一项研究中曾利用2015年和2016年两次调查的数据,描述了第一代独生子女父母的年龄范围以及居住方式的特点。但一方面,两次调查都是以第一代独生子女为对象进行的;另一方面,两次调查的时间十分接近(仅相差一年)。因此,两次调查既缺少以第一代独生子女父母为对象的调查结果的相互印证,也缺少不同年代调查结果的相互印证。此外,两次调查的结果中,对第一代独生子女父母主体年龄范围的描述也略显宽泛,共有12个年龄段。为了弥补前一项研究的上述缺陷,笔者计划在本研究中,一方面增加以第一代独生子女父母为对象的调查结果,另一方面增加不同年代的调查结果,以增强研究结论的说服力。同时,本研究还将进一步缩小对第一代独生子女父母主体年龄范围的统计(缩小到10个年龄段),以增加描述结果的精确程度。

为此,笔者对自己从1988年开始,直到2016年为止所开展的六项大规模独生子女问题抽样调查的原始数据又进行了统计分析。这六项调查

第 13 章　独生子女父母养老问题研究解析

中，有四项是以"第一代独生子女"为调查对象进行的，有两项是以"第一代独生子女父母"为调查对象进行的。结果表明，无论是 34 年前进行的调查还是 6 年前进行的调查，无论调查对象是第一代独生子女父母还是第一代独生子女，六项调查所得到的调查结果非常一致。即一方面，第一代独生子女父母主体的出生年份集中在 1949—1958 年这 10 年正负 1 年的范围内；另一方面，每一项调查中 10 个最集中的年龄段的父母所占的比例都集中在 72%～90% 之间。这些结果说明，第一代独生子女父母的主体（80% 左右的人）到 2023 年时将处于 65～74 岁的年龄范围。这样就得到了对本研究思路中第三个问题的回答。

最后是从对前面三个问题的答案中推导出研究结论，即证明本研究提出的命题。由于研究思路具有很强的逻辑性，因此，依据对前面三个问题的回答，可以十分自然地得出研究结论。即：因为老年人在 75～84 岁的年龄段开始面临养老困境，而第一代独生子女父母的主体（80% 左右的人）在下一个十年（2023—2032 年）正好步入这一年龄段，因此结论就是，他们在下一个十年将开始真正面临养老困境。

这一结果意味着，在下一个十年，第一代独生子女父母的主体将从目前的低龄老人阶段全部步入高龄老人阶段。更为重要的是，他们都将跨过 75 岁的"失能拐点"，步入生活自理能力明显下降、对他人照料的需求明显上升的高龄老人时期。他们都将开始直面养老困境。这就是中国社会在下一个十年将面临的一种现实。这一结果客观地表明，如果说独生子女父母的养老困境在 20 多年前还"需要我们发挥想象力才能体会"的话，那么在从 2023 年开始的下一个十年间，这种养老困境就会实实在在地呈现在我们面前。

3. 研究结果及启示

本研究在对老年人养老困境的概念进行界定的基础上，通过引证前人研究的结果，得出了老年人日常生活自理能力明显下降的现象主要发生在 75～84 岁的年龄段、老年人日常生活自理能力下降的"拐点"是 75 岁，即老年人真正面临养老困境通常是从 75～84 岁的年龄段开始的结论。然后，笔者利用六项大规模调查所得数据进行统计分析，得出了第一代独生子女父母主体（80%左右）的出生年代都集中在 1949—1958 年正负 1 年的范围内的结论，即第一代独生子女父母主体在 2023 年时正处于 65～74 岁的年龄范围。而从 2023 年开始到 2033 年的这个十年间，第一代独生子女父母主体将处于 75～84 岁的年龄范围。他们都将跨过老年人的"失能拐点"，进入生活自理能力明显下降、对他人照料的需求明显上升的时期。这就证实了本研究提出的"在下一个十年，第一代独生子女父母将真正面临养老困境"的命题。在得出了研究结果、验证了研究命题的同时，笔者还从研究结果出发，提出了两个值得进一步探讨的问题，这使得本研究及其结果所具有的意义又得到了提升。

首先是第一代独生子女父母年龄范围的确定所具有的意义。本研究得出的第一代独生子女父母目前处于 65～74 岁年龄段的结果，表明他们目前尚处于低龄老人阶段，还没有进入高龄老人阶段。这一事实意味着，目前所有关于高龄老人（75 岁以上）日常生活照料的现状描述和相关探讨，包括对高龄老人的照料方式、照料者、家庭支持体系等，都建立在以多子女老年父母为对象的基础上。现有的各种养老对策也基本上建立在目前多子女父母养老困境的基础上，而不是建立在第一代独生子女父母养老状况的基础上。因此，一旦将对象换成独生子女父母，那么无论是他们的日常生活照料现状，还是他们所面临的养老困境，以及社会、家庭可能提供的支持条件，都可能会发生变化。这种变化是否会给老年人社会保障领域的研究和国家老年人社会保障政策的制定带来巨大影响，是一个值得深入思考的问题。而如何实际地解决好他们的养老问题，帮助他们有效地克服养老困境，将是下一个十年我国政府和社会必将面临且需要花大力气才能完成的重大任务。

其次是本研究关于第一代独生子女父母养老困境问题的结果对未来所具有的借鉴意义。虽然我国现在已经实施了"全面二孩""全面三孩"生育政策，但由于社会中依然存在着多达 1.7 亿以上且还在不断增加的独生子女人口①，因而独生子女父母的养老问题将一直持续下去，至少在未来

---

① 风笑天．"后独生子女时代"的独生子女问题．浙江学刊，2020（5）：64-73.

几十年中都将是中国社会的一个重要问题。应该意识到,几千万第一代独生子女父母只是我国社会中第一批"吃螃蟹"的人。在他们身后,还存在着同样数量庞大、数以亿计的第二代、第三代和第四代独生子女父母。在今后的几十年中,他们同样会逐渐进入老年人的行列,同样会从低龄老人变为高龄老人,同样会面临与第一代独生子女父母相似的养老困境。因此,本研究关于第一代独生子女父母养老困境的分析和讨论,对于未来第二代、第三代、第四代独生子女父母的养老保障问题也具有很好的启发和借鉴意义。

从研究设计的角度来看,本章对两项前后相关的研究实例的设计的解析,可以给我们一点启示:一方面,社会科学研究及知识的增长所具有的累积性特征,决定了许多新的研究问题的提出以及新的研究目标的确定,往往都与前人研究结果有关,并且常常是对前人研究结论的验证,或者是对前人研究的进一步深化和拓展。而一般情况下,一项具体研究在得出研究结果和结论时,往往还会在这种结果和结论的基础上进行一定的讨论、推断或预测。作为研究者,我们可以从阅读前人研究结果以及相关讨论中发现新的、值得研究的问题。另一方面,作为具体的研究者,自己对某一个问题的研究和探讨,通常也会有一个逐渐深入的过程。初次研究的结果常常存在一些尚未解答的问题,或者存在一些不完善、不充分的地方,研究所提示的一些结论也可能缺乏有力的证据支持。因此,我们可以在自己初次研究的基础上,开展与其相关的新研究来解答这些问题,寻找更为有利的经验证据,以补充和完善对某一现象的认识。

推荐阅读

[1] 风笑天.社会研究方法.6版.北京:中国人民大学出版社,2022.

[2] 风笑天.现代社会调查方法.6版.武汉:华中科技大学出版

社，2021.

[3] 风笑天. "空巢"养老?：城市第一代独生子女父母的居住方式及其启示. 深圳大学学报（人文社会科学版），2020（4）：120-130.

[4] 风笑天. 2023—2032：第一代独生子女父母养老困境的真正来临. 江苏行政学院学报，2023（1）：56-65.

第 14 章

育龄人口二孩生育意愿研究解析

本章所列举的是一个完全利用现有文献资料（前人研究结果）进行研究的例子。笔者试图通过这一例子来详细说明围绕研究问题利用二手资料开展研究的设计思路和操作方法。这一例子可以告诉我们，当有关某一问题的现有研究比较多，而研究结论又互不相同，甚至相差很大时，我们如何通过系统科学的研究设计来辨析各种研究结果的真伪和偏误，如何从对这些现有研究结果的系统分析中得出相对接近现实真相的结论。

一、研究背景与研究问题

2021 年 5 月 11 日，第七次全国人口普查结果揭晓：2020 年全国出生人口 1 200 万人，与 2019 年的 1 465 万人相比下降了 265 万人。2020 年我国育龄妇女总和生育率仅为 1.3，远低于 2.1 的人口更替水平。[1] 在严峻的人口发展形势面前，中共中央政治局于 2021 年 5 月 31 日，也就是第七次全国人口普查结果公布短短 20 天后，专门召开会议，审议《关于优化

---

[1] 第七次全国人口普查主要数据结果新闻发布会答记者问. (2021 - 05 - 11) [2021 - 12 - 02]. http：//www. stats. gov. cn/sj/sjjd/202302/t20230202 _ 1896483. html.

生育政策促进人口长期均衡发展的决定》。会议提出,"实施一对夫妻可以生育三个子女政策及配套支持措施"。这标志着"全面三孩"政策正式启动。

然而,三孩生育政策的实施并不意味着我国的人口出生率可以在"全面二孩"政策的基础上自然而然地迅速提高。因为,"有一定规模的育龄人群去生育三孩,需要具有两方面的基础和前提:一方面是要有相对更大规模的二孩育龄人口;另一方面是这些二孩育龄人口中有较高比例的人有生育三孩的意愿"[①]。

从目前情况看,由于近些年来我国育龄妇女人口的规模逐年下降,其后果必然会影响到后续各个胎次的育龄人口的数量和规模。虽然目前出生人口中二孩的比例达到50%左右,但是,一方面,当一孩育龄人口的总规模减少时,同样50%的二孩出生比例实际上意味着更小规模的二孩育龄人口规模;另一方面,也是更重要的,就是在同样的一孩育龄人口规模下,如果一孩育龄人口的二孩生育意愿没有明显提高,那么二孩育龄人口的规模同样也无法提高。由于一孩育龄人口的规模直接受到育龄妇女人口规模的影响和制约而无法改变,因此,现在能够做的就是尽可能提高一孩育龄人口的二孩生育意愿,以便为实现三孩生育规模和比例的提升提供足够的二孩育龄人口。正是出于上述两方面的原因,在实施"全面三孩"生育政策时,我们首先面临的可能就是一孩育龄人口的二孩生育意愿问题,以及由此导致的二孩育龄人口的规模问题。只有提高一孩育龄人口的二孩生育意愿以及二孩育龄人口的规模,放开三孩政策对人口出生率提升的效果才有望达到。

这样,一个急迫需要回答的重要问题是:目前一孩育龄人口的二孩生育意愿状况是怎样的?即这些育龄人口中有多大比例的人会生育第二个孩子?这正是本项研究所要探讨和回答的主要问题。

读者朋友,面对上述问题,你会想到怎样的研究设计呢?

---

① 风笑天.三孩生育政策与新型生育文化建设.新疆师范大学学报(哲学社会科学版),2022(1):98-105.

二、研究设计

1. 研究思路

本研究所要探讨的问题是非常典型的"是什么"的问题，即以描述现状为研究的主要目标。要探讨和回答这一问题，研究思路是怎样的呢？一般来说，要回答"目前一孩育龄人口的二孩生育意愿状况是怎样的"这样的问题，从研究思路上看，似乎并不困难：直接进行一项全国范围的有关育龄人口二孩生育意愿的大规模调查不就可以了解到了吗？作为研究者，这是一种我们首先应该想到的、理想的设计思路。

但是，需要注意的是，在我们开展一项大规模调查来回答上述研究问题之前，必须先了解前人是否已经做过这样的调查。实际上，了解现有的结论和观点，是我们做任何研究之前都应该先做的工作。如果前人已经做过这方面的调查，且有了明确的、一致的结果，那么问题也就解决了，我们只需要看看别人的研究结果和结论是什么就行，而不用再去做同类的调查了。如果目前还没有学者开展这方面的调查，我们就可以设计一项大规模的抽样调查，以系统了解并回答研究问题。

这样，在进行具体的抽样调查设计之前，我们需要考虑的问题又变成了：学术界和政府相关部门有没有进行过这方面的专题调查呢？这一疑问指引着笔者去系统查阅这一专题的相关研究文献。通过对现有文献的查阅，笔者发现，对于本研究的研究问题，无论是在政府部门的相关文件中，还是大众媒介上的相关报道中，以及学术界的专家学者发表的论文观点中，大家的结论和看法都十分一致。即政府相关部门、大众媒介以及学术界似乎都形成了一种共识：目前育龄人口的二孩生育意愿不高。但是，笔者同时也发现，对于育龄人口的二孩生育意愿究竟不高到什么程度，是只有40%的人愿意生育二孩，还是只有30%或是20%甚至更低比例的人愿意生育二孩，大家并没有明确的结论或看法。

是什么原因导致人们对于这一比例没有明确的结论和看法呢？是因为现有文献中没有这方面专门的抽样调查结果，大家都是凭感觉做出判断的吗？显然不应该是这样。实际上，笔者通过在知网上进行系统查阅发现，从"单独二孩"政策实施开始直到"全面二孩"政策实施以来的几年中，学术界和政府相关部门不仅一直在关注和讨论育龄人口的二孩生育意愿问题，同时也进行了一系列专门的抽样调查，并公开发表了一大批调查结果。这一状况一方面否定了前述的我们自己去做一项专门调查的设计思路；另一方面也让人很容易想到去看一看那些已有的调查研究的结果是什么。

十分遗憾的是，现有调查研究的结果现状并不像我们想象得那样简单！前面我们说过，"如果前人已经做过这方面的调查，且有了明确的、一致的结果，那么问题也就解决了"。请注意，这里的关键是"有明确的、一致的结果"。所谓"明确"，即每一项研究都应有关于二孩生育意愿的具体的、确切的百分比，而不是诸如"比较低""很低"这样的含糊描述；而所谓"一致"，即这些不同的研究所得出的百分比结果都基本相同，差别不大。那么，现有调查研究的结果有多少是明确的？那些有明确结果的研究，相互之间一致吗？

虽然我们的核心问题依然是回答"目前一孩育龄人口的二孩生育意愿状况是怎样的"，但下述三个问题的答案将决定我们对回答这一核心问题所应采用的研究设计。这三个问题分别是：（1）目前总共有多少项"有确切的百分比结果"的二孩生育意愿调查研究？（2）这些调查研究所得到的百分比结果是否一致？（3）如果它们互不一致我们该怎么办？

首先是总共有多少项"有确切的百分比结果"的二孩生育意愿调查研究？如果这样的调查研究只有几项或十几项，那么我们可以对它们逐一地进行分析，并直接从相对可靠的结果中得出回答核心问题的答案。然而，系统查阅文献的结果很快否定了按这种思路进行分析的想法，因为具有二孩生育意愿确切百分比结果的调查研究有60多篇。因此，我们必须考虑第二个问题，即这些调查研究所得到的百分比结果是否一致？

有两种可能的情况：一是这些结果相互之间十分一致；二是这些结果互不相同，相互之间差别很大。对于第一种情况，问题就变得很简单，回答研究问题的答案也比较容易确定：此时我们只要认真考察这种一致的结果的可靠性如何即可。但实际上，第一种情况不太可能出现。因为，如果

第 14 章　育龄人口二孩生育意愿研究解析

结果都一致，就不会有这么多研究者不断地、反复地进行调查，不断地重复做同类的研究。我们真正有可能面对的是第二种情况。那么，当面对一大批针对同一主题但又互不相同的调查结果时，我们该怎么办呢？从那些互不相同的结果中，我们该如何得出相对可靠的研究结论呢？

笔者当时的设计思路是：首先，对现有各项二孩生育意愿调查的结果进行系统的收集；其次，通过系统总结和描述，展示现有研究结果的状况；再次，面对不一致的结果，分析和探讨研究结果互不相同的可能原因；然后，通过排除质量不高的结果，挑选出一批相对可靠的研究结果；最后，逐一地对这些相对可靠的研究结果进行解析，进一步"去粗取精""去伪存真"，概括和得出自己关于二孩生育意愿实际比例的研究结论。

2. 具体研究方法和操作设计

确定了上述研究思路后，接下来需要设计具体的研究方法和操作。

第一，对系统收集和确定分析样本的设计。为了从总体上了解现有二孩生育意愿调查及其结果的状况，笔者在中国知网上进行了系统检索。具体检索方法是：以论文"篇名"中同时包含"生育意愿""二孩"或"两孩"为标准，检索北大核心期刊和南大 CSSCI 期刊，并将时间范围限定为 2014—2021 年[①]，共检索到 83 篇相关论文。笔者通过对这 83 篇论文逐一进行阅读，发现其中有 20 篇论文没有提供本研究所关注的二孩生育意愿调查结果（有的论文是文献综述，有的论文是一般性的理论分析，有的论文只关注和探讨了影响二孩生育意愿的因素而没有报告二孩生育意愿的具体结果，还有的论文是采用定性方法对少数个案的研究，等等），而在"单独二孩""全面二孩"政策实施后对各类对象进行抽样调查并得到二孩生育意愿明确结果的论文共 63 篇。剔除其中 1 篇一稿两投的论文，最终得到 62 篇有具体调查结果的论文。这 62 篇论文就成为笔者分析的样本。

第二，对系统测量、归纳、总结和描述样本文献结果的设计。由于样

[①] 检索时间为 2021 年 5 月 20 日。

本包括62篇论文,为了便于分析得出结论,我们不可能将样本中每一项研究的具体结果一一列出来进行展示,而要对这62篇论文中所报告的调查结果进行统计、归纳和描述。如何进行统计、归纳和描述呢?笔者采取了类似于内容分析的方法①,即先设计对样本论文的研究结果进行编码和统计的方案,共设置了"研究者、调查对象、调查范围、样本规模、测量的问题、所得百分比结果、质量评价"七个测量指标,列成一张测量表格;然后逐一阅读每一篇论文,并按这七个指标进行测量和记录,如表14-1所示。

表14-1 论文相关情况测量记录表

研究者	调查对象	调查范围	样本规模	测量的问题	所得百分比结果	质量评价
刘二	育龄女性	承德市	260	二孩生育意愿	38	地点和样本
张三	一孩育龄女性	全国	5 037	理想子女数	74	测量有问题
李四	流动人口	8城市	1 203	二孩生育意愿	32	抽样有问题
王五	育龄人口	陕西省	1 621	假设下意愿	58	测量有问题
赵六	20~45岁女性	上海市	862	二孩生育意愿	21	质量较好

注:表中为假设的例子,主要作为示范。

通过对62篇论文逐一进行阅读和编码,笔者得到了对调查结果进行描述和归纳的统计表,详见表14-2:

表14-2 62篇论文中二孩生育意愿调查结果的分布情况统计

调查结果中希望生育二孩的比例	论文数量	论文占比(%)	调整后的论文数量	论文占比(%)
10%~19%	6	9.7	3	4.8
20%~29%	12	19.4	8	12.9
30%~39%	10	16.1	12	19.4
40%~49%	15	24.2	14	22.6
50%~59%	8	12.9	12	19.4
60%~69%	4	6.5	5	8.1
70%~79%	5	8.1	6	9.7
80%~89%	2	3.2	2	3.2
总计	62	100	62	100
平均值		42.9		46.8

注:调整后,在比例为10%~19%的三项调查中,最低的一项的比例为11.4%;在比例为80%~89%的两项调查中,最高的一项的比例为88.7%。

这一统计表围绕着研究的核心问题"二孩生育意愿的比例"进行了统计总结,十分清楚地将现有62项调查研究的具体结果展现了出来,证据

---

① 有关内容分析方法的介绍,可参见风笑天《社会研究方法(第六版)》第九章第二节。

第 14 章 育龄人口二孩生育意愿研究解析

确凿地说明了现有调查研究结果的确互不相同，相差很大。

第三，对结果不一致的原因进行分析的设计。在探讨哪些结果更接近现实之前，我们需要先讨论一个与此相关的问题：为什么这些论文得到的调查结果会有如此大的差别？不同调查结果相互之间为什么会如此不同？为了探索其中的原因，笔者设计了几个关键变量，即研究的调查对象、调查范围、样本规模、询问的问题，并用这几个变量对 62 篇论文进行了统计。之所以设计这几个变量，是因为对一项调查来说，这是反映其基本状况及其特征的关键指标。通过用这几个指标进行分类，笔者得到了表 14-3 所示的结果。

表 14-3　62 篇论文的基本情况统计

	类别	篇	所占比例（%）
调查对象	1. 育龄人口、育龄夫妇、一孩育龄夫妇、单独夫妇、单独家庭、一孩双非夫妇等	22	35.5
	2. 女性（包括育龄女性、一孩育龄女性、职业女性、女护士、女职工等）	19	30.6
	3. 流动人口、流动育龄人口、一孩流动人口	10	16.1
	4. 青年、大学生	4	6.5
	5. 居民（15~60 岁）	3	4.8
	6. 其他	4	6.5
调查范围	1. 全国	21	33.9
	2. 省（自治区）	16	25.8
	3. 市	22	35.5
	4. 区、县	3	4.8
样本规模	1. <300	4	6.5
	2. 300~999	16	25.8
	3. 1 000~2 999	19	30.6
	4. 3 000~9 999	12	19.4
	5. ≥10 000	11	17.7
询问的问题	1. 理想子女数	2	3.2
	2. 意愿生育子女数	3	4.8
	3. 假如没有政策限制，意愿生育子女数	11	17.7
	4. 有无生育二孩的意愿、是否打算生育二孩	45	72.6
	5. 未注明	1	1.6
合计		62	100

注：调查对象的"其他"类别中，包括 35 岁及以上女性、30 岁及以上孕妇、农业人口等；还有一篇未报告调查对象。

通过这样的设计和操作，62 项调查研究的结果不一致的原因找到了：

这 62 篇论文所依据的调查在调查对象、调查范围、样本规模、询问的问题等方面均存在较大的差别。也就是说，这些调查抽取的是不同规模的样本，询问的是不同类型的对象，采用的是不同的测量指标，因而得出的结果所回答的分别是不同地域、不等样本规模、不同类型的育龄人群的不同含义的二孩生育意愿。它们或许都在一定程度上反映着现实，但各自反映的是属于不同范围、针对不同对象，具有不同可靠程度、不同准确程度，对育龄人口总体二孩生育意愿的代表性有大有小、有正有偏的现实。它们所得出的具体比例结果，对于从总体上回答育龄人口二孩生育意愿到底高不高的问题，具有不同的价值。这也启示我们，在运用定量统计的方法时，不能简单地用平均值来反映整体情况，还需要对数据的分布情况进行一定的分析和评估。

第四，对找出相对可靠的调查结果的设计。既然上述各方面的不同是导致 62 项调查结果互不一致的原因，那么其中哪些研究及其结果相对来说更可靠一些，更接近现实状况呢？为了找出这些研究，我们采用排除法，即先找出质量明显不高的研究及其结果，将它们排除在外，然后留下质量相对较高的研究结果。具体地说，我们需要做的就是从调查的质量上，调查对育龄人口总体的代表性程度上，即从回答本研究所关注的问题的角度，对现有调查进行一定的甄别和筛选。弄清楚哪些调查的质量好一点，其结果对总体的代表性更大一点，离总体的现实更近一些，更可靠一些；而哪些调查可能质量差一些，其结果离现实的偏差大一些。我们力图通过筛选，排除掉质量差的、结果偏的、不可信或不可靠的，明显不能回答本研究问题的论文，留下质量相对更好的、结果正确一些的论文，以保证调查结果不会误导我们的认识。为此，我们采取下列几条标准来对这 62 篇论文中的调查进行甄别和筛选：

（1）在调查对象上，以育龄人口、育龄女性、流动人口为主，剔除那些对特殊群体如大学生、普通居民、孕妇等的调查。

（2）在调查范围上，以全国、省、直辖市、自治区以及市一级范围的调查为主，剔除调查范围在市以下即属于区、县或者更小范围的调查。

第14章　育龄人口二孩生育意愿研究解析

（3）在样本规模上，以300以上规模的调查为主，剔除规模小于300的调查。因为在其他条件相同的前提下，调查样本的规模过小，意味着用调查结果去推断总体时存在的偏差范围更大。

（4）在二孩政策已经放开的背景下，可以直接询问人口的二孩生育意愿。因此在测量的问题上，仅保留直接询问调查对象是否打算、是否愿意、是否决定、是否准备生育二孩的调查（测量效度较高），剔除以"理想子女数"或"假设条件下的意愿生育子女数"为调查问题的调查（测量效度较低）。

（5）在抽样方法上，剔除那些采用非随机的方便抽样（或偶遇抽样）、让学生将问卷带回家乡发放，或通过问卷星、微信等偶遇方法选取样本的论文。因为对所有希望反映育龄人口总体二孩生育意愿状况的抽样调查来说，抽样方法的科学性、抽样过程的明确性是基本的保障。没有这一点，即使样本规模足够大，也不能保证调查结果不存在系统偏差。

（6）剔除无调查方法介绍的论文。任何有关调查结果的报告，都必须以清楚明确的调查方法介绍为前提。一篇论文中，如果只报告调查得到的结果，比如二孩生育意愿的比例，而不清楚明确地介绍研究者是采用何种抽样方法抽取样本、采取何种测量方法（询问的问题）对变量进行测量、采取何种资料收集方法（如问卷如何发放、如何回收）收集数据资料以及对样本质量、问卷回收率等方面做出的评估的话，那么这种结果可以说一文不值。因为如果我们不知道这些细节，就无法判断调查的质量，也无法判断调查结果的价值。

按照上述几条标准剔除不符合要求的论文后，62篇论文中只剩下了一半，即31篇。这实际上意味着，我们排除了一些有偏差的调查结果，而剩下的调查结果由于质量相对较高，因此对我们回答二孩生育意愿的实际比例问题来说更可信。表14-4是根据调查对象的类型对这31篇论文的二孩生育意愿结果进行的交互统计以及相关结果的平均值、最低值与最高值。

表 14-4　31篇论文中的二孩生育意愿结果统计

调查对象	二孩生育意愿平均值（%）		原数据（%）		调整后（%）		(n)
	原数据	调整后	最低值	最高值	最低值	最高值	
育龄人口	36.0	40.9	17.4	55.0	22.1	69.1	(14)
育龄女性	36.3	42.0	21.1	56.7	25.5	56.7	(8)
流动人口	25.2	31.5	11.4	42.7	11.4	55.4	(9)
总体均值	33.3	38.8					(31)

注：育龄人口一类中，包括育龄夫妇、一孩育龄夫妇、单独夫妇、单独家庭、一孩双非夫妇等；育龄女性一类中，包括育龄妇女、一孩育龄女性、职业女性、育龄女护士、育龄女职工等；流动人口一类中，包括流动育龄人口、一孩流动人口、"80后"、"90后"流动人口等。

但是，从表 14-4 的统计结果中可以看到，这些质量相对较高的研究结果的百分比分布依旧十分分散，几乎涵盖了从 10% 到 70% 的范围。这显然不能作为回答本研究问题的答案。也就是说，我们还需要进一步分析研究，以解释和说明为什么有的结果比例如此之低，有的结果比例又如此之高。然后才能从中判断哪些结果是可靠的，才能将其作为回答研究问题的结果。

所以，第五，对偏离平均值的极端结果逐一进行解读，并做出其可靠与否的判断。下面以前两类调查对象，即表 14-4 中的育龄人口和育龄女性为例进行说明。这两类对象总共 22 篇论文所得出的二孩生育意愿的平均值为 36%（原数据）和 41%（调整后）。我们需要对与这一平均值偏离最大的结果，即比例最低的以及比例最高的几项研究进行分析。

先看三篇比例最低的论文（比例在 17%~27% 之间）。笔者发现，其中两篇采用的是同一项调查数据，即湖北"单独二孩"政策生育意愿调查。该调查是在湖北省"单独二孩"政策开始实施仅三个月时进行的，询问的问题是："您是否打算生育二孩？""如果是，你打算什么时候生育二孩？"笔者认为，在政策实施仅仅三个月时去询问一孩育龄人口如此确定性的生育决策问题，效果实际上并不好，即并不能完全反映其生育意愿。因为或许有一些人的确是想生育二孩的，但在政策刚刚开始实施阶段，他们还来不及仔细考虑与生育二孩相关的各种具体问题，特别是来不及做出明确的生育决定，还想等等看。所以，当面对这样的问题时，他们可能会回答"没想好"。正如研究者自己所说："由于问卷调查中，所设问题是'您是否打算生育二孩'，询问的是二孩生育安排，有部分人不一定有明确

第 14 章　育龄人口二孩生育意愿研究解析

的生育时间表，但明确回答不要二孩的比重会接近真实意愿。可以认为没有明确回答不要二孩的，都有较强的二孩生育倾向，占比在 40% 左右。"① 这也即是说，25% 左右的比例是偏低的。

另一篇论文的调查也有类似的原因。一方面，该调查是在"2015 年 11 月中旬，即在'全面二孩'政策公布的半个月后"② 进行的；另一方面，调查询问的也是"您是否打算再生第二个孩子"这种十分明确的生育决策问题。因此，有 17.1% 的人表示"打算等等看"。如果同样可以认为这一部分没有明确表示不打算生二孩的人实际上是倾向于生育二孩的，那么，加上这一部分人，实际二孩生育意愿的比例同样在 40% 左右。这也即是说，25% 左右的比例也是偏低的。

再来看三篇比例较高的论文。首先是得出最高比例结果（69.1%）的一篇论文。从论文所展现的情况看，该研究结果是比较可靠的，即这一结果对反映中山市甚至广东省以及类似的高生育意愿地区的总体生育意愿来说，有较好的代表性。但也正是由于其对高生育意愿地区有较好的代表性，因而对还包含更多中等生育意愿地区、低生育意愿地区在内的全国育龄人口的二孩生育意愿来说，就会形成系统性偏差。即该研究结果对反映全国育龄人口的二孩生育意愿来说，比例可能明显偏高。

其次是得出比例结果为 56.7% 的论文，这一比例结果是利用一项比较有权威性的调查，即原国家卫生和计划生育委员会于 2017 年开展的"全国生育状况抽样调查"得到的。该调查在全国范围内随机抽取了 25 万名年龄在 15~60 岁的女性，通过面访和网络调查两种方式进行访问。调查问题采用的是询问调查对象"打算生育的子女数"。经过严格的设计和组织，来自全国各地的 12 500 名调查员和 3 128 名督导员很好地完成了调查任务。对其中 15~49 岁育龄女性的调查结果表明，有 56.7% 的人打算生育两个孩子。但是，正如研究者特别注明的："2017 年调查中，'打算生育子女'由已经生育子女和未来打算再生育子女两部分组成，因此，除

---

① 石智雷，杨云彦. 符合"单独二孩"政策家庭的生育意愿与生育行为. 人口研究，2014 (5)：27-40.
② 张银锋. 青年两孩生育意愿及其子女成本收益分析. 中国青年研究，2017 (5)：66-73.

未婚妇女外,对属于初婚、再婚、同居的调查对象,调查员需要依次询问这两部分内容,并将合并后的结果作为'打算生育子女数'。"[1] 由于采用这一方式,同时考虑到样本中农业户籍人口比例为66%、非农户籍人口比例仅为34%的分布情况,因此可以认为,这一较高比例在一定程度上可能受到了农业户籍人口中已生育二孩的比例较高的影响。当然,如果全国育龄人口中农业户籍和非农业户籍的比例与该调查的比例相当的话,那么56.7%比例可能是比较接近现实的。

最后是得出比例结果为55%的论文。该论文利用三项全国范围的大规模调查数据,通过构建队列终身二孩生育意愿的方法,且考虑了育龄人群已生育二孩的问题,得出"全部育龄人群的二孩终身生育意愿稳定在55%左右"[2] 这一结论。这一研究的结果与上一项研究的结果十分相近。可以看出,这两项研究的一个特别明确的、共有的特征是,都将已生育二孩者纳入了二孩生育意愿的结果中进行计算,因而得出的比例都相对较高。这同样给我们一个启示:那些二孩生育意愿的比例低于50%的调查结果,是否都没有纳入已生育二孩的育龄人口?如果那些结果的确都没有纳入已生育二孩的育龄人口,那么这两项研究得出的相对较高的比例可能更接近实际的二孩生育意愿状况。

为此,笔者对22篇论文中除了上述6篇以外的其他16篇逐一进行了检查,发现除2项包含已生育二孩的育龄人口外(一项地点为重庆市,另一项为江苏省13个市,二者得出的二孩生育意愿比例分别为51%和46%),其余14项调查的对象均为"一孩育龄人口"或者"已育一孩和无孩的育龄人口",即都没有包含已生育二孩的育龄人口。因此,我们可以得出结论:如果按不纳入已生育二孩的育龄人口统计,则普通育龄人口的二孩生育意愿大约在40%左右;而如果纳入了已生育二孩的育龄人口,则这一比例大约会提高10%~20%,即会达到50%~60%。

---

[1] 庄亚儿,姜玉,李伯华.全面两孩政策背景下中国妇女生育意愿及其影响因素:基于2017年全国生育状况抽样调查.人口研究,2021(1):68-81.
[2] 张丽萍,王广州.中国育龄人群二孩生育意愿与生育计划研究.人口与经济,2015(6):43-51.

经过了上述一步步分析，对于本研究所关注的"普通育龄人口总体的二孩生育意愿究竟如何"的问题，相对可靠的答案越来越清晰，同时也越来越接近客观现实了：育龄人群（包含已生育二孩者）的二孩生育意愿大约为50%~60%。

三、研究结果与启示

本研究通过对现有的62项二孩生育意愿研究结果的系统解析，得出了下列研究结果。

现有的二孩生育意愿研究结果中，大约有一半的研究由于在调查对象、调查范围、抽样方式、样本规模、测量问题、资料收集方式等方面存在不足和缺陷，因此无法很好地反映育龄人口的二孩生育意愿现状。通过对其中质量相对较好的31篇论文的进一步解析，本研究所得出的相对可靠的结果是：普通育龄人口中，二孩生育意愿（包括已生育二孩）的比例基本为50%~60%，即目前育龄人口的二孩生育意愿整体上处于中等水平。同时，流动育龄人口的二孩生育意愿也在50%以上，即流动育龄人口的二孩生育意愿与普通育龄人口的相差不大。也可以说，他们的二孩生育意愿并不比普通育龄人口的二孩生育意愿明显更低。这既可能是由于流动育龄人口受到经济条件、住房条件、时间精力等条件的限制；也可能是由于他们受到城市生活方式、价值观念等城市文化的影响，因而形成了与普通育龄人口相似的二孩生育意愿。

本研究同时还提出了几个值得进一步探讨的问题。这几个问题在一定程度上也与研究设计密切相关。

一是调查对象的年龄界定与相应的二孩生育意愿比例的实际价值问题。生育意愿调查的对象通常是育龄人口或者育龄妇女。这种一般意义上的育龄人口或育龄妇女，指的是15~49岁人口。然而，真正对二孩生育结果有实际效果、有直接影响的主要是女性年龄在40岁以下的已婚育龄人口，特别是女性年龄在20~35岁生育高峰年龄的人口。而女性年龄在40~49岁的育龄人口以及15~19岁尚未结婚的育龄人口，虽然从纯粹生理的角度来看，他们的确属于育龄人口，并且对于调查中"是否愿意/打算生育二孩"的问题,同样会给出他们的回答,但这种回答的价值和意义其实并不大。因为40~49岁的育龄妇女大多不会再生育;而15~19岁的未婚女性尚未进入婚姻,具体生几个孩子的问题对她们来说还相对比较远,因此她们的回答与实际的生育行为之间可能存在较大的距离。本研究的分析也显示,调查的育龄女性的年龄范围越大,得到的二孩生育意愿的比例往往越低;而所调查的育龄女性的年龄范围越集中在生育高峰年龄,得到的二孩生育意愿的比例就会相对越高。

二是在统计二孩生育意愿时,是否应该纳入已生育二孩的育龄人口的问题。本研究的结果表明,纳入还是不纳入已生育二孩的育龄人口,所导致的二孩生育意愿调查结果相差很大。正因如此,笔者认为,目前仅对一孩育龄人口(即将已生育二孩者排除在外)进行调查所得到的调查结果,实际上都低估了育龄人口整体的二孩生育意愿。因此,将已生育二孩者纳入有二孩生育意愿一类进行统计的做法[①]是可取的。因为这些人实际上已经将其生育两个孩子的意愿转化成了二孩生育行为,特别是对农村育龄人口或者流动育龄人口来说,更是如此。因为在大部分地区,以往的生育政策早已规定,农村户籍育龄人口生育的第一孩是女孩时,可以合法生育第二个孩子。所以,一部分有二孩生育意愿同时又符合计生政策的育龄人口,已将这种意愿变成了现实。因此,针对农村户籍人口以及从农村流动到城市的流动人口,在调查他们的二孩生育意愿(以及将来的三孩生育意愿)时,需要注意到这一重要的现实,即他们中一部分人已经生育了两个孩子(或三个孩子),不能将他们排除在二孩(三孩)育龄人口总体之外。在计算二孩(三孩)生育意愿比例时,应该将他们纳入其中。当然,对那些仅仅为了解或探讨一孩育龄人口二孩生育意愿的研究来说,情况另当别论。

三是对生育意愿调查中"没想好"答案的处理与二孩生育意愿的实际比例问题。客观地说,当调查对象被问到二孩生育意愿特别是更为现实的

---

① 陈芳,刘越.流动人口二孩生育意愿真的很低吗?:基于对研究对象偏差的修正.人口学刊,2021(1):53-63.

二孩生育打算的问题时，一部分调查对象的真实情况的确是"没想好"。所以，许多调查问卷中会列出这一答案。在进行统计时，许多调查研究也常常将这一部分答案单独统计，即分别计算出"打算生育二孩""不打算生育二孩"以及"没想好"三种回答的比例。但是，应该意识到，"没想好"虽然是一种正常的情况，但同时又只是一种暂时的情况。此时回答"没想好"的人，最终必然会成为"生育二孩"或"不生育二孩"这两者之一。所以，科学的方式是将调查中回答"没想好"的人，按照回答"打算生育二孩"和"不打算生育二孩"的比例进行分割，并添加到二者的比例中（即假定这些目前没想好的人，将来生育和不生育二孩的比例与目前回答"打算生育二孩"和"不打算不生育二孩"的比例相同）。例如，假定样本中有20%的人回答"没想好"，而回答"打算生育二孩"的人有30%，回答"不打算生育二孩"的人有50%，那么，不应该认为样本的二孩生育意愿为30%，而应该将回答"没想好"的20%的比例，按目前30%与50%的比例分配到二者中去，即实际有二孩生育意愿的比例应该为37.5%（30%＋20%×3/8），而没有二孩生育意愿的比例为62.5%（50%＋20%×5/8）。这样计算出来的比例或许更接近未来的生育现实。

  本研究的结果被写成论文[①]后发表在《探索与争鸣》杂志上。值得一提的是，在完成这一研究的同时，笔者从中受到启发，意识到许多调查中存在各种不足或错误，导致调查结果并不能很好地反映客观现实。因此，笔者者又利用这项研究的资料，从调查方法的角度，通过对这一领域中的调查项目进行分析评价，得出了一些重要结果，写成了另一篇论文即《调查结果如何误导我们的认识》[②]，发表在《湖南师范大学社会科学学报》上。该文后来还被中国人民大学复印报刊资料全文转载。

  本研究的设计可以给我们以下两点重要启示：

  第一，这是一项通过对现有的经验研究结果进行系统考察来回答核心研究问题的研究。这种以前人研究结果作为资料进行研究的方式，其实

[①] 风笑天. 三孩生育意愿预测须防范二孩研究偏差. 探索与争鸣，2021（11）：80-89，178.
[②] 风笑天. 调查结果如何误导我们的认识：以二孩生育意愿调查中的方法问题为例. 湖南师范大学社会科学学报，2022（1）：41-49.

也是学术研究实践中经常可以看到的一种研究类型。因为在学术研究过程中，研究者通常会先进行文献回顾的工作，即会先上网查阅一下相关文献，以便了解前人在这一领域或者对这一问题做过哪些研究，得出了什么样的结果和结论。经常出现的一种情况是，当研究者上网查阅相关文献时，会发现前人已经做过许多这方面的研究了，特别是已经有了许多这方面的经验研究结果了。就像笔者在本章中所谈到的，当笔者去查阅现有的二孩生育意愿调查研究时，发现前人已经有很多这方面的具体的调查研究结果了。那么，当面对这一状况时，我们该怎么做呢？本研究的思路和研究设计给了我们一些启示。它说明，对已有研究进行再次研究，既可以用来探讨和回答新的问题，也可以针对现有研究所围绕的核心问题进行分析。即通过系统地研究前人已经发表的研究结果，既可以做自己的研究，也可以回答前人研究想要回答的核心问题。比如本研究就是通过系统研究现有的 62 项研究结果，来回答它们所围绕的二孩生育意愿比例的问题的。

第二，这种对已有研究进行再次研究的研究，既可以采用定量的元分析（meta-analysis）方式、内容分析方式，也可以采用类似于本研究这样的定量与定性相结合的分析方式（定量的测量、编码、统计分析与定性的个案解析）。但无论采用哪种方式，只要其主要目标是利用已有研究结果来探讨这些研究所围绕的核心问题的，研究就一定具有某种新的意义和作用。这种新的意义和作用并不是对原有研究的简单重复，而是通过对原有研究进行统计、分类、筛选和解析，达到最终得出更为清晰、更为可靠、更为全面的研究结果的目的。其主要的贡献是将某一领域或某一主题的研究向前推进了一步。在这方面，除了本项研究外，笔者还采用这种方式做过一些类似的研究，比如对影响二孩生育意愿的因素究竟是什么的研究[1]、对第一代独生子女生育意愿究竟是多少的研究[2]、对当代中国人的生育意愿究竟如何的研究[3]等。有兴趣的读者可以进一步阅读，从中加深

---

[1] 风笑天. 影响育龄人群二孩生育意愿的真相究竟是什么. 探索与争鸣，2018（10）：54-61，142.

[2] 风笑天. 第一代独生子女的生育意愿：我们目前知道多少？. 湖南师范大学社会科学学报，2009（6）：57-62.

[3] 风笑天. 当代中国人的生育意愿：我们实际上知道多少？. 社会科学，2017（8）：59-71.

对这种研究方式及设计的理解。

推荐阅读

[1] 风笑天. 社会研究方法. 6版. 北京：中国人民大学出版社，2022.

[2] 风笑天. 三孩生育意愿预测须防范二孩研究偏差. 探索与争鸣，2021（11）：80-89，178.

[3] 风笑天. 调查结果如何误导我们的认识：以二孩生育意愿调查中的方法问题为例. 湖南师范大学社会科学学报，2022（1）：41-49.

[4] 风笑天. 影响育龄人群二孩生育意愿的真相究竟是什么. 探索与争鸣，2018（10）：54-61，142.

[5] 风笑天. 第一代独生子女的生育意愿：我们目前知道多少？. 湖南师范大学社会科学学报，2009（6）：57-62.

[6] 风笑天. 当代中国人的生育意愿：我们实际上知道多少？. 社会科学，2017（8）：59-71.

附录　研究计划书

我们在从事一项研究时，不仅要进行研究设计，仔细考虑研究的每一个细节，在很多情况下，还必须以某种形式将研究设计和研究计划的细节写出来，形成书面报告，以便向有关的对象或机构说明这一研究的合理性、重要性和可行性。这项工作被称为撰写研究计划书。在本部分，我们将着重介绍研究计划书的一般结构、主要内容以及写作方法，以帮助读者进一步明确研究设计的各方面内容。

一、研究计划书及其作用

1. 研究计划书的含义与类型

研究生在读书期间的一项重要的任务，就是在导师的指导下完成学位论文研究，并在研究的基础上撰写出符合科学规范要求的学位论文，用以申请相应的专业学位。在这一过程中，一般都会有一个被称作"论文开题"的环节。开题时，研究生需要向本专业的相关老师报告自己的研究题目、研究内容及研究计划，以接受老师们的评审。同时，作为毕业材料中的一部分，开题报告需形成一定的文本。只有开题报告通过了老师们的评审，研究生才可以开始进行自己的学位论文研究。从这个意义上说，开题报告就像是准许研究生进入学位论文研究阶段的"资格考试"。

我国香港地区的各所大学以及国外许多大学招收硕士研究生或博士研究生时，并不像国内大学那样主要通过招生考试，而是由学生直接申请。只不过申请过程中有一个十分关键的环节，就是申请者要提交一份proposal，即研究计划书。招收研究生的导师或学校除了看申请者的毕业学校、学习成绩、推荐信外，还会看他的研究计划书写得如何，这是决定是否录取申请者的一个很重要的因素。

此外，在学术界，各门社会科学的研究者每年都会申请国家社科基金、教育部（或者其他部委）社科基金以及各省市社科基金的研究课题。为了获得研究基金的资助，研究者需要认真撰写一份研究项目的课题申请书或课题论证书，以接受各类基金评审专家的评审。

无论是上述我国高校研究生培养过程中的"开题报告"，还是香港和国外高校研究生招生过程中的"研究计划书"，或是一般社会科学研究者每年申请各级各类社会科学基金时所撰写的"课题申请书"或"课题论证书"，它们在本质上都是一样的，具有一样的性质、一样的目标、一样的内容结构。我们将它们统称为研究计划书。因此，概括地说，所谓研究计划书，就是指研究者将自己的研究问题、研究设计和研究计划以一定的形式向相关机构或专家进行报告时所采用的一种文本。

我们可以根据这种文本所要面对的专家的不同（实际上是文本所代表的研究性质的不同），将研究计划书分为国内研究生的"开题报告"、申请香港地区或国外大学研究生时需要的"研究计划书"以及申请国内各种社会科学基金时需要的"课题申请书"。前二者所面对的专家往往是大学教授，后者所面对的则是各类基金会聘请的评审专家。

无论是国内研究生的开题报告，还是申请香港地区或国外大学研究生时需要的研究计划书，或是申请国内各种社会科学基金时需要的课题申请书，在结构上通常包括以下几个大的部分：研究问题与研究背景、研究意义、相关文献回顾、研究的核心概念与理论框架、研究的主要内容、研究设计与研究方法、研究的具体计划等。可以说，它们的基本结构几乎是一样的。因此，在下面的介绍中，若无特别说明，我们所说的研究计划书都是包括上述三种不同类型在内的。

2. 研究计划书的作用

有学者认为，研究计划书至少具有三个方面的作用：一是作为一种沟通的方法；二是作为一个计划；三是作为一个合约。①

作为沟通的方法和传达的工具，是研究计划书的第一个作用。无论是研究生与指导教师之间的沟通，还是课题申请者与课题评审者之间的沟通，研究计划书都是其中的媒介。正是通过开题报告，研究生可以将自己的研究问题、研究思路、研究计划向指导教师们系统汇报；而教师们也正是依据研究生的开题报告，来判断、衡量、评价其研究题目是否有价值、是否有创新、是否切实可行。同样，课题申请者也是通过课题申请书来向提供研究基金的机构及其代表——课题评审者介绍自己的研究问题、研究思路和研究计划的；而课题评审者正是通过课题申请书来判断课题申请者的选题意义、衡量其研究计划，并决定是否给予其课题资助的。

对研究生和课题申请者来说，开题报告或课题申请书还具有一个十分重要的作用，那就是它可以作为他们将来开展实际研究的一个指导大纲、一个备忘录以及一套系统周密的行动方案。研究生或课题申请者在选定了研究问题、回顾了相关文献、制定了研究计划、设计了研究方案后，需要将这些内容整理成一份文字报告。而一份清楚、明确、详细、具体的开题报告或课题申请书，不仅可以用来与相关专家进行沟通，同时也非常便于指导自己将来的实际研究。

至于说研究计划书作为合约的作用，则主要体现在研究课题的申请方面。一般来说，无论是国家社会科学基金，还是教育部（或者其他部委）社会科学基金，一旦课题申请获得批准，课题申请书就相当于课题申请者与基金提供者之间的一份合同。课题申请者有责任按照课题申请书中所表明的研究目标、研究内容、研究方案和研究计划开展研究工作，完成研究任务，提供研究成果；基金提供者则有权利根据课题申请书来检查研究进

---

① 洛柯，斯波多索，斯尔弗曼. 如何撰写研究计划书：第 5 版. 朱光明，李英武，译. 重庆：重庆大学出版社，2009：3.

展情况，验收研究中期成果和最终成果。而对研究生来说，开题报告常常也会作为其学籍档案中的一个文本文件保存，并在研究生完成研究、写好论文、准备答辩时，成为相关部门检查其是否符合答辩条件的一份材料。

此外，研究计划书还有另外一种作用，就是可以作为最终研究报告或论文中的一个部分。正如有的学者所指出的，研究计划书在结构和内容上，与研究报告或最终发表的论文之间，往往有许多相似甚至相同之处。他们甚至认为："研究计划书写好了，研究报告就等于完成了一半以上。在理想情况下，有时做一些小小的改动，如改变一下动词的时态，就可以把研究计划书变成论文或学位论文的开始章节，或者作为研究报告的开始部分。"[①] 本章下文列举的第一个例子，正是这种情形。在下文中，我们看到的是作为研究计划书一部分的内容，而这部分内容最终成为笔者正式发表的论文[②]导言部分的主要内容。

二、研究问题、背景及意义

1. 研究问题及其背景

就像一篇论文一样，研究计划书的导言部分在介绍和说明一项研究方面扮演着十分重要的角色。在这一部分中，研究者首先要回答：研究问题是从哪里来的？或者说研究问题产生的背景是什么？我们在前面有关选择研究问题的一章中，曾经建议大家选择一个"大背景中的小问题"。现在，当我们撰写研究计划书时，一定不要忽略了这个大背景。我们应用相对简洁的语言，从一个大的现实背景或学科理论背景出发，条理清楚地陈述和说明自己的研究问题来自哪里，特别是要很好地说明这一问题正是一个"大背景中的小问题"。

介绍了研究问题产生的背景后，导言部分中最重要的内容就是对研究问题本身进行陈述，同时对研究目标进行陈述。研究者要明确回答：自己想要探讨和回答的研究问题是什么，进行这项研究希望达到什么目标。不

[①] 洛柯，斯波多索，斯尔弗曼. 如何撰写研究计划书：第5版. 朱光明，李英武，译. 重庆：重庆大学出版社，2009：6.

[②] 风笑天. 独生子女青少年的社会化过程及其结果. 中国社会科学，2000 (6)：118-131, 208.

要采用诸如"本研究希望探讨农村留守儿童现象"或者"本研究希望对农民工的社会适应现象进行深入分析和探讨"这类相对含糊的、笼统的说法，而应以明确的语言说清楚你的研究所要回答的核心问题是什么。同时还可以进一步说明，围绕这一核心问题，你的研究所要回答的具体问题又有哪些。研究的核心问题是一项研究的最终目标，也是研究的灵魂；而研究的具体问题则可以看作核心问题的"操作化"或者具体的和详细的说明。下面以《独生子女青少年的社会化过程及其结果》研究计划书中的"研究问题及其背景"部分为例，对此进行介绍和说明。

被美国人口学家称为"怪蛇腹中的猪"的战后生育高峰出生的一代人（the baby boom generation），是美国"有史以来最不平凡的一代"，"在他们人生的每一个阶段，都会由于他们的出现而改变这一阶段的特征，并迫使全国对他们的需要和问题予以特别的重视"（Landon, 1986）。这一代人极大地影响和改变着美国社会。

三十几年后，在地球另一半的中国，也出现了与美国的生育高峰一代虽不相似，但同样对中国社会有着重大影响的一代新人，这就是从1979年开始直到今天仍在不断增加着的独生子女。

点评：
用十分简要的语言，概略地由美国"生育高峰一代"引出中国的独生子女一代。

1979年，中国政府为了有效地控制全国人口的迅速增长，开始提倡和实行以"一对夫妇只生育一个孩子"为主要内容的计划生育政策。17年过去了，今天的中国社会中，已产生出整整一代这种终身没有兄弟姐妹的特殊儿童。据统计，截至1994年年末，全国已领证的独生子女人数已达到4 676万人（《中国计划生育年鉴》，1995）。到目前，全国的独生子女人数估计已超过5 000万。这也即是说，目前中国社会中的独生子女人口几乎和整个法国的人口相当，或者说几乎达到两个加拿大的人口。

当数以千万计的独生子女一下子从中国大地上涌现出来时，这一现象马上引起了学术界和全社会的普遍关注。人们关注的焦点主要集中在政策所造就的这一代特殊儿童能否正常地、健康地、顺利地发展和成长上。从社会学的角度看，这一焦点所涉及的正是一代独生子女的社会化过程及其结果的问题。

> **点评：**
> 通过介绍独生子女的人口规模以及学术界和社会的关注，聚焦到本研究的核心问题上。

早在独生子女生育政策实施之初，就有人提醒"独生子女有诸多毛病"，也有人担心"独生子女的素质差""独生子女是问题儿童"还有人预言"独生子女将成为'小皇帝'""独生子女的发展将不如非独生子女"。国内的许多人口学者在积极肯定独生子女生育政策对中国人口数量控制的巨大作用的同时，也提出了对由此带来的人口素质"逆淘汰"问题的担心和疑问（侯东民，1993；周孝正，1991；阎天三，1992；穆光宗，1991）。所有这些似乎都在暗示：与独生子女的成长相伴随的将是一条不平常的社会化道路和一种不正常、不充分、不完善、不全面的社会化过程，而独生子女的社会化结果也将是畸形的和令人担忧的。如果情形果真如此，那么，对整整一代独生子女青少年、数以千万计的独生子女家庭以及即将跨入 21 世纪的整个中国社会来说，都将是一个悲剧，都将是一种十分严重的后果。

17 年过去了，最早的一批独生子女已走过了婴儿期、幼儿期、儿童期，进入了少年期和青年初期。他们的社会化发展状况究竟如何？他们所走过的是一条什么样的社会化道路？他们的社会化过程与其他儿童的社会化过程有没有差别？有哪些差别？如果这些差别预示着独生子女作为成年人的特征，那么它将会给 21 世纪的中国社会带来什么样的影响？对即将作为成年人进入中国社会生活的这一代特殊儿童来说，他们的社会化结果究竟是不是畸形的？他们身上是否的确存在不同于普通儿童的人格缺陷?

当我们用一种超出一般心理学和普通教育学的眼光,从人的社会化的角度来重新审视这一代特殊儿童的成长过程和发展状况时,我们可以怎样回答上述问题?又能够怎样回答十几年前人们所提出的各种疑问、担心和预言?!这正是本研究课题得以形成的基本背景。[1]

> **点评:**
> 通过简要列举学者们的提醒、担心和疑问,说明研究问题的重要性,并用连串的疑问句对此进行了强调,最后以自我提问的方式点明本研究得以形成的基本背景。

2. 研究意义以及创新之处

在研究计划书的导言部分,还需要对研究问题的价值或意义进行说明,即要回答:为什么研究这一问题?或者为什么这一问题值得研究?对于这一问题的回答实际上是向读者表明,开展这一问题的研究在理论方面或者现实方面有什么样的意义或价值。或者说,研究对于学科知识的贡献是什么?对于某些群体、组织、社区或者国家、社会的贡献是什么?研究计划书中应该表明,所选择的社会研究题目会对以下方面中的一个或者多个做出贡献:对特定的理论或方法论的发展、对新的资料或信息的收集、对研究方法和技术的发展、对某种问题的新知识、对特定领域的政策制定和实践指导等。研究问题所涉及的主题如果紧密结合中国社会的现实,特别是当前的社会现实,则可以特别强调其应用的、政策的或实践的意义,但同时也要尽可能说明这一实践性较强的研究问题与学科理论之间的关联。研究问题如果更多地来源于社会学相关理论的分析和思考,则可以特别强调其理论、学科或知识建构方面的意义,当然也要尽可能注意到这一问题对实践和应用方面的价值。下面是上述《独生子女青少年的社会化过程及其结果》研究计划书中对研究意义的说明。

---

[1] 风笑天. 美国福特基金资助中国社会学重点项目申请书,1996.

第一，本课题区别于以往研究的一个重要标志，是它借助了社会学中人的社会化理论来指导具体的经验研究，将对独生子女的经验研究置于一定的理论框架中。因而，它不仅具有很强的经验性、实证性，也具有相当明显的理论色彩。这种做法将促进社会学理论与经验研究的进一步结合。同时，本研究关于独生子女青少年自我意识和角色认同的研究结果，也将会进一步丰富和充实以普通多子女为对象所建立起来的人的社会化理论。

第二，本课题样本的规模和性质将允许我们在独生子女与非独生子女之间、青少年与儿童之间、青少年与他们的父母之间、大城市与小城市之间以及不同地区、不同家庭背景、不同时代、不同社会化因素之间进行多重比较。如此广泛、如此综合的样本是以前的研究从未有过的，即使在西方也是如此。因而，本研究的结果可以在以下两方面得到广泛的应用：一方面，它可以形成有关中国独生子女社会化特定过程和结果的比较系统的知识，这种知识将对数以亿计（且还在继续增加）的独生子女家长、各级学校的教师和社会各界正确指导独生子女的社会化产生推动作用；另一方面，它可以从一个侧面检验有关家庭规模、子女数目、社区背景等因素与青少年社会化发展间关系的理论，从而对社会学理论知识的进一步积累和发展起到积极的促进作用。

第三，本课题研究在时间上还具有特别的意义：计划正式调查的时间为1997年，即中国从1979年实施独生子女政策后的第18年。那时，正好是中国第一批独生子女普遍进入中学，进入社会化的青春期阶段（12~18岁），并即将完成基本的社会化过程，从而作为正式成员走上中国社会之际。这样的一批独生子女青少年是以前的研究所无法得到的调查对象。他们一方面体现着广大独生子女社会化的最终成果，另一方面又为我们提供了进行直接调查并将调查结果与成年人的评价进行比较的客观条件。

第四，本课题的研究对象（12~18岁的青少年）具有一个十分重要的特征：他们是我国（城市中）最早的一批独生子女与最后的一批非独生子女的自然混合体。在这一自然混合体中,独生子女与非独生子女二者的比重相当。这是一个十分关键的特征。它为我们提供了将独生子女青少年与非独生子女青少年进行对比的最有价值的自然总体。若在时间上向前提前几年,那么这一年龄段人口总体中的独生子女人数将寥寥无几;而如果将时间往后推迟几年,那么这一年龄段人口总体中的非独生子女人数也将微乎其微。

第五,与上述两点有关,本课题在资料收集方法上第一次突破了以往研究那种完全由成年人进行主观评价的传统做法,直接让研究对象自己填写调查问卷,并用成年人的评价与之对比,从而更加提高了调查资料的客观性和准确性,提高了研究结果的质量和价值。[①]

> **点评:**
> 第一点强调了有理论与无理论的差别;第二点突出了课题样本的优势;第三点突出了开展研究的时间与研究主题之间的关联性;第四点指出了研究对象的特殊性;第五点说明了资料收集方法上的优点。

除了说明研究问题所具有的理论意义或者实践意义外,研究计划书还可以对研究可能的创新之处做一些说明。这种创新之处,有些是研究者在选题时就已经思考过,因而已经明确的研究问题本身所具备的独特性、创造性;有些则是研究者对未来研究结果中可能出现的新发现、新结论的一种预期,因而只能说是"可能的"创新之处。不管是哪种情况,我们在写作和报告时都应该实事求是,既要明确说明,又不要随意夸大。下面的例子是教育部重大课题攻关项目《中国独生子女问题研究》的研究计划书中对可能的创新之处所进行的说明。

(1)从研究对象上看,本课题基本涵盖了从学龄前直到成年的各个阶段的独生子女,同时,既涉及城市独生子女人口主体,也涉及农村独生子女;既涉及独生子女自身,也涉及他们的父母和家庭;既考

---

① 风笑天.美国福特基金资助中国社会学重点项目申请书,1996.

察作为子女的独生子女，也研究作为父母的独生子女。这种研究对象上的大跨度、多类型是以往研究所不具备的。此外，本课题还特别强调和特别关注作为一代人的独生子女和作为群体的独生子女，而不仅仅是作为个体的独生子女。这种对作为群体以及作为一代人的独生子女的强调，有利于突破目前独生子女心理学、教育学研究中过分关注独生子女个体现象和微观现象的局限性，也有利于从宏观上探讨独生子女与中国社会之间的关系问题。

(2) 从研究内容上看，本课题特别关注独生子女与中国社会之间的相互关系和相互影响：一方面通过观察和分析独生子女生活于其中的中国社会的巨大变迁对一代独生子女成长和发展的结构性影响，特别是超出个体的层面来回答有关独生子女心理特征和教育培养等方面的问题；另一方面，则通过观察和分析作为特定群体、作为一代人的独生子女在其成长和发展的过程中对中国社会的各个方面所形成的影响，来回答有关独生子女家庭、养老、社会保障等方面的问题，为政府决策部门制定相关的人口政策提供科学的依据。

(3) 从研究视角上看，本课题特别强调和重视多学科的理论视角，突出了独生子女经验现象研究的理论性、综合性和多学科性。独生子女问题本身的综合性和复杂性，决定了只有多学科、多角度、大规模的综合研究才能取得突破。而多学科、多角度、大规模的研究是以前大量的个人研究项目力不能及的。尽管首席专家二十几年来也从事过若干具体的研究项目，但每次基本上只是选择这一大问题中的某个方面的一个小问题来进行研究（比如中学独生子女社会化问题、在职青年独生子女社会适应问题等）。其他研究者以往的研究同样如此，研究者只能关注某一点，且主要为单一学科视角；而本次研究使我们有可能在前期积累的基础上，集中国内外学者的力量，从多学科视角取得前所未有的重大成果。

(4) 从研究方法上看，本课题研究有三点最重要的创新：一是在运用常见的调查研究方法方面，突破现有研究在调查样本分布上的局部性、单点性缺陷，精心设计了科学性较强的全国性样本；二是将自

然实验设计的原理应用于课题研究，突破了以往研究仅为调查或实地研究的局限，使得对独生子女现象因果关系的探讨更为严格；三是对纵贯研究方法的应用。在课题设计中，充分利用首席专家以往的数据资料库和二次分析方法，突破了以往研究基本上为横剖研究、一次性研究的局限，便于更好地探讨现象发展变化的过程。[①]

三、文献回顾、核心概念与理论框架

1. 相关文献回顾

文献回顾是研究计划书中十分重要的一部分。在这一部分，我们要总结和报告有关研究问题目前的研究状况，要通过全面查阅、精心挑选、仔细阅读和系统分析，总结出前人围绕这方面问题做了哪些研究，有哪些重要的研究结果。研究生需通过文献回顾向读者表明，自己所研究的问题在该领域知识体系中的位置是怎样的，或者自己所研究的问题在社会现实背景中的位置如何。特别重要的一点是要总结出现有研究还存在哪些不足，突出地说明你的研究可以弥补现有文献中哪方面的欠缺，也可以指出你的研究与现有研究的不同点在哪里。只有清楚明白地向读者说明了上述方面的内容，评审者和教授们才能很好地评判和衡量你的研究问题的重要性和创新性。

在相关文献回顾方面，的确存在前面学者所指出的那种情形，即研究计划书中的文献回顾可能在很大程度上与将来研究者在研究报告或者最终形成的论文中的文献回顾完全一样。换句话说，研究者在研究计划书中所撰写的文献回顾，很可能就是将来发表的研究报告或论文中的文献回顾一节的初稿。对博士研究生来说，它很有可能成为将来博士论文中的一章。读者可以在本书第3章和第11章中了解到文献回顾的各种写作方法和实际例子，这里不再重复。

2. 研究的核心概念和理论框架

通常情况下，一项研究中往往会有几个核心的或关键的概念。在研究

[①] 风笑天. 教育部重大课题攻关项目申请书，2006.

计划书中，研究者有必要对这些核心概念的含义进行一定的讨论和说明。特别是当有些核心概念的内涵或者外延不太明确时，更需要在研究计划书中对它们的含义进行澄清和界定。下面是《独生子女青少年的社会化过程及其结果》研究计划书中对核心概念进行的讨论和说明。

自我意识：指人们自我概念的形成、对自我特点的认识及其对自我形象的评价等。这是人的基本社会化过程的最重要的结果之一。在本课题中，研究的重点主要放在青少年对自我特点的认识和对自我形象的评价两个方面，并在独生子女与非独生子女之间进行比较。

角色认同：在社会化过程中，处在青春期的孩子要将各种不同的自我形象变成一种整体性的自我形象，以实现一种个性心理与社会文化的同一性。具体地说，就是要知道自己是什么人，自己的过去怎么样，自己今后的方向是什么，以及如何为承担成年人的角色做好准备。

社会化因素：指那些使人实现社会化的制度或其他结构环境，更笼统地说，即影响个体社会化过程的全部社会环境。这些环境包括家庭、学校、同辈群体、社区、阶级、工作单位、大众传播媒介和社会文化等。在本研究中，主要讨论与特定研究对象的社会化发展有着密切关联的家庭、学校、同辈群体、社区以及大众传播媒介。

独生子女青少年：指年龄在12～18岁且无亲生兄弟姐妹的人口。根据原国家计划生育委员会统计，我国独生子女人口总体中，城市独生子女约占80%，农村独生子女约占20%；城市中独生子女领证率高达90%以上，而农村却不到10%（《中国计划生育统计年鉴》，1995）。因此，本研究主要以城市独生子女为研究对象。若无特别说明，文中"独生子女青少年"均指城市独生子女青少年。同时，由于我国城市青少年中，12～18岁正好是初中生（12～15岁）和高中生（16～18岁）的年龄。因此，本研究将研究对象进一步确定为城市初中生和高中生中的独生子女。最后，"无亲生兄弟姐妹"指的是其父母终身只生育了一胎。

非独生子女青少年：指年龄在12～18岁且至少有一个亲生兄弟

姐妹的人口。"至少有一个亲生兄弟姐妹"的限定，指父母至少生育并成活两个孩子，而无论目前有几个孩子与父母生活在一起。除兄弟姐妹数目以外，本概念在其他内涵上均与上一概念相同。这样做的目的，是为独生子女青少年提供一个进行自然比较的参照总体。①

除了核心概念外，研究者还应该对研究所采取的理论视角或理论框架进行一定的说明，即表明你的研究是在一种什么样的理论框架中进行探讨的。或者说，你是从哪种理论视角出发来切入所研究的现象和问题的。这样一种理论视角或框架往往可以提高经验研究的认识层次。下面是《独生子女青少年的社会化过程及其结果》研究计划书中所陈述的理论框架部分。

各种社会化因素和独生子女青少年社会化的结果，是本课题基本因果关系的两端。由于影响人的社会化发展的外部因素很多，而一项具体的研究很难包揽无遗，因此，本课题根据研究的总体目标，从各种社会化因素中综合出"家庭背景因素"和"社会经济背景因素"两类影响独生子女青少年社会化发展的主要因素，将其作为自变量进行研究。而对于本课题中的因变量——独生子女青少年社会化的结果，则选择从"自我意识"和"角色认同"两个侧面进行探讨。这种考虑主要来自美国著名心理学家 E. H. 埃里克森（E. H. Erikson）的有关理论的启发。

在有关人的社会化发展过程的理论中，美国著名心理学家 E. H. 埃里克森创立的人的一生有八个阶段的理论尤为引人注目。根据他的理论，人的社会化发展的每一个阶段中，都包含着一个由各种心理变化而引起的危机和一个不断变化的社会环境。而在青春期（12~18 岁）这一阶段，主要矛盾和危机开始转到角色认同与角色混乱的矛盾上。认同的建立可以使人对自己的历史、现状和未来状况具有一种连续感。如果不能将个人的各种不同的社会角色统一在一个明确的认同之中，就会导致角色混乱。②

---

① 风笑天．美国福特基金资助中国社会学重点课题申请书，1996．
② 同①．

如果是解释性研究，那么研究者还需要在研究计划书中考虑并陈述一些与假设相关的问题。比如，你对所研究问题的假设性解释是什么？你的假设性解释有什么理论的或经验的基础和意义？你的研究问题、研究假设与理论之间的关联是什么？而这种假设的提出，既可能与社会现实有关，也可能与理论框架有关。

从统计学中我们可以知道，假设的陈述形式有两种：零假设和备择假设。零假设通常假定所研究的变量之间不存在任何差别，或者说变量之间不存在任何关系。比如，"经常上网的青少年与很少上网的青少年在人际交往能力方面不存在显著差别"，或者"上网的频繁程度与青少年的人际交往能力之间不存在关系"。而备择假设则通常对所假设的变量关系给出某种预设结果。当然，这种预设结果不是凭空产生的，而是要依据现有的理论演绎得到，或者依据现实中的现象归纳得到。根据备择假设的预设结果，假设又可以分为两种类型：一种是非定向假设，它可以说是零假设的"直接否定式"。比如，对于上面的零假设，备择假设就是"经常上网的青少年与很少上网的青少年在人际交往能力方面存在显著差别"，或者"上网的频繁程度与青少年的人际交往能力之间存在明显的相关关系"。另一种是定向假设，它通常需要指出变量间关系的方向。比如"经常上网的青少年比很少上网的青少年具有更强的人际交往能力"，或者"与很少上网的青少年相比，经常上网的青少年的人际交往能力更强"。

在设计研究假设时有一点需要注意：一般情况下，假设中的自变量应该是与因变量相关联的某种行为变量或态度变量，而不应是人口学变量（也称为个人背景变量，比如性别、年龄、文化程度、婚姻状况等）。人口学变量不应作为假设中的自变量来使用，而通常作为中介变量或控制变量来使用。

四、研究的主要内容

在研究计划书中，研究者需将自己的主要研究内容进行初步的组织和列举，即向读者展示自己的研究将会涉及或探讨哪些方面的内容。需要提醒研究者注意的是，你所列举的各个方面的内容都应该围绕着回答研究的核心问题，即每一个方面的内容都要和研究的核心问题紧密相关，特别是要具有某种逻辑联系。一般来说，研究的核心问题往往相对概括和抽象，而研究内容应该是对这种概括和抽象的核心问题的一种具体化。也可以说，研究内容是从研究的核心问题出发，通过将核心问题进行"分解"而得到的几个不同的方面，这些不同的方面就构成了研究的主体内容。当然，还需要提醒研究者注意的是，由于社会研究在实际实施和进行的过程中可能会有所调整和改变，所以研究计划书中的研究内容，通常只是研究者在研究设计阶段所考虑的结果，或者说，是研究者根据研究问题和研究目标，"打算"进行研究的方面。下面是《独生子女青少年的社会化过程及其结果》研究计划书中对研究内容的陈述。

不管社会对一代独生子女发展状况的评价是积极的还是消极的，也不管每一位独生子女父母、每一个独生子女家庭对孩子报有怎样的期望，中国第一代独生子女已经客观地在中国社会中成长，在人们的关注、期盼、担心和争论中成长。这些已经完成幼儿期、儿童期社会化过程，并即将完成少年期和青年初期社会化过程的独生子女，其各个社会化阶段的目标是否已经达到，其基本社会化的最终结果是否符合我们这个社会、这个时代的要求，现在该是揭开谜底的时候了。

本课题研究所要探讨的核心问题是：独生子女作为一代与传统多子女（或非独生子女）有所不同的特定人口群体，他们的社会化过程具有哪些不同于一般多子女社会化过程的特点？随着社会化客体的改变——由普通多子女变为特殊的独生子女，那些以普通多子女为对象建立起来的社会化理论、规律和命题，是否同样适合于独生子女？是否会因此而表现出某些新的特征或变化？不同的社会化因素在独生子女社会化过程中的作用和影响有无改变？对已经成长起来的中国第一代独生子女来说，他们的社会化结果究竟是优是劣？这种结果可能会给21世纪的中国社会带来什么样的影响？

为了达到上述目标，本研究课题将依据社会学中有关人的社会化的理论，紧密结合中国的具体国情，围绕全社会普遍关注的独生子女成长与发展状况问题，着重研究以下几个方面的内容：

（1）对独生子女青少年的社会化过程、特点、问题、趋势进行比较全面的调查和描述，并将其与非独生子女青少年的社会化状况进行比较；

　　（2）分别从家庭、学校、同辈群体、社区、大众传播媒介等方面，探讨不同的社会化因素在独生子女社会化过程中的作用和影响；

　　（3）对独生子女青少年在生活技能的掌握、社会规范的学习、生活目标的确立、社会角色的认同等方面的发展状况，进行系统的、客观的测量和评价，着重从独生子女青少年的自我意识和角色认同两个层面展开深入的研究；

　　（4）在此基础上，对一代独生子女人口社会化的总体质量及其对未来中国社会生活的可能影响进行判断和预测。[①]

　　而在《第一代独生子女的社会适应问题》研究计划书中，研究者对研究内容是这样表述的：

　　　　本课题研究所要探讨的核心问题是：青年独生子女作为一代与传统多子女不同的特定人口群体，在他们完成基本社会化，并开始进入社会生活时，对现实社会的适应状况如何？或者说，他们能否很好地作为一名社会成员顺利地进入和参与现实社会生活？他们在作为中国社会的新成员进入社会生活的过程中，将表现出哪些特征？存在哪些问题？他们的社会适应过程具有哪些不同于一般多子女社会适应过程的特点？

　　　　围绕上述目标，本研究将依据社会学中有关人的社会化理论、社会适应理论以及生命历程（life course）理论，通过系统地收集定量和定性的资料来展开研究，并着重探讨以下几个方面的内容：

　　　　（1）青年独生子女的社会适应过程、特点、问题及趋势。本研究将首先通过对"社会适应"这一概念进行操作化，使其能在经验层次上进行定量测量。通过大规模问卷调查，本研究将系统全面地了解和描述中国第一代青年独生子女的社会适应状况，并将其与青年

---

① 风笑天．美国福特基金资助中国社会学重点课题申请书，1996．

期非独生子女的社会适应状况进行比较，力图发现某些带有规律性的东西。

(2) 青年独生子女的成就动机与高等教育期望。作为史无前例的一代新人，这一批青年独生子女的身上寄托着父母、家庭乃至于整个社会的太多的期望。在中国这样一个有着浓厚的"望子成龙"文化传统的社会中，子女的教育是千百万父母关注的重中之重。目前，第一批青年独生子女已进入接受高等教育的年龄，他们中接受高等教育的比例如何？那些没能进入高等院校的青年独生子女及其家庭是如何面对这一现实的？他们的成就动机如何？他们在职业生涯中是否已经开始了继续教育和终身学习的"长征"？本研究试图对这些问题进行探索并给出回答。

(3) 青年独生子女的职业选择与职业适应。青年人走出校门的第一项任务是在社会职业市场上找到自己的位置。对中国的一代青年独生子女来说，他们对职业的认识如何？他们选择职业的价值标准有什么特点？在现存的各种社会职业中，作为劳动者和生产者的青年独生子女，能否从职业技能、职业规范、职业意识、职业群体等方面很好地适应社会的要求？他们在找寻自己的事业、立足于自己的事业的过程中，又具有什么样的表现？探索并回答这些问题，是本课题研究的另一个重要目标。

(4) 青年独生子女的人际交往与社会参与。从一个依附于、依赖于家庭的个体，到成为一个独立的社会成员，青年独生子女适应社会生活的关键一环是进行人际交往和社会参与实践。这些被人们认为缺乏自立能力、缺乏社会责任感、处处以自我为中心、不善与人交往的特殊儿童，当他们长大成人、进入现实社会生活时，是不是处处撞墙碰壁、事事束手无策？是不是只关心自己，不关心国家、集体和他人？本课题研究的结果将对此做出回答。

(5) 青年独生子女的成人意识与角色认知。年满18岁，青年就是合法的公民。对第一代青年独生子女来说，18岁意味着什么？在那些已经作为社会成员参与社会生活中的青年独生子女的头脑和观念中，成人具有什么样的含义？他们对自身角色的认知状况如何？多年来在家庭中备受呵护的生活经历是否使这一代青年独生子女的成熟期推迟？他们是不是的确难以担起家庭、社会的各种责任？本课题研究将深入探讨这一问题。

(6) 青年独生子女的择偶观念与家庭建立。"成家立业"是青年社会化过程的两个重要内容。对离开父母家庭、开始寻求配偶、准备建立自己的小家的青年独生子女来说，角色学习、对象选择、婚姻建立、婚姻调适是同样重要的一系列任务。在这方面，他们是否会受到从小生长的小家庭的深刻影响？在中国社会结构转型、观念开放的大背景下，他们的婚姻家庭之路又呈现出什么样的轨迹？这同样是本课题研究关注的重要方面之一。

在对上述几方面内容进行深入研究的基础上，本课题将对青年独生子女社会适应的总体质量及其对未来中国社会生活的可能影响进行分析和预测，并在探讨青年独生子女社会适应过程所面临的各种挑战的同时，提出相应的对策建议。[①]

五、研究设计

研究设计是研究计划书中的另一个重要部分，它既涉及研究的可行性问题，也涉及研究的操作性问题。研究计划书中的研究设计主要包括两个部分，即研究思路和研究方法。

1. 研究思路

在研究设计部分，你可以从研究的视角、思路、框架开始介绍。这方面的内容相对宏观、相对抽象，也相对笼统。其目的主要是表明，你将采取什么样的策略或者通过什么样的路径，来寻找回答研究问题的答案。比如，下面是《第一代独生子女的社会适应问题》研究计划书中关于研究思路的表述。

本课题拟从理论和实践两个层面展开研究：

---

① 风笑天. 国家社会科学基金项目课题申请书，2003.

社会科学研究设计

理论上,以探讨"处在生活重要转折期的青年独生子女社会适应过程的特殊性""家庭环境、社会文化等因素对青年独生子女社会适应过程的特定影响""成家立业等生活事件在青年独生子女与同龄的非独生子女身上所具有的不同意义"等问题为主要目标,并着重从社会化理论、社会适应理论、生命历程理论三种不同维度进行分析。

实践上,以全面了解青年独生子女社会适应的现状,特别是他们职业适应、社会参与、人际交往等方面的现状为主要目标,通过与青年非独生子女的比较,着重分析他们在社会适应过程中存在的问题及其主要原因,为改善他们的社会适应状况提供实际指导和具体建议。①

2. 研究方法

研究计划书中需要更为具体和明确进行介绍的内容是研究方法和技术。在这一部分,通常需要说明你打算采取的研究方式,即说明你准备采用何种研究方式进行研究。或者说,你想用什么方法和资料来回答你的研究问题,来证明或证伪你的解释。其内容主要包括对研究对象及其选取方法、概念或变量的测量方法、资料收集方法、资料分析方法等方面的介绍和说明。

一是研究对象及其选取方法。在研究计划书中,你需要介绍自己的研究对象(研究所要描述和分析的对象)是什么,即说明研究的分析单位是什么。同时,还要介绍你将如何确定和选择研究对象。在定性研究中,这种介绍的重点应集中在选择研究对象的理由、研究对象的基本状况等方面;在定量研究中,则需要对研究对象的总体进行界定,并对抽样的设计(具体的抽样方式和方法、样本的规模等)进行介绍。

二是概念或变量的测量方法。在研究计划书的方法部分中,你需要说明研究的核心概念是什么。对于定量研究,你还需要进一步说明如何对研究概念进行操作化,准备用什么测量方法或手段来对这些概念进行测量。这种讨论和说明要具体到测量指标上。比如,对于前面研究计划书中的两

---

① 风笑天. 国家社会科学基金项目课题申请书,2003.

个概念"自我意识""角色认同",就需要进行类似如下的操作化和变量测量的说明。

"自我意识"的测量:在本研究中,我们将"自我意识"操作化为调查对象对自身特点、性格特征的认识,对自己在父母、老师、同伴等"他人"眼中印象的认识,对自己行为表现、智力发展、社会交往、社会适应能力等方面的长处和不足的主观评价,等等。

"角色认同"的测量:在本研究中,我们分别从目前角色与未来角色、现实角色与理想角色、未成年人角色与成年人角色等不同维度对"角色认同"的概念进行测量。①

三是资料收集方法。无论是采用调查研究的方式,还是采用实地研究、文献研究的方式,都需要具体地对资料收集方法和资料分析方法进行介绍。比如研究资料的来源是什么,资料的可得性如何。如果采用调查研究的方式,那么资料收集过程是采用入户调查法还是电话访问调查法?如果采用实地研究的方式,那么资料收集方法主要是无结构访谈法还是参与观察法?如果采用文献研究的方式,那么是采用内容分析法还是采用二手资料分析法?所有这些都应该在研究计划书中进行说明。比如,下面是《第一代独生子女的社会适应问题》研究计划书中对资料收集方法的说明。

本研究主要采用问卷调查法,辅之以二手资料分析法、个案访谈法以及焦点小组访谈法进行。问卷调查法主要用来收集大规模的定量资料,以描述和概括青年独生子女及其参照群体社会适应的整体状况;二手资料分析法主要利用申请者过去的调查数据,从中提取对本研究有用的信息,并为分析动态现象提供帮助;个案访谈法主要用来深入了解青年独生子女社会适应各个方面的详细情况,特别是他们的动机、感受和认识;焦点小组访谈法则主要用来进行青年独生子女与非独生子女的比较分析。四种方法相互补充,所得结果相互印证。②

---

① 风笑天. 美国福特基金资助中国社会学重点项目课题申请书,1996.
② 风笑天. 国家社会科学基金项目申请书,2003.

四是资料分析方法。尽管一般来说，研究计划书中对资料分析方法的介绍往往相对简单，但还是应该有所说明。特别是，采用统计分析还是定性分析，定量分析中主要是描述分析还是相关分析，用到的分析方法主要是初级统计还是多元统计，等等。

下面，我们以《独生子女青少年的社会化过程及其结果》研究计划书中的方法部分为例，来对研究计划书中研究方法部分的撰写进行一个总的说明。

1. 调查地点选择

除港、澳、台地区外，中国30个省、自治区、直辖市[①]分别属于地理区位上的六个大区，即：

东北区：黑龙江、吉林、辽宁。

西北区：陕西、甘肃、宁夏、青海、新疆。

华北区：内蒙古、河北、山西、北京、天津。

华东区：山东、安徽、江西、江苏、浙江、福建、上海。

中南区：河南、湖南、湖北、广东、广西、海南。

西南区：四川、云南、贵州、西藏。

为了兼顾大区的分布，以及每一大区中所含省（自治区、直辖市）的数目多少，同时考虑到每个省（自治区、直辖市）中社会学研究机构的因素，最后确定选取东北区的黑龙江，西北区的甘肃，华北区的北京、天津、河北，华东区的江苏、上海，中南区的湖北、广西，西南区的四川为调查省（自治区、直辖市）。在每一选中的省、自治区中，再选取省会城市（大城市）和在该城市附近的中小城市各一个。这样，共选取全国15个城市作为调查城市。它们是：

直辖市3个（超大城市）——北京、天津、上海；

省会城市6个（大城市）——武汉、成都、南京、兰州、南宁、哈尔滨；

中小城市6个（具体城市待定）。

---

① 1996年时，重庆市尚未被划为直辖市。

2. 调查对象选择

一项具体研究的抽样特征和抽样方法，主要是由研究者所试图回答的问题的性质，以及他所采取的分析框架以及他所拥有的人力、财力和时间决定的。为了在现有条件下使样本的代表性、调查资料的普遍性以及调查方式同研究目的和内容的适配性都达到最大，本课题将采用下述方法抽取样本。

本课题的调查对象由三部分人员组成：A. 中学生；B. 中学生家长；C. 小学生家长。样本采用多阶段随机抽样的方法进行抽取。具体抽样程序、调查总样本的构成及分配如下：

A. 中学生样本。

首先，在每个作为调查地点的城市中，依据教育部门提供的学校类型（好、中、查）的名单，从中按简单随机抽样的方法各抽取一所中学、一所小学，即共抽取三所中学、三所小学。（大城市中可先随机抽取一个城区。）

其次，在抽中的三所中学里，按不放回抽样的方式，从初一至高三的六个年级中，依次随机抽取初中和高中年级各一个；这样每个城市所抽取的六个年级正好包括从初一到高三的各个年级，且一个学校有两个年级。

再次，在每个抽中的年级中，按简单随机抽样方式抽取一个班级。

最后，从每个抽中的班级中，按随机数表的数字抽取20名学生。

这样，全部中学生样本的构成情况就如下所示：

20名学生×2班（年级）×3所中学×15城市＝1 800名学生

B. 中学生家长样本。

中学生家长样本与中学生样本一一对应，即所抽中的每个中学生的家长构成中学生家长样本。抽取中学生家长样本的目的是便于与青少年的自我评价和自我意识进行比较，同时也提供一个成人角色和成人世界的参照物。

因此，中学生家长样本的构成如下：

20 名家长×2 班（年级）×3 所中学×15 城市＝1 800 名家长

C. 小学生家长样本。

由于小学生无法完成自填式问卷，故本研究仅对小学生家长进行调查，目的是与中学生的社会化情况进行比较。其抽样方法与抽取中学生家长样本一样。因为小学正好有六个年级，故只需将前面中学生抽样步骤中的初中与高中分别代之以小学低年级（1~3 年级）和高年级（4~6 年级）即可。

因此，小学生家长样本的构成与中学生家长样本相同：

20 名家长×2 班（年级）×3 所小学×15 城市＝1 800 名家长

3. 资料收集方法

本课题的资料主要来自下述几个方面：

现有的文献资料。包括国内外最新的独生子女文献、国家统计资料等。收集方法主要有通过计算机检索以及到有关部门复印、购买。

《中学生调查问卷》资料。样本规模为 1 800 人。收集方法为：课题成员分别在 15 个城市依据预先设计的抽样方案挑选调查对象，并采取集中讲解、当场填答、当场回收的方式进行，以保证填答的质量和回收率。

《中学生家长调查问卷》资料。样本规模为 1 800 人。收集方法为：将该问卷连同写好回邮地址、贴好邮票的信封逐一分发给中学生问卷调查样本中的每一名中学生，请他们带回家，交给其家长（父亲或者母亲）填写，然后由家长直接将问卷寄回。这一做法可以避免父母与子女之间的某些顾虑和影响，保证问卷资料的客观性和真实性。

《小学生家长调查问卷》资料。样本规模为 1 800 人。收集方法为：先按抽样方案在各城市中抽取小学生样本，然后让小学生将问卷带回家，交给其家长（父亲或者母亲）填写，之后仍由小学生带回学校，交给老师。老师收齐后交给调查员。

个案访谈资料。在每个调查城市的中学生、中学生家长、小学生家长、中小学教师等人员中，选取一部分个案进行深入访谈，个案数目在 300 个左右（每个城市 20 人左右）。

4. 资料分析方法

本课题将根据研究方案和设计，对三种调查问卷所收集的资料进行多元统计分析。比如，对调查结果的因果模型做多变量回归分析。当被解释变量为二分变量时，进行逻辑回归分析；当被解释变量为定距尺度的变量时，则采用 OLS 回归分析方法进行。在分析中，注意对独生子女青少年与非独生子女青少年、独生子女青少年与独生子女儿童、独生子女青少年与他们的家长以及对不同城市、不同家庭背景的对象进行比较。除了利用计算机进行定量分析外，还将对个案访谈资料进行深入的定性分析，以相互印证、相互补充。①

六、研究的具体计划

研究计划书中还应包括与开展研究有关的时间进度、工作方案、任务安排等方面的具体计划内容（大型课题的申请书中甚至还包括人员组织、经费使用的计划等）。比如，研究的日程安排和工作计划如何？研究过程分为哪几个阶段？每个阶段的起止时间如何？每个阶段的研究工作任务是什么？这种具体计划一方面便于研究计划书的评审者检查研究的可行性，另一方面对研究者自己也起着一种提醒和督促作用。下面是《第一代独生子女的社会适应的问题》研究计划书中对具体计划的说明。

(1) 研究准备阶段：2002 年 12 月—2003 年 5 月。主要工作任务为：课题理论框架的建立、文献资料收集、调查方案制定、调查问卷设计、抽样方案确定。

(2) 实地调查阶段：2003 年 6 月—2004 年 3 月。主要工作任务为：调查资料收集，包括试调查、问卷调查、个案访谈、焦点小组访谈等。

(3) 资料整理阶段：2004 年 4 月—2004 年 7 月。主要工作任务为：问卷调查资料的审核、编码、录入；个案访谈资料、焦点小组访谈资料的整理和打印等。

---

① 风笑天．美国福特基金资助中国社会学重点项目申请书，1996．

(4) 资料分析阶段：2004 年 8 月—2004 年 12 月。主要工作任务为：对问卷调查资料以及二手数据资料进行统计分析，对个案访谈资料以及焦点小组访谈资料进行定性分析；并按分工撰写研究报告和专题论文。

(5) 研究总结阶段：2005 年 1 月—2005 年 12 月。主要工作任务为：对整个研究工作进行总结，在各专题研究的基础上，集体撰写本课题研究的最终成果（专著），并进行课题结项。①

推荐阅读

[1] 洛柯，斯波多索，斯尔弗曼. 如何撰写研究计划书：第 5 版. 朱光明，李英武，译. 重庆：重庆大学出版社，2009.

[2] 克雷斯威尔. 研究设计与写作指导：定性、定量与混合研究的路径. 崔延强，译. 重庆：重庆大学出版社，2007.

[3] 克拉斯韦尔，波尔. 如何撰写学术文章：第 2 版. 邱济芳，聂伟，王晓焘，译. 北京：中国人民大学出版社，2021.

---

① 风笑天. 国家社会科学基金项目申请书，2003.

图书在版编目（CIP）数据

社会科学研究设计/风笑天著. --北京：中国人民大学出版社，2024.7--（社会科学研究方法系列丛书）. --ISBN 978-7-300-32989-5

Ⅰ.C3

中国国家版本馆 CIP 数据核字第 2024C3Q113 号

社会科学研究方法系列丛书
社会科学研究设计
风笑天　著
Shehui Kexue Yanjiu Sheji

出版发行	中国人民大学出版社		
社　　址	北京中关村大街 31 号	邮政编码	100080
电　　话	010－62511242（总编室）		010－62511770（质管部）
	010－82501766（邮购部）		010－62514148（门市部）
	010－62515195（发行公司）		010－62515275（盗版举报）
网　　址	http://www.crup.com.cn		
经　　销	新华书店		
印　　刷	北京宏伟双华印刷有限公司		
开　　本	720 mm×1000 mm　1/16	版　次	2024 年 7 月第 1 版
印　　张	21.75 插页 1	印　次	2024 年 7 月第 1 次印刷
字　　数	311 000	定　价	79.00 元

版权所有　　侵权必究　　印装差错　　负责调换